Mosaik bei
GOLDMANN

Buch

Tausende Frauen haben den Mann ihres Lebens gefunden, indem sie Laura Doyles Ratschläge befolgten. Um echte Nähe, Romantik und tiefe Verbundenheit zu finden, muss sich frau von dem Drang nach der totalen Unabhängigkeit befreien und der Hingabe einen neuen Stellenwert einräumen. Doch wie unterscheidet man einen »guten« Mann von einem schlechten? Wie kann man die Hingabe in einer Beziehung pflegen, ohne die eigenen Bedürfnisse zu vernachlässigen? Und: Wie findet man einen solchen Mann? Auf diese und viele Fragen mehr weiß Laura Doyle Antwort. Die meisten Frauen, die ohne Partner sind, würden lieber heute als morgen mit dem Singledasein Schluss machen: Dieses Buch hilft ihnen, für den Mann ihrer Träume offen zu sein.

Autorin

Laura Doyle arbeitet als freie Journalistin, Autorin und Beziehungsberaterin. Sie veranstaltet regelmäßig Workshops zu den Themen Weiblichkeit und Beziehungsgestaltung. Sie lebt mit ihrem Mann in Kalifornien.

Laura Doyle

Gib nach und er ist dein

Den Traumpartner finden mit der Kraft weiblicher Hingabe

Aus dem Amerikanischen
von Ursula Bischoff

Mosaik bei
GOLDMANN

FSC

Mix
Produktgruppe aus vorbildlich
bewirtschafteten Wäldern und
anderen kontrollierten Herkünften

Zert.-Nr. SGS-COC-1940
www.fsc.org
© 1996 Forest Stewardship Council

Verlagsgruppe Random House FSC-DEU-0100
Das für dieses Buch verwendete FSC-zertifizierte Papier *Munken Print*
liefert Arctic Paper Munkedals AB, Schweden.

3. Auflage
Deutsche Erstausgabe Mai 2003
© 2003 Wilhelm Goldmann Verlag, München,
in der Verlagsgruppe Random House GmbH
© 2002 by St. Monday, Inc.
Published in agreement with the author,
c/o BAROR INTERNATIONAL, INC., Armonk, New York, U.S.A.
Umschlaggestaltung: Design Team München
Umschlagfoto: Zefa/Meeke
Redaktion: Dagmar Rosenberger
Satz: Barbara Rabus
Druck und Bindung: GGP Media GmbH, Pößneck
Kö · Herstellung: Max Widmaier
Printed in Germany
ISBN 978-3-442-16522-3

www.mosaik-goldmann.de

*Für die
unfreiwilligen Single-Frauen
in aller Welt*

Inhalt

Danksagung

Mein besonderer Dank geht an Kay, Julia, Rachel, Anna, Melinda, Casey, Robin, Heatheryn, Jebra und Loratta; sie waren die Ersten, die bei der Partnersuche den Mut fanden, sich zu den Prinzipien der Weiblichkeit zu bekennen.

Danken möchte ich auch Doris Cooper, meiner einfühlsamen Lektorin, die mir half, meine Gedanken in Worte zu fassen, und an mich glaubte.

Christine Gordon für ihre Intuition, ihre Aufrichtigkeit und die redaktionelle Betreuung.

Jimmy Vines, dem besten Agenten der Welt.

Vor allem aber danke ich meinem Mann John, der mich bei der Arbeit zu diesem Buch auf jede nur erdenkliche Weise unterstützt hat. Ohne ihn wäre es nicht entstanden.

Ihr größter Wunsch

*Dass ein Mensch den anderen liebt,
das ist vielleicht unsere schwerste Aufgabe; die letzte Probe und Bestätigung,
die Arbeit, für die jede andere Arbeit
nur Vorbereitung ist.*

RAINER MARIA RILKE

Was tut eine Frau, die den Mut hat, sich zu Ihrer Weiblichkeit und Ihrer Rolle zu bekennen? Was bekennt sie, und
wem?

Sie hat erkannt, dass ihr Bedürfnis nach absoluter Kontrolle in einer Beziehung Nähe und Harmonie ausschließt. Sie
weiß, dass sie keinen Einfluss darauf hat, *welcher Mann* sich
für sie interessiert, *wie* er Kontakt aufnimmt, *wann* er sich
meldet, oder ob er es ernst meint. Sie verzichtet bewusst darauf, ihn zu führen, zu manipulieren und zu seinem Glück zu
zwingen.

Sie geht nicht auf die Jagd nach dem Richtigen – sie zieht
ihn magisch in ihren Bann.

Sie ist eine gute Zuhörerin und überlässt ihm beim ersten
Rendezvous das Reden, damit sie in Ruhe zwischen den Zei-
len lesen und sich an ihren eigenen Gefühlen und intuitiven
Erkenntnissen orientieren kann.

Sie hat ihre Checkliste mit den Anforderungen, die ihr
Traummann erfüllen muss, weggeworfen. Sie weiß, dass sie die
Wahl hat, mit einem unvollkommenen Mann glücklich zu
werden oder weiterhin alleine zu bleiben.

Das Bekenntnis zur Weiblichkeit bedeutet, dass Sie sich wieder auf die Waffen einer Frau besinnen und dabei ein paar Regeln beachten, die Ihre Gewohnheiten und Ihre grundlegende Einstellung zu Männern verändern. Es erfordert Mut, denn Sie schwimmen dabei gegen den Strom und zeigen sich von Ihrer empfindsamen Seite. Aber die Ergebnisse rechtfertigen dieses Risiko: Die Angst, die Kontrolle aufzugeben, schwindet mehr und mehr. Sie werden tolle Männer entdecken, die noch zu haben sind. Sie werden es genießen, begehrt und umschwärmt zu werden. Sie werden echte Zweisamkeit erleben, statt sich immer als Einzelkämpferin durchschlagen zu müssen.

Sie werden mit einem Mann, der für Sie der Richtige ist, ein Dreamteam bilden.

Vertrauen statt Kontrolle

In Sachen Liebe gibt es nur eine Konstante: Sie können nicht steuern, wann, wo oder wie Sie sich verlieben. Sie haben nicht einmal Einfluss darauf, in *wen*. Die Chemie und das Geheimnis der Liebe sind unvorhersehbar.

Davon erzählen mir Frauen immer wieder. Sie haben absolut nicht damit gerechnet, zu dieser Zeit oder an diesem Ort dem Mann fürs Leben zu begegnen. Nicht an einem Mittwoch. Nicht im Geschäft für Malerbedarf. Nicht bei einer Pizza um die Ecke oder nach der ersten Halbzeit des Fußballspiels im Nachbarort.

Marla hatte nicht vor, sich in den Kollegen ihrer Freundin zu verlieben, aber heute sind sie glücklich verheiratet und haben ein Baby. Hätte Jessica geahnt, dass sie ihrem Zukünftigen ausgerechnet im Fitness-Studio über den Weg laufen würde, hätte sie an jenem Tag wenigstens Lippenstift getragen. Sarah wäre nie auf die Idee gekommen, sich in absehbarer Zeit wieder zu verlieben, nachdem sie gerade erst ihre Verlobung gelöst hatte, aber gemeinsame Freunde machten sie mit dem Mann bekannt, dem sie später das Jawort gab.

Diese Frauen haben nicht erwartet, einen Seelengefährten zu finden, weder zu dem Zeitpunkt noch unter diesen Umständen. Aber sie vertrauten fest darauf, dass es irgendwo auf der Welt einen Mann gab, der für sie der Richtige war. Sie mussten nur offen für die Möglichkeit sein, ihm zu begegnen.

Das ist mit Vertrauen gemeint: offen sein für das, was kommt.

Vielleicht haben Sie so Ihre Zweifel, dass Vertrauen – ein Gefühl, das oft genug enttäuscht wird – Ihnen dabei hilft, das große Glück zu finden. Warten Sie's ab.

Vertrauen setzt die Bereitschaft voraus, sich vom Leben überraschen zu lassen. Das heißt nicht, dass wir dem Schicksal hilflos ausgeliefert sind, sondern dass wir uns auf das Unvorhersehbare einlassen und unsere Angst vor dem Ungewissen überwinden.

Vertrauen bedeutet, sich mit dem Gedanken anzufreunden, dass der Mann Ihrer Träume vielleicht nicht dem Bild entspricht, das Sie sich von ihm gemacht haben. Vertrauen bedeutet, dass Sie sich trotz Entmutigung und Frustration nicht ins stille Kämmerlein zurückziehen.

Für Frauen mit dem Bedürfnis, jeden Aspekt ihres Lebens unter Kontrolle zu haben, ist das sehr viel verlangt. Das Unbekannte, Ungewisse löst bei ihnen Unruhe aus. Sich auf den Weg zu begeben erfordert daher ein hohes Maß an Vertrauen. Sie sind nicht zuletzt deshalb Single, weil Ihnen dieses Vertrauen fehlt.

Wer hat Angst vor dem ersten Schritt?

Ein Mensch hat normalerweise zwei Gründe, etwas zu tun: einen guten und den wirklichen Grund.

THOMAS CARLYLE

Eine starke Frau, die einen Partner sucht, verdreht die Augen, wenn ich behaupte, dass der Mangel an Vertrauen und die Angst vor der eigenen Courage schuld daran sind, dass sie Single ist. Sie käme nie auf den Gedanken, sich für ängstlich zu halten. Schließlich hat sie Erfolg im Beruf, einen großen Freundeskreis, bei etlichen Männern ihren Mann gestanden und vielleicht sogar alleine ein Kind großgezogen. Sie ist tüchtig und packt das Leben beherzt an. Außerdem haben sich Dinge wie Glaube oder Vertrauen für sie ein für alle Mal erledigt: nichts als leere Worte (denkt sie). Reizworte, die frustrieren. So überflüssig wie ein Kropf, oder das erste kleine Schwarze mit den dazu passenden hochhackigen Schuhen, die sie sich angeschafft hat.

Das ist verständlich. Wenn wir glauben, dass etwas geschehen wird, worauf wir keinen Einfluss haben, können wir eine Enttäuschung erleben. Und was könnte frustrierender sein als die Überzeugung, dass der Richtige irgendwo dort draußen herumläuft, wir ihn aber trotz aller Suche nicht finden? Dann denken wir am Ende noch, dass etwas mit *uns* nicht stimmt.

Um sich vor solchen unliebsamen Überraschungen zu schützen, machen viele Singles Nägel mit Köpfen. Sie ziehen in die weite Welt hinaus mit der festen Absicht, einen Mann zu finden, der alle Eigenschaften besitzt, die ihr Traumpartner mitbringen sollte. Sie listen diese Voraussetzungen akribisch auf, angefangen dabei, was ihre Eltern gutheißen und was ihren Freundinnen imponieren würde.

Jeder potenzielle Partner wird daran gemessen, wie er in das unrealistische Schema vom perfekten Mann passt. Natürlich passt keiner.

Deshalb geben diese Frauen irgendwann die Hoffnung auf, jemals ihren »Traummann« zu finden; in Wirklichkeit blockiert aber die Angst, ihr Herz zu riskieren, die Einsicht, dass *jeder* der Richtige sein könnte. Liebe braucht Mut.

Niemand leidet gerne an einem gebrochenen Herzen, deshalb ist der Wunsch, sich vor jedem Risiko zu schützen, begreiflich. Es ist aber genauso frustrierend, sich immer wieder auf Partnersuche begeben zu müssen, weil der Richtige nicht auftaucht. Da Sie bei dem Versuch, potenziellen Kandidaten mit Ihrer Checkliste auf den Zahn zu fühlen oder sie nach Ihren Vorstellungen zu manipulieren, schlussendlich immer mit leeren Händen dastanden, sollten Sie die Liste wegwerfen und sich auf das Unerwartete einlassen; die Bereitschaft, einen Mann so zu nehmen, wie er ist, ist unabdingbar für das Bekenntnis zur Weiblichkeit.

Wenn wir den Mut aufbringen, uns auf unsere weibliche Seite einzulassen, geben wir das übersteigerte Bedürfnis nach

Führung und Kontrolle auf und überwinden die Angst, die sich dahinter verbirgt. Das ist der beste Weg, das zu bekommen, was wir uns am meisten wünschen: eine Beziehung, die von Intimität und Nähe lebt.

Kontrolle und Nähe schließen sich aus

Wenn Sie ständig auf der Suche sind, weil Ihre Beziehungen nie lange halten, reden Sie sich vielleicht ein, dass Sie dem Richtigen noch nicht begegnet sind. Dabei hindert Sie bloß Ihre Angst daran, lange genug bei einem Kandidaten anzuhalten und aufmerksam zuzuhören, um herauszufinden, ob er der Richtige sein könnte. Die Angst vor einer neuen Enttäuschung bewirkt, dass Sie ihm viel zu früh Zuneigung, Sicherheit und Engagement abverlangen, um Ihre eigene Unsicherheit zu mindern. Vielleicht ist Ihnen die physische Intimität lieber als die emotionale Nähe, und deshalb beschränken Sie mögliche Beziehungen auf kurze sexuelle Abenteuer.

Das alles hat mit dem Bedürfnis nach Kontrolle zu tun. Wenn es in Ihrem Leben schon lange keinen Mann mehr gab, der Sie um ein Rendezvous gebeten hat, denken Sie vielleicht, dass verfügbare Männer Mangelware sind. Tatsache ist jedoch, dass Sie durch Ihre »Zensur« von vornherein kontrollieren und einschränken, *wer* bei Ihnen überhaupt eine Chance hat. Oder Sie sind derart auf einen Bestimmten fixiert, der allerdings wenig Interesse zeigt, dass andere gar nicht erst zum Zuge kommen.

Der Selbstschutz, der sich hinter einem pathologischen Kontrollbedürfnis verbirgt, äußert sich auch darin, dass Sie den Blickkontakt mit Männern nach Möglichkeit vermeiden, ein Blind Date von vornherein ablehnen oder sich aus dem Staub machen, bevor ein Mann auch nur die Chance hat, Sie nach Ihrer Telefonnummer zu fragen.

Vielleicht haben Sie eine feste Beziehung und wünschten, Ihr Partner würde sich endlich aufraffen und ordentlicher sein, mehr Geld verdienen, mehr Sinn für Romantik entwickeln oder Ihnen einen Heiratsantrag machen – kurzum, so sein, wie Sie es gerne hätten. Es ist leicht, und verlockend, im Leben eines anderen Menschen Regie zu führen, aber ein Drehbuch mit Happy End schreiben Sie nur, wenn Sie die Verantwortung für Ihr eigenes Glück in die Hand nehmen und aufgeschlossen sind für eine Beziehung mit Intimität und Nähe, ohne die Bedingungen diktieren zu wollen.

Wie auch immer Sie die Beziehungen in Ihrem Leben zu kontrollieren versuchen, das Ergebnis ist immer das Gleiche: Einsamkeit und Erschöpfung machen sich breit und nehmen den Platz von Zärtlichkeit und Romantik ein.

Ein todsicheres Rezept für Einsamkeit

Nachdem mein erstes Buch *Einfach schlau sein, einfach Frau sein* erschienen war, wurde ich von vielen Frauen gefragt, wie sie einen Partner finden, mit dem sich Nähe, Leidenschaft und Seelenfrieden verwirklichen lassen. Diese Frauen hatten, genau wie ich, ihre Neigung zu dominieren und zu manipulieren erkannt und konnten sich mit meiner Botschaft identifizieren: Das Bedürfnis nach absoluter Kontrolle ist der Todfeind von Vertrauen und Nähe.

Diese Frauen mussten sich eingestehen, dass ihr unwiderstehlicher Drang, immer alles im Griff zu haben, zu Frustration und Einsamkeit führt, Gefühle, die ich noch aus der Zeit kenne, als ich versuchte, jeden Aspekt meiner Ehe zu reglementieren. Die Lösung für Singles und Frauen, die in einer unbefriedigenden Ehe oder Partnerschaft leben, ist die gleiche: Wenn wir den Mut aufbringen, uns zu den grundlegenden Prinzipien der Weiblichkeit zu bekennen, werden wir mehr Romantik und emotionale Nähe erleben. Den ersten *Single-Workshop* hielt ich in meinem Wohnzimmer ab, um Frauen zu helfen, diese Prinzipien umzusetzen und dank ihrer eigenen, starken Ausstrahlung den Richtigen zu finden. Dass diese Strategie erfolgreich ist, beweisen die zahlreichen Frauen, die durch den Verzicht auf den Führungsanspruch ihre angeschlagene Ehe kitten konnten.

Man sah auf den ersten Blick, dass die erfolgreichen Powerfrauen, die an den Dienstagabenden zu mir in den Workshop kamen, Angst vor dem Risiko hatten. »Lieber zwei gebrochene Arme und Beine als ein gebrochenes Herz«, sagte eine Teilnehmerin. Alle waren bemüht, ihre Angst durch das Streben nach Führung und Kontrolle in Schach zu halten. Bei der Wahl der Partner hatten sie derart gesiebt, dass kaum ein Kandidat übrig geblieben war. Bei der ersten Verabredung hatten sie gleich die Führung übernommen und den Ablauf bestimmt. Sie hatten ständig nach dem Haar in der Suppe gesucht, um sich Enttäuschungen zu ersparen, sodass kein Mann gut genug für sie war. Manche leugneten sogar, überhaupt an einer festen Beziehung interessiert zu sein.

Und das alles, weil sie Angst hatten, verletzt zu werden.

Mein bevorzugter Schutzmechanismus

Um Seelenfrieden zu erlangen, gilt es,
als Herrscher des Universums zurück-
zutreten. ANONYM

Empfindsamkeit und Offenheit geben uns das Gefühl, ausgeliefert zu sein, und dieser Gedanke erzeugt Angst. Das kenne ich aus eigener Erfahrung. Mein bevorzugter Schutzmechanismus war die Kontrolle. Ich fühlte mich sicherer, wenn ich meinte, jede Situation steuern zu können.

Frauen, die sich mit Kontrolle zu schützen versuchen, haben in der Vergangenheit Enttäuschungen erlebt – vielleicht eine schlimme Scheidung oder die Trennung der Eltern in frühester Kindheit. Oder – weniger dramatisch, aber gleichermaßen schmerzlich – ihre erste große Liebe hat sie wegen einer anderen verschmäht. Solche Verletzungen führen zu der irrigen Überzeugung, dass wir künftig Fehlschlägen in Herzensangelegenheiten vorbeugen können, wenn wir alles in die Hand nehmen.

Das ist natürlich der falsche Weg. Erstens werden Sie feststellen, dass Sie kein Vertrauen und keine Nähe in einer Beziehung finden, wenn Sie diese »führen«, als wären Sie der Boss. Zweitens gibt es keinen hundertprozentigen Schutz gegen Liebeskummer. Sie können die Wahrscheinlichkeit, dass Sie bei der Wahl Ihres Partners danebenliegen, nur verringern. Dazu müssen Sie sich jedoch an die Prinzipien halten, die mit dem Bekenntnis zur Weiblichkeit einhergehen. Warum Sie Ihre Glückschancen damit verbessern, erfahren Sie in Kapitel 21.

Ich war nahe daran, meine Ehe aufs Spiel zu setzen, weil ich meinte, meinem Mann bei der Entscheidung »helfen« zu müssen, wann er ein Nickerchen machen sollte, wie man bei einem Geschäft in Mexiko feilscht und welcher Verstärker für seine Gitarre der richtige war. Hinter diesem Kontroll- und Führungsbedürfnis stand die Angst, dass er erschöpft und schlecht gelaunt sein könnte, wenn er nicht genug Ruhe bekam, dass er sich von dem Händler übervorteilen lassen könnte, oder dass er einen Verstärker kaufen würde, der viel zu viel Platz in unserem Haus einnahm.

Die Gefahr, eine Beziehung zu verlieren, die mich früher voll und ganz erfüllt hatte, zwang mich, die Zügel loszulassen und zu akzeptieren, dass ich niemanden ändern kann, außer mich selbst. Der Versuch war nicht nur reine Zeitverschwendung, sondern auch ein todsicheres Rezept für das Scheitern meiner Ehe.

Als ich den Mut fand, meine Verletzlichkeit zu zeigen, merkte ich, dass mein Mann positiv auf die Veränderung reagierte.

Wenn wir unseren Schutzpanzer ablegen, werden wir zugänglicher und menschlicher; Verletzlichkeit zu zeigen ist daher ein Geschenk an den Menschen, mit dem wir zusammen sind. Sie ist ein unausgesprochenes Kompliment, das sagt: »Ich vertraue dir und gehe davon aus, dass du behutsam mit mir umgehst, wenn ich meine Rüstung ablege. Ich fühle mich sicher bei dir.« Derjenige, der dieses Geschenk erhält, wird alles tun, um sich der Ehre würdig zu erweisen. Empfindsamkeit stellt den Kontakt zur wahren Persönlichkeit eines Menschen her, was die Fassade der Unbesiegbarkeit niemals könnte. Das liegt daran, dass wir uns mit Menschlichkeit und Authentizität identifizieren können. Eine perfekte Fassade bedeutet, dass wir eine Schutzmauer errichtet haben, hinter der andere unser wahres Ich nicht erkennen und folglich auch nicht lieben können.

Sobald ein Mensch sich so zeigt, wie er wirklich ist, gibt es nur eine Möglichkeit zu reagieren: einfühlsam.

Erst wenn wir die Kontrolle darüber aufgeben, wie unser Partner beschaffen sein muss und wie er sich verhalten sollte, ebnen wir den Weg für die Beziehung, die wir uns immer gewünscht haben.

Die Waffen einer Frau

Eines der ältesten menschlichen Bedürfnisse ist, jemanden zu haben, der sich fragt, wo man steckt, wenn man abends nicht nach Hause kommt.

MARGARET MEAD

Viele Frauen schützen sich vor Enttäuschung und dem Gefühl der Verletzlichkeit, indem sie sich mit ihrer Emanzipation brüsten. Wie oft haben Sie schon gedacht »Ich brauche keinen, der für mich sorgt«, oder »Das schaffe ich auch alleine«? Innere Stärke wirkt anziehend, aber kämpferisches Emanzengehabe übermittelt die Botschaft »Von mir aus kannst du bleiben, wo der Pfeffer wächst!«

Männliches Auftreten kann in einem Arbeitsumfeld effektiv und angemessen sein, wo Durchsetzungsvermögen und Ellenbogen unabdingbar sind.

Aber wir haben auch noch eine andere Seite – die weibliche –, die sanft, zärtlich, verletzlich und empfindsam ist. Dieser Teil unserer Persönlichkeit möchte zum Essen ausgeführt, nach Hause gebracht, umworben, verwöhnt und umsorgt werden. Dieser Teil unseres Selbst genießt es, ganz Frau zu sein, sich beschützt und auf Händen getragen zu fühlen. Zu diesen weiblichen Qualitäten müssen wir uns wieder bekennen. Und da es das ewig Weibliche ist, das Männer anziehend finden, werden Sie damit automatisch auch den Mann anziehen, der für Sie der Richtige ist. Ganz Frau sein bedeutet, den Mut zu haben, unsere weibliche Seite anzunehmen, mit Seele, Herz und Verstand.

Eine weibliche Herangehensweise an die Partnersuche heißt, dass wir Ehrgeiz und Ellenbogenmentalität ablegen, wenn wir unseren Arbeitsplatz verlassen. Wir haben die Macht, Männer allein mit unserem Wesen, unserem Duft, unserem Körper und unserer Stimme magisch anzulocken. Das sind die Waffen einer Frau, mit denen wir für die Partnersuche wesentlich besser gerüstet sind als mit Besserwisserei oder beinharter Konkurrenz um den Führungsanspruch.

Wenn Sie den Mut haben, zu Ihrer Weiblichkeit zu stehen, gestatten Sie einem Mann, die männliche Rolle zu leben und sich ebenfalls von seiner besten Seite zu zeigen. Wenn er Sie zum Essen ausführt, geben Sie ihm Gelegenheit, seine Großzügigkeit unter Beweis zu stellen und Sie zu verwöhnen. Ihre Gesellschaft macht ihn stolz und glücklich. Wenn Sie das Angebot im Namen der Emanzipation ablehnen, lehnen Sie *ihn* ab. Sollten Sie versuchen, mit ihm gleichzuziehen oder ihn sogar zu übertrumpfen, was die Einladungen angeht, machen Sie ihm Konkurrenz wie ein Mann, statt sich in der Bewunderung und Aufmerksamkeit zu sonnen, die er Ihnen entgegenbringt, weil Sie eine Frau sind. In einem solchen Fall wird er sich überflüssig fühlen und sich fragen, wieso er sich überhaupt die Mühe macht, den Kavalier zu spielen und Ihnen etwas Gutes zu tun.

Einer Frau zu imponieren gefällt jedem Mann, weil es ihm das Gefühl gibt, ein ganzer Kerl zu sein. Männer möchten eine Frau von ihrer sanften Seite sehen, damit sie Stärke zeigen können. Wenn wir unsere Weiblichkeit leben, ermöglichen wir unserem Freund oder Partner, in seiner Männlichkeit zu glänzen.

Männer und Frauen sind so verschieden wie Tag und Nacht; also genießen Sie seine Männlichkeit als naturgegebene Ergänzung zu Ihrer Weiblichkeit, indem Sie beides so akzeptieren, wie es ist.

James Thurber schrieb: »Mir gefällt der Gedanke, dass es zwei Geschlechter gibt. Ihnen nicht?«

Hingabe ist der Schlüssel

> *Schließlich verlor ich das Interesse an den Kontrollversuchen, an dem Bemühen, das Geschehen so zu beeinflussen, wie ich es mir wünschte. Ich begann, mich dem Universum zu fügen und herauszufinden, was »es« von mir wünschte.* SHAKTI GAWAIN

Schon das Wort »Hingabe« macht vielen Frauen Angst, weil es für sie »sich fügen« bedeutet und die Vorstellung weckt, den Kampf an der Emanzipationsfront oder das eigene Rückgrat zu verlieren. Doch in zwischenmenschlichen Beziehungen versteht man unter Akzeptanz die Erkenntnis, dass wir die Dinge manchmal so hinnehmen sollten, wie sie sind, weil wir nur eines beeinflussen können, nämlich die eigene innere Einstellung.

Diese Veränderung bleibt dabei nicht ohne Auswirkungen auf die gesamte Situation. Wenn Sie »Hingabe« in Ihr persönliches Mantra verwandeln, bringen Sie das Problem wesentlich besser und einprägsamer auf den Punkt, als wenn Sie sich sagen: »Hör auf, zu bestimmen, wem du Zugang zu deinem Leben gewährst, wie er sein sollte, oder wann er sich meldet.«

Das Prinzip der Hingabe bei der Partnersuche bezieht sich darauf, dass Sie

- den Wunsch akzeptieren, einen Mann zu finden und zu heiraten, der für Sie der Richtige ist;
- sich die Idee aus dem Kopf schlagen, Ihr Partner müsse perfekt sein;
- sich über Komplimente, Geschenke, Hilfe und jedes Rendezvous freuen;
- die Verantwortung für Ihr eigenes Glück und ein erfülltes Leben übernehmen;
- das Bedürfnis nach Kontrolle über den Verlauf einer neuen Beziehung loslassen;
- den Mut haben, Ihre Verletzlichkeit zu zeigen;
- den Wunsch nach einer dauerhaften Partnerschaft anerkennen, indem Sie das Bäumchen-wechsel-dich-Spiel und alle Beziehungen beenden, die in eine Sackgasse führen;
- Ihr Sicherheitsgefühl auf der physischen oder emotionalen Ebene überprüfen, bevor Sie ein Risiko eingehen.

Hingabe bei der Partnersuche bedeutet:

∾ offen statt ständig auf der Hut zu sein;

∾ optimistisch statt zynisch zu sein;

∾ weiblich statt hart zu sein;

∾ annehmen lernen statt sich stur alleine durchzuboxen;

∾ jemanden respektieren statt sich überlegen zu fühlen.

Eine kluge Frau weiß: Hingabe bedeutet, einen Mann nicht zu manipulieren, damit er über seinen Schatten springt und seine Gefühle, seine Hingabe oder sein Engagement zum Ausdruck bringt. Seine Worte wären ohnehin bedeutungslos, denn sie hätte ihm das Bekenntnis abgepresst, was genauso viel Druck und Frustration schafft, als hätte sie ihm Daumenschrauben angelegt.

Eine kluge Frau verzichtet darauf, eine romantische Beziehung zu zerstören, indem sie ihrem Freund oder Partner ein Ultimatum nach dem anderen stellt, nörgelt, kritisiert und ihn zu erziehen versucht. Sie weiß, dass man niemanden außer sich selbst verändern kann und der Versuch, ihn nach ihren Vorstellungen zu verbiegen, auf Kosten von Harmonie und Intimität geht.

Statt sich auf negative Pauschalurteile über Männer und die Partnersuche an sich einzuschießen, ist einer klugen Frau bewusst, dass jede intime Beziehung sowohl Freuden als auch Risiken birgt.

Eine Frau, die sich zu ihrer Weiblichkeit bekennt, wirft die folgenden negativen Überzeugungen über Bord, an die sie sich wie an eine Sicherheitsleine klammert:

∾ Die guten Männer sind längst vergeben.

∾ Ich bin zu alt und nicht mehr attraktiv für einen Mann.

❧ Eine neue Beziehung einzugehen ist mir viel zu anstrengend.

Zuerst wird Ihnen dieses Bekenntnis zur Weiblichkeit ungewohnt und beängstigend vorkommen. Na und? Die Nachteile sind läppisch, verglichen mit den Vorteilen.

Test:
Wirken Sie anziehend
auf den Richtigen?

Beantworten Sie die folgenden Fragen mit »selten«, »manchmal« oder »oft«.

	selten	*manchmal*	*oft*
1. Gehen Sie grundsätzlich nur mit Männern aus, die Ihren physischen, finanziellen oder beruflichen Vorstellungen entsprechen?	O	O	O
2. Bitten Sie einen Mann, der Sie interessiert, von sich aus um ein Wiedersehen?	O	O	O
3. Glauben Sie, dass Sie den Richtigen finden würden, wenn Sie hübscher, jünger, dünner usw. wären?	O	O	O
4. Glauben Sie, dass die Ehe eine veraltete und riskante Institution ist, da es viel zu viele Scheidungen gibt?	O	O	O
5. Haben Sie das Gefühl, dass Ihr Beruf, Ihre Freundschaften oder Ihre Hobbys Sie nicht ausfüllen?	O	O	O
6. Halten Sie an einer Beziehung fest, auch wenn sie nicht in den angesteuerten Hafen der Ehe führt?	O	O	O

	selten	manchmal	oft

7. Sind Sie insgeheim überzeugt, dass die Männer, die Sie kennen lernen, Ihnen nicht das Wasser reichen können? ○ ○ ○

8. Trauern Sie einem Mann nach, von dem Sie sich getrennt haben oder von dem Sie geschieden wurden? ○ ○ ○

9. Glauben Sie, dass Sie auf gewisse Annehmlichkeiten verzichten müssen, wenn Sie heiraten? ○ ○ ○

10. Schlafen Sie mit einem Mann, bevor Sie wissen, ob er es ernst meint? ○ ○ ○

11. Zeigen Sie Ihre Zuneigung zu einem Mann, indem Sie sich unentbehrlich machen, z. B. Besorgungen für ihn übernehmen, seine Wohnung putzen oder seinen Lebenslauf schreiben? ○ ○ ○

12. Fällt es Ihnen schwer, einem Mann rückhaltlos zu vertrauen? ○ ○ ○

13. Sind Sie schon lange nicht mehr mit einem Mann ausgegangen, der sich für Sie interessiert hat? ○ ○ ○

14. Ist es für Sie wichtig, zuerst eine Freundschaft zu dem Mann aufzubauen, der als Partner in Frage käme? ○ ○ ○

	selten	*manchmal*	*oft*
15. Fühlen Sie sich in Ihrem Beruf souveräner als bei der Partnersuche?	O	O	O
16. Amüsieren Sie sich mit Ihren Freundinnen darüber, wie unreif oder lethargisch Männer sind?	O	O	O
17. Misstrauen Sie Ihrer Intuition bei der Wahl eines Partners, weil Sie schon oft den Falschen erwischt haben?	O	O	O
18. Lehnen Sie Komplimente (»Das Kleid ist doch uralt!«) und Geschenke (»Das kann ich nicht annehmen! Das ist viel zu teuer.«) ab?	O	O	O
19. Gehen Sie davon aus, dass alle anständigen Männer Langweiler sind?	O	O	O
20. Bieten Sie an, Ihren Teil der Rechnung zu bezahlen, wenn Sie mit einem Mann ausgehen?	O	O	O

Auswertung: Wirken Sie anziehend auf den Mann, der für Sie der Richtige ist?

Rechnen Sie nun Ihre Punkte zusammen:

»selten« = 5 Punkte
»manchmal« = 3 Punkte
»oft« = 1 Punkt

Addieren Sie die Punkte in den drei Spalten, um Ihre Gesamtpunktzahl (zwischen 20 und 100) zu errechnen.

40 Punkte oder weniger: Sie stehen sich selbst im Weg
Sie möchten den Richtigen kennen lernen, aber Sie wirken
ungewollt abweisend, weil Sie Angst vor einer Enttäuschung
haben. Sie verdienen einen Partner, der Sie liebt und glücklich macht, und deshalb sollten Sie Ihren Teil dazu beitragen,
dass er Sie findet. Lernen Sie anzunehmen, statt ständig beweisen zu müssen, dass Sie niemanden brauchen. Zeigen Sie,
dass Sie noch zu haben sind. Achten Sie auf Ihr eigenes Wohl
und vollziehen Sie auch mental die Trennung von Ihrem Ex,
wenn Sie ihm immer noch nachtrauern. Sie mögen die eine
oder andere herbe Enttäuschung erlebt haben, aber Sie sollten Ihren Elfenbeinturm verlassen, denn Sie sind erwachsen
und können sich schützen. Wenn Sie die Bereitschaft, sich zu
öffnen, nicht aufbringen, finden Sie nie die Beziehung, nach
der Sie sich sehnen.

45 bis 65 Punkte: Fühlen Sie sich wohl in Ihrer Rüstung?
Sie hassen es, sich verletzlich zu fühlen, aber Ihre unsichtba-
re Rüstung hat Risse. Wenn Sie allein unterwegs sind, werden
die Männer auf Sie aufmerksam und flirten mit Ihnen, was Sie
in Panik versetzt und in die Flucht treibt. Der Richtige
braucht bei Ihnen entweder ein paar gute Laufschuhe, oder
Sie sollten lernen, nicht dauernd vor der eigenen Courage da-
vonzurennen. Sagen Sie freizügiger »Ja«, wenn jemand Sie
um ein Wiedersehen bittet, und betrachten Sie die Verabredung, wenn nichts daraus wird, einfach als Übung für den
Ernstfall.

Wenn Sie bereits eine Beziehung haben, übermitteln Sie
gemischte Signale, die bei Ihrem Partner Zweifel aufkommen
lassen, ob Sie letztlich bei der Stange bleiben werden. Bemü-

hen Sie sich künftig bewusst, kleine Aufmerksamkeiten und Komplimente anzunehmen, Ihre Wünsche klar zum Ausdruck zu bringen und auf Ihre Intuition zu hören. Entspannen Sie sich, wenn Sie sich dabei ertappen, dass Sie wieder die Führung übernehmen wollen. Damit ersparen Sie sich viel Beziehungsstress. Versuchen Sie, sich selbst und Ihren Partner uneingeschränkt zu akzeptieren, dann sind Sie auf dem besten Weg zu der Beziehung, von der Sie immer geträumt haben.

66 *Punkte oder mehr*: Endspurt

Sie haben einen unverkennbar weiblichen Stil, auf den Männer unmittelbar reagieren. Entweder haben Sie bereits eine feste Beziehung, oder der Richtige wird Sie in null Komma nichts finden. Sie sind bereit, Ihr Herz aufs Spiel zu setzen, aber Sie sorgen dafür, dass Sie ein gutes Blatt haben, indem Sie Grenzen setzen und ihm die Führung überlassen. Nichts wird Sie daran hindern, eine Beziehung voller Leidenschaft und Nähe zu erleben.

Das Bekenntnis zur Weiblichkeit
wird Sie verändern

Die erhabenen Dinge, die unseren Weg kreuzen, sind (...) die Früchte der Saat, die wir in der tagtäglichen Arbeit ausbringen.

WILLIAM FEATHER

Der Tag, an dem Sie den Mut aufbringen, sich zu den Prinzipien der Weiblichkeit zu bekennen, wird nicht mit Pauken und Trompeten kommen. Der Wandel vollzieht sich auch nicht an einem Tag, sondern ganz allmählich.

Als Julia das erste Mal in meiner Single-Gruppe auftauchte, war sie nicht überzeugt, dass Kontrolle ihr Thema war. »Ich habe den Richtigen einfach noch nicht gefunden«, sagte sie. »Vermutlich liegt es daran, dass in Südkalifornien alle so oberflächlich sind.« Sie war jedoch einverstanden, einige Akzeptanz-Techniken auszuprobieren, zum Beispiel jemanden anlächeln oder Interesse an einem Wiedersehen zeigen, weil ihre Methoden, den Mann fürs Leben zu finden, bisher nicht den erwünschten Erfolg gehabt hatten und sie sich einsam, ausgelaugt und in die Defensive gedrängt fühlte.

Sie erzählte uns von einem Flirt am Arbeitsplatz. »Er ist wirklich attraktiv, aber er kommt nicht in Frage, weil er zu jung ist und raucht.« Julia gab aber zu, dass sie sich in seiner Gegenwart sehr weiblich und begehrenswert fühlte; deshalb beschloss sie, die Dinge laufen zu lassen, ohne etwas zu forcieren. In der Zwischenzeit verkündete sie in ihrem Bekanntenkreis, dass sie bereit war, sich auch mal auf ein Blind Date einzulassen, und schloss sich einer Partnervermittlung im

Internet an. Binnen kürzester Zeit hatte sie eine bis zwei Verabredungen in der Woche statt zu Hause zu sitzen und Däumchen zu drehen.

»Ich habe zu meiner Überraschung festgestellt, dass es mir gefällt«, sagte sie. »Ich dachte, es sei ein hartes Stück Arbeit, aber jemand anderem die Führung zu überlassen ist entspannend und macht Spaß. Es kommt immer noch vor, dass ich nervös bin und Angst habe, mich voll auf jemanden einzulassen, aber ich finde es auch aufregend.«

Bei Verabredungen widerstand Julia der Versuchung, wieder in ihre alten Gewohnheiten zurückzufallen und ihren Anteil an der Rechnung selbst zu begleichen, damit er nicht dachte, sie sei leicht zu haben. Ihr Begleiter empfand es als selbstverständlich, für beide zu bezahlen, und zum ersten Mal erkannte Julia, dass es ihr Spaß machte, sich verwöhnen zu lassen.

Julia versuchte, auch im Gespräch die Kontrolle abzugeben und aufmerksam zuzuhören – dem Mann, mit dem sie ausging, und der eigenen inneren Stimme –, statt nur so zu tun, als ob, während sie sich in Wirklichkeit schon ihre nächsten schlauen Sätze zurechtlegte. Statt krampfhaft zu versuchen, Gesprächspausen zu füllen, ließ sie ihre Begleiter sie unterhalten.

Auf diese Weise fand sie viel über sich selbst und die Männer heraus.

Julia brachte den Mut auf, ihren Zynismus zu bezwingen und den Männern, die ihr den Hof machten, eine Chance zu geben. (Zugegeben, leicht war das nicht!) Sie hielt sich vor Augen, dass ihr eine erfüllende Beziehung wichtiger war als die Kontrolle und Führung in jeder Situation, mit der sie nur ihre Angst zu beschwichtigen versuchte.

Nach und nach machte sich eine grundlegende Veränderung bei Julia bemerkbar. Sie wirkte weicher und attraktiver, und sie fühlte sich weiblicher und offener. »Ich war Single, weil ich Angst vor der Alternative hatte, und nicht, weil mir der Richtige noch nicht begegnet war«, gab sie zu. Es gab keinen Grund, sich über den Mangel an Männern zu beklagen. Sie waren überall, und noch zu haben.

Es war kein Zufall, dass Tim – der jüngere Arbeitskollege – Julia bat, mit ihm auszugehen. Vielleicht merkte er, dass sie ihren Argwohn abgelegt hatte oder sich selbstsicherer fühlte, seit sie wusste, dass sie an jedem Finger zehn haben konnte. Wie dem auch sei, sie akzeptierte, dass sie nicht wissen konnte, ob sie jemanden auch privat mochte, den sie nur auf der beruflichen Ebene kannte, und so sagte sie Ja.

Inzwischen hatte Julia dazugelernt und hielt sich tunlichst zurück, Ort und Zeit für das Rendezvous zu bestimmen oder ihre Termine nach endlosem Hin und Her aufeinander abzustimmen.

Sie versuchte nicht, sein Interesse durch Sex anzustacheln.

Sie versuchte nicht, auf Biegen oder Brechen herauszufinden, ob er an einer festen Beziehung oder nur an einer kleinen Romanze für den Sommer interessiert war.

Julia konzentrierte sich auf das Hier und Jetzt. Er gab sich die größte Mühe, ihr Herz zu gewinnen, mit selbst zubereiteten Mahlzeiten und abenteuerlichen Unternehmungen, und versuchte herauszufinden, was ihr gefiel. Alles lief bestens. Ein Segen.

Es gab noch andere, die Julia attraktiv fanden, und obwohl sie sich am meisten für Tim interessierte, ging sie auch mit anderen aus, um sich sämtliche Optionen offen zu halten;

schließlich konnte sie nicht vorhersagen, ob die Beziehung Zukunft hatte und Tim bereit war, den nächsten Schritt zu tun. »Meine Nerven lagen blank, weil er mir einen Tag lang keine E-Mail schickte, aber ich widerstand dem Drang, mich bei ihm zu melden, um ihn nicht zu einer Antwort zu nötigen. Ich wollte spüren, dass er hinter mir her war, deshalb wartete ich und beobachtete, wie er von sich aus reagieren würde. Wenn ich den ersten Schritt gemacht hätte, wäre das ein Versuch gewesen, ihn zu manipulieren, aber das habe ich nicht mehr nötig.«

Nachdem Sie drei Monate lang die Prinzipien der Weiblichkeit erprobt hatte und Tim einige Wochen kannte, gestand er ihr, dass es in seinem Leben nur noch sie gab. Julia erklärte, dass auch sie an einer festen Beziehung interessiert sei.

Jeder noch so kleine Schritt brachte Julia zu dem Ziel, das sie schon immer vor Augen gehabt hatte: einen wunderbaren Mann zu finden, der sie liebt und auf Händen trägt.

Keine Panik vor Torschluss

Nichts ist demütigender für Single-Frauen als das Gefühl, verzweifelt auf der Suche zu sein – oder bei anderen diesen Eindruck zu erwecken.

Nur weil Sie dieses Buch lesen, kann niemand behaupten, dass Sie Angst vor dem Alleinsein haben und unbedingt einen Mann brauchen. Sie haben das Gefühl, *auf dem Präsentierteller zu sitzen*, wenn Sie sich zu Ihrem Partnerwunsch bekennen, weil Sie sich einbilden, jeder in Ihrem Umfeld würde Ihre Unsicherheiten durchschauen und den Stab über

Sie brechen. Das ist ganz natürlich, wenn man den Mut hat, den Panzer abzulegen und seine Empfindsamkeit zu zeigen. In Wirklichkeit achtet vermutlich niemand auf Ihre Unsicherheiten, denn die Leute denken lange nicht so viel über uns nach, wie wir meinen. Und wenn doch, wird niemand Sie verurteilen, weil Sie bei Männern gut ankommen und gefragt sind. Zu akzeptieren, dass man einen Partner haben möchte, ist kein Akt der Verzweiflung, sondern erfordert im Gegenteil Aufrichtigkeit und Mut. Wer es wert ist, mit Ihnen befreundet zu sein, wird Ihre Verletzlichkeit als zutiefst menschliche Eigenschaft betrachten, sie liebenswert finden und Ihre Wünsche nachvollziehen können.

Torschlusspanik ist das Gefühl, Sie müssten sofort einen Mann finden, koste es, was es wolle. Sie treibt Sie dazu, eine sexuelle Beziehung einzugehen, lange bevor Sie sich wohl dabei fühlen, oder immer wieder bei Männern zu landen, die beim besten Willen nicht annehmbar sind. Torschlusspanik verleitet Sie, zu früh zu viel von sich selbst preiszugeben, was ein Gefühl der Ohnmacht und unnötige Risiken zur Folge haben kann.

Hingabe bedeutet in diesem Zusammenhang, Ihren Partnerwunsch ernst zu nehmen, sich aber gleichzeitig vor einer Fehlinvestition Ihrer Gefühle zu schützen. Statt mit dem Erstbesten vorlieb zu nehmen oder aus Angst jedem Mann einen Korb zu geben, sind Sie im Vertrauen auf Ihre Weiblichkeit in der Lage, durchdachte Entscheidungen auf der Grundlage Ihrer Bedürfnisse zu treffen.

Zum Prinzip der Hingabe gehört nämlich auch, dass Sie sich Zeit für sich selbst nehmen. Lange Spaziergänge, Abendessen mit Freundinnen, Tagebuch schreiben oder sich mit einem Buch oder einem romantischen Video auf der Couch verschanzen sind Aktivitäten, bei denen Sie Kontakt zu Ihrem eigenen Herzen aufnehmen. Wenn Sie dazu bereit sind, wird das Gefühl der Dringlichkeit und Verzweiflung dem Gefühl der Zuversicht und der Akzeptanz Platz machen.

Die Kunst der Hingabe wird Sie nicht schwächen oder erniedrigen, sondern Sie stark und trittsicher auf dem Weg machen, der zum Ziel führt: den Richtigen in Ihren Bann zu ziehen.

Suchen Sie sich ein weibliches Vorbild

> *Ein gesunder und starker Mensch bittet um Hilfe, wenn er sie benötigt. Gleich ob er einen Abszess am Knie oder in der Seele hat.*
>
> RONA BARRETT

So lohnenswert es auch ist, das Bekenntnis zu den Prinzipien der Weiblichkeit und die damit einhergehende Hingabe ist nicht immer leicht. Die Partnersuche auch nicht. Deshalb ist es von Vorteil, wenn es in unserem Umfeld eine Frau gibt, die diesen Weg aus eigener Erfahrung kennt und uns mit Rat und Tat zur Seite steht.

Glücklich verheiratete Frauen sind eine ausgezeichnete Informationsquelle, und ich kann Ihnen nur den Tipp geben, sich eine Mentorin zu suchen, um den Richtigen zu finden. Wenn Sie eine solche Frau in Ihrem Freundeskreis oder in der Familie haben, nutzen Sie die Möglichkeiten zu einem Meinungsaustausch und bitten Sie um Unterstützung. Wenn Sie sogar zwei solche Frauen kennen, umso besser.

Wenn Sie niemanden haben, der eine nachahmenswerte Ehe führt, schauen Sie sich außerhalb Ihrer Verwandtschaft und Bekanntschaft um. Hat eine Kollegin oder die Schwester einer Freundin eine harmonische Beziehung? Wie steht es mit den Frauen, die Sie aus dem Gymnastikkurs oder aus dem Büro kennen? Irgendwo in Ihrem Umkreis gibt es sicher eine Frau, die genau das hat, wonach Sie suchen. Wenn sie merkt, dass Sie für ihre Unterstützung dankbar sind, wird Sie Ihnen gerne die kleinen Geheimnisse einer guten Beziehung anvertrauen. Sie sind schließlich Seelenschwestern, und das verbindet.

Die meisten Menschen helfen gerne, und deshalb haben Sie gute Chancen, dass Ihre verheiratete Mentorin aus dem Nähkästchen plaudert. Es ist aufregend, den Beginn einer Romanze hautnah mitzuerleben, deshalb profitieren beide Seiten von dem Austausch.

Sehen Sie in Ihrer Mentorin eine Vertraute, die Ihnen hilft, Klarheit bei schwierigen Entscheidungen zu gewinnen, Ihre Ängste zu beschwichtigen und das bestätigt, was Sie tief in Ihrem Innern wissen. Setzen Sie sich mit ihr in Verbindung, wenn Sie sich in eine Idee verrannt haben, unsicher, ängstlich, nervös oder neugierig auf etwas sind, was mit der Partnersuche zu tun hat.

Richten Sie den Blick auf Ihr eigenes Blatt

Wenn Sie auf der Suche nach einer erfüllenden Beziehung sind, ist es verlockend, den Blick nach außen, auf den anderen zu richten. Mag er mich? Wird er mich um ein Wiederse-

hen bitten? Hat er mit mir geflirtet? Liebt er mich? Wird er
mich heiraten? Wichtiger sind jedoch die Fragen, die Sie sich
selbst stellen sollten: Mag ich ihn? Will ich ihn wiedersehen?
Habe ich Lust auf einen Flirt? Liebe ich ihn? Würde ich ihn
heiraten?

Wie kleine Mädchen, die versuchen, einen Blick auf das
Blatt eines Klassenkameraden zu erhaschen, um zu sehen, wie
er sein Bild ausmalt, richten wir unseren Blick auf den Mann,
in der Erwartung, bei ihm Informationen als Entscheidungs-
hilfen für unser eigenes Leben zu finden. Wenn es um Herzensangelegenheiten geht, kommen die wichtigsten Informationen jedoch aus dem eigenen Innern.

Hingabe bringt Ihre beste Seite zum Vorschein

Hingabe, ein unerlässlicher Bestandteil unserer Weiblichkeit,
bedeutet nicht, dass Sie aus lauter Verzweiflung jeden nehmen, der sich für Sie interessiert. Sie verwandeln sich weder
in eine schmachtende Scarlett O'Hara noch in eine män-
nermordende Barbie. Und Sie sind erst recht keine Memme.

Ein Frau, die sich zu einer erfüllenden Partnerschaft und zu
ihrer Weiblichkeit bekennt, verlagert die Konzentration vom
äußeren Geschehen auf ihre innere Befindlichkeit. Sie akzeptiert den Wunsch nach einer romantischen Beziehung und
hat den Mut, ihr Herz aufs Spiel zu setzen, geht dabei aber keine unnötigen Risiken ein. Sie entwickelt ihre Stärken und ihr
Selbstvertrauen und ihre moralische Integrität. Sie hält die
Balance zwischen Arbeit und Freizeit, findet Befriedigung in

ihrem Beruf, geht ihren Hobbys nach und pflegt ihre Freundschaften. Damit erreicht sie ein hohes Maß an innerer Zufriedenheit, was sich auch äußerlich bemerkbar macht, sodass sie attraktiver und offener für den Mann wirkt, der für Sie der Richtige ist.

Sie schöpft ihr Potenzial aus und wird zur besten Version ihrer selbst.

1
»Ja, ich will!«

Es ist schrecklich, aus der Not eine Tugend zu machen. So zu tun, als sei Liebe überflüssig, obwohl man sie braucht. DORIS LESSING

Das Bedürfnis, dass Sie irgendwann heiraten möchten, zu leugnen bedeutet, dass Sie sich vor Enttäuschungen schützen und um jeden Preis vermeiden wollen, sich von einem anderen Menschen abhängig zu machen.

Sie sollten aufhören, in Angst zu leben, und Ihre wahren Bedürfnisse eingestehen, sowohl sich selbst als auch anderen gegenüber. Einem ganz natürlichen Wunsch zu folgen ist nichts, wofür man sich schämen müsste, und ihn in Abrede zu stellen kann auch eine kluge, emanzipierte Frau daran hindern, das zu bekommen, wonach sie sich im Grunde ihres Herzens sehnt.

Klären Sie Ihre Freunde und Familie auf. Sagen Sie klipp und klar: »Ich möchte irgendwann heiraten«, oder »Ich freue mich darauf, mein Leben mit jemandem zu teilen.« Wenn Sie diese Worte nicht über die Lippen bringen, dann legen Sie dieses Bekenntnis wenigstens im Stillen vor sich selbst ab.

Bekennen Sie sich zu Ihrem Ehewunsch und geben Sie ihm eine Chance, Wirklichkeit zu werden.

Wer braucht schon einen Ehemann?

Das war die Frage, die das *Time* Magazin vor einigen Jahren auf der Titelseite stellte. »Immer mehr Frauen sagen Nein zur Ehe und genießen ihr Leben als Single«, verkündete die Schlagzeile. »Sind sie wirklich glücklich?«

Es gibt Frauen, die gerne alleine leben und wirklich keine Lust haben zu heiraten. Wenn Sie nicht dazu gehören, aber so tun als ob, haben Sie es sich selber zuzuschreiben, wenn Sie als »frustrierte alte Jungfer« enden.

Als ich noch Single war, redete ich mir ein, dass mir die Ehe gestohlen bleiben könne. Der Dialog zwischen mir und meinem inneren Selbst war eine ausgeklügelte Schlacht, um meiner Angst vor einer Scheidung ein Schnippchen zu schlagen. Aber meine Einsamkeit und der tief verwurzelte Wunsch nach Zweisamkeit blieben. Ich »genoss« mein Leben als Single nicht wirklich, sondern weigerte mich nur, mich ganz auf jemanden einzulassen, aus Angst vor Verletzung.

Meine Situation war nicht ungewöhnlich. Hinter Phrasen wie »Das Leben als Single genießen« verbirgt sich oft die verschlüsselte Botschaft »Das Risiko einer Enttäuschung vermeiden«. Manche Teilnehmerinnen meiner Workshops behaupten: »Wozu brauche ich einen Mann? Ich fühle mich pudelwohl. Ich bin weder einsam noch auf der Suche.« Aber warum besuchen sie dann meinen Workshop?

Zugegeben, man fühlt sich weniger verletzlich, wenn man sagt, dass man als Single mit seinem Leben zufrieden ist. Man macht aus der Not eine Tugend und gibt vor, nicht an einer Beziehung interessiert zu sein, weil man durch Beruf, Freizeitaktivitäten oder Ausbildung voll ausgelastet ist.

Aufrichtig einzugestehen, dass im eigenen Herzen oder Leben eine Lücke klafft, kann Angst machen. Wir alle möchten den Eindruck erwecken, unabhängig und stark zu sein. Wenn wir zugeben, dass wir uns einsam fühlen, könnten die Leute ja denken, dass wir gar nicht so emanzipiert sind, wie wir tun – oder schlimmer noch, sie könnten uns bedauern.

Dieses Risiko *nicht* einzugehen bedeutet, die Kontrolle über andere um jeden Preis zu bewahren. Es ist eine Ironie des Schicksals, dass wir uns noch weiter vom Ziel unserer Wünsche entfernen und Verletzungen geradezu vorprogrammieren, wenn wir unsere wahren Wünsche leugnen, um eben diesen Verletzungen zu entgehen.

Mit dem Eingeständnis, dass ich mir eine harmonische Partnerschaft wünschte, lief ich Gefahr, enttäuscht zu werden. Es war aber auch der entscheidende erste Schritt auf dem Weg zu einer Romanze, die bereits seit zwölf Jahren andauert, und zu dem Mann, mit dem ich alt werden möchte.

Lassen Sie sich bei der Suche helfen

> *Sie würden sich vermutlich nicht den Kopf darüber zerbrechen, was andere über Sie denken, wenn Sie wüssten, wie selten das vorkommt.*
>
> OLIN MILLER

Ich schlage nicht vor, dass Sie Ihr Leben in der Warteschleife verbringen sollen, bis der Mann fürs Leben vorbeikommt, oder dass Sie schon bei der ersten Verabredung Ihre Heiratsabsichten kundtun. Das wäre nur eine andere Form der Manipulation und Kontrolle. Ich möchte nur noch einmal betonen, wie wichtig es ist, mit sich selbst aufrichtig zu sein: Sie wünschen sich einen Partner, der Sie liebt, beschützt, bewundert und verwöhnt.

Wenn Sie es beunruhigend finden, ehrlich mit sich selbst zu sein, glauben Sie vielleicht insgeheim immer noch an eines der folgenden Ammenmärchen.

Mythos: »Wenn ich zugebe, dass ich einsam bin, sieht es so aus, als sei ich verzweifelt auf der Suche nach einem Mann.«
Realität: Einsamkeit und Verzweiflung sind zwei Paar Schuhe. Einsamkeit besagt: »Ich hätte gerne einen Partner. Ich sehne mich nach Zweisamkeit, Romantik, Nähe und Intimität.« Verzweiflung bedeutet hingegen: »Ich kann nicht alleine sein, fühle mich nicht wohl in meiner Haut. Mir kommt jeder recht, auch wenn ich spüre, dass er nicht der Richtige ist.« Einsamkeit tut der Würde keinen Abbruch. Sie ist ein natürliches Gefühl, das wir alle hin und wieder empfinden.

Mythos: »Wenn ich anderen eingestehe, dass ich irgendwann heiraten möchte, meinen sie, mir sei meine Karriere nicht wichtig.«
Realität: Selbst wenn sich andere wirklich den Kopf über Sie zerbrechen sollten, geht es dabei wohl kaum um die Frage, ob Sie sich zwischen Beruf und Ehe entscheiden müssen. Durch den Wunsch, vor den Traualtar zu treten, werden Ihre beruflichen Leistungen und Ziele ja nicht null und nichtig; das eine schließt das andere nicht aus. Es gibt schließlich viele glücklich verheiratete, beruflich erfolgreiche Frauen, wie jeder weiß. Niemand wird überrascht sein zu erfahren, dass Sie

beides wollen: eine erfüllende Karriere und eine engagierte Partnerschaft.

Mythos: »Wenn ich zugebe, dass ich heiraten möchte, und nicht bald unter der Haube bin, wird es heißen: ›Die kriegt keinen ab!‹«

Realität: Ich kann mir nur schwer vorstellen, dass jemand die Zeit hat, so viel über Sie nachzudenken, aber stellen Sie sich einmal vor, eine Freundin würde zu Ihnen sagen: »Ich möchte irgendwann heiraten.« Würde sie denken, dass mit ihr etwas nicht stimmt, wenn die Hochzeitsglocken nicht spätestens nach einem halben Jahr läuten? Liebe lässt sich nicht erzwingen und »Gut Ding will Weile haben«, wie es so schön heißt. Wer es wert ist, mit Ihnen befreundet zu sein, wird Sie für Ihren Mut zur Wahrheit bewundern.

Mythos: »Wenn ich zugebe, dass ich einsam bin, werde ich den Mann abschrecken, den ich gerne näher kennen lernen würde.«

Realität: Wenn Sie so verzweifelt wären, dass Sie mit jedem vorlieb nehmen würden, würde das wohl zutreffen. Aber Sie haben den Anspruch, sich nur für jemanden zu entscheiden, der von Ihrem Gefühl her der Richtige ist. Die Leere in Ihrem Leben zu erkennen – genau, wie Sie zugeben würden, dass Sie einen Job suchen, wenn Sie arbeitslos sind –, ist der erste Schritt auf dem Weg, Ihren Wunsch zu verwirklichen.

Es gibt viele Ähnlichkeiten zwischen der Suche nach der großen Liebe und der Suche nach einem Job. Wenn Sie nach einer neuen Stelle Ausschau halten, machen Sie keinen Hehl daraus. Sie setzen sich mit allen möglichen Personen in Verbindung, die Ihnen weiterhelfen könnten, bauen ein Kontaktnetz auf. Sie erhalten Tipps und Hinweise, denen Sie nachgehen. Sie haken Angebote ab, die sich als Sackgasse erwiesen haben oder nicht das Richtige für Sie sind, ohne zurückzuschauen.

Eine weitere Ähnlichkeit besteht darin, dass die Leute, die wichtig für Sie sind, Sie nicht für schwach oder bedürftig halten, nur weil Sie einen neuen Arbeitsplatz suchen. Ganz im Gegenteil: Sie halten Augen und Ohren offen, um Ihnen bei der Suche zu helfen. Wenn Sie Freunden und Verwandten eingestehen, dass Sie auf der Suche nach dem Mann fürs Leben sind, wird man Sie nicht nur ermutigen und unterstützen, sondern Sie auch öfter zu Sportveranstaltungen und Partys einladen, wo Sie andere Singles treffen und vielleicht der großen Liebe Ihres Lebens begegnen.

Es gibt natürlich auch grundlegende Unterschiede zwischen der Suche nach einem Partner und der Suche nach einem Job. Zum einen müssen Sie vielleicht den erstbesten Arbeitsplatz annehmen, weil sich Ihre Gläubiger die Klinke in die Hand geben, während Sie sich nicht mit dem erstbesten Mann zufrieden geben müssen. Und zum anderen sind Sie nicht gezwungen, so eifrig nach einem Ehemann zu suchen wie nach Ihrem Traumjob, denn *er* wird *Sie* finden.

Liebe ist ein Geburtsrecht

*Wenn die Zeit gekommen ist, wird die
Liebe Sie aufspüren wie ein Marsch-
flugkörper.*   LYNDA BARRY

Einigen von uns wurde von Kindesbeinen an eingebläut, dass
wir nicht auf den Märchenprinzen warten, sondern lernen
sollen, auf eigenen Füßen zu stehen. Sprüche wie »Eine Frau
ohne Mann ist wie ein Fisch ohne Fahrrad« kennen wir zur
Genüge. Vielleicht fühlten sie sich gezwungen, das Single-
Dasein »zu genießen«, obwohl Sie in Wirklichkeit nichts lieber hätten als einen Ehering am Finger.

Wenn Sie offen mit Ihrem Wunsch umgegangen sind, den
Mann fürs Leben zu finden, hat man Sie vielleicht mit den
Worten entmutigt: »Das passiert nie, wenn man danach Ausschau hält«, oder »Versteif dich lieber nicht darauf.« Diese
gut gemeinten Ratschläge sind nicht nur frustrierend, sondern offenbaren auch, dass hier natürlicher Partnerwunsch
und verzweifelte Partnersuche in einen Topf geworfen werden.

Ihr Märchenprinz kommt vielleicht nicht hoch zu Ross daher, aber es ist nicht zu viel verlangt, wenn Sie Ihr Leben mit
einem Mann verbringen möchten, der Sie wie eine Prinzessin
behandelt. Geliebt zu werden ist Ihr Geburtsrecht als Frau.
Sich einen Partner zu suchen gehört zu den ältesten, tief im
Menschen verwurzelten Instinkten. Emanzipation ist bewun-
dernswert, aber sie erfüllt nicht das Bedürfnis nach Zärtlichkeit und Berührung, Nähe und Intimität mit einem Mann.
Wenn Sie so tun, als bräuchten Sie keine starke Schulter zum
Anlehnen, wird sich dieses Bedürfnis niemals erfüllen.

Das innere und das äußere Bild
der Liebe stimmen überein

Sobald Sie sich eingestehen, dass Sie Ihr Leben nicht alleine verbringen möchten, wird sich in Ihrem Inneren etwas verändern. Sie fühlen sich entspannt, weil Sie Ihre Gedanken und Gefühle auf eine Linie gebracht haben. Sie sind erleichtert, weil ein Geheimnis gelüftet wurde, das Sie belastet hat.

Mit dem inneren Wandel geht auch eine äußere Veränderung einher. Wenn Sie Ihren Wunsch nach Partnerschaft leugnen, zeigt sich das in Ihrem Gesicht – an der Art, wie Sie die Stirn runzeln oder die Augen abwenden, wenn ein Mann Blickkontakt sucht. Es offenbart sich in Ihrem steifen Gang und den verspannten Schultern. Ihre Abwehrhaltung wirkt wie eine eiserne Rüstung.

Wenn Sie sich zu Ihrem Ehewunsch bekennen – und ihn akzeptieren –, verwandeln Sie sich innerlich und äußerlich. Sie verlieren Ihren unsteten Blick. Sie sehen, welche Möglichkeiten Ihnen offen stehen, und lächeln mit den Augen. Ihre Körpersprache ist eine andere. Statt sich hinter Sprüchen wie »Wer braucht schon einen Kerl« zu verschanzen, signalisieren Sie: »Ich bin noch zu haben, wenn du der Richtige bist.«

Ein Mensch, der lächelt, obwohl er innerlich kocht vor Wut, bietet ein widersprüchliches Bild. Er übermittelt Signale, die schwer zu deuten sind, und deshalb fühlt man sich in seiner Gegenwart unwohl. Das innere und das äußere Bild sollten übereinstimmen, und deshalb gilt es, Ihre Gefühle zu akzeptieren und zum Ausdruck zu bringen, statt sie zu unterdrücken oder zu bagatellisieren. Erst dann ist das Bild stimmig und weckt Aufmerksamkeit. Damit ermutigen Sie potenzielle Partner, Kontakt aufzunehmen oder ihn zu intensivieren. Ein Mann, in den Sie sich verlieben könnten, wird Sie eher finden, wenn er sieht, dass Sie grundsätzlich aufgeschlossen sind für eine Beziehung.

Und sobald er die Bühne betritt, kommen Sie nie wieder auf die Idee, Ihr Dasein als Single sei das einzig Wahre.

2
Schminken Sie sich den perfekten Mann ab

Jemand, der nach einem Freund ohne
Fehler sucht, wird keinen finden.
CHASSIDISCHES SPRICHWORT

Bewerten Sie jeden Mann, dem Sie begegnen, anhand Ihrer persönlichen Checkliste? Haben Sie konkrete Anforderungen, was Alter, Bildungsniveau und Beruf, Einkommen, frühere Ehen und Biografie betrifft?

Dann ist es an der Zeit, auf Ihre Checkliste zu verzichten, Ihre Ansprüche herunterzuschrauben und zu akzeptieren, dass es keinen Mann gibt, der in allen Aspekten Ihrem Ideal entspricht.

Sie können mit einem unvollkommenen Mann genauso glücklich werden. Oder davon ausgehen, dass Sie bis zum Sankt-Nimmerleins-Tag einsam und alleine bleiben.

Sie haben die Messlatte zu hoch angelegt

Der Mann Ihrer Träume hat grüne Augen, schwarze Locken und ist mindestens einen Kopf größer als Sie. Er könnte ein erfolgreicher Geschäftsmann mit Privatjet oder ein Naturbursche sein, der Pferde züchtet und großen Wert auf Familienleben legt. Es ist möglich, dass Sie jemandem begegnen, der Ihren Vorstellungen genau entspricht.

Viel wahrscheinlicher ist aber, dass der Mann fürs Leben

Ihr Herz in Aufruhr versetzt und auf der Verstandesebene einen bleibenden Eindruck hinterlässt, ansonsten aber nicht ganz dem Bild entspricht, das Sie sich von ihm gemacht haben. Sie erkennen ihn unter Umständen nicht einmal auf Anhieb, vor allem, wenn Sie Ihr Augenmerk nur auf Ihre Liste richten.

Wenn Sie solche Scheuklappen tragen, entgeht Ihnen vielleicht der schnuckelige Verkäufer im Buchladen, weil er beim gesellschaftlichen Aufstieg nach oben nicht schnell genug ist. Sie müssen auch den Mann von der Liste streichen, mit dem eine Bekannte sie unbedingt verkuppeln wollte, weil er ein Kunstbanause sein soll. Der nette Kollege, der Sie zum Abendessen einladen wollte, kommt auch nicht in Frage, weil Sie sich geschworen haben, von einem Techtelmechtel am Arbeitsplatz die Finger zu lassen. Und nun hocken Sie und Ihre Checkliste am Freitagabend alleine zu Hause, weil niemand die Traumnoten erreicht hat, die ihn dazu berechtigen, mit Ihnen auszugehen.

Wenn Sie feststellen, dass Sie Beziehungen bereits im Keim ersticken, selten ausgehen oder Ihnen generell kein Mann gut genug ist, haben Sie zu hohe Ansprüche.

Schreiben Sie eine Liste mit den Namen der verfügbaren Männer auf, die Sie kennen, und derjenigen, mit denen Sie schon einmal ausgegangen sind. Warum ist der Rest nicht in die engere Wahl gekommen? Haben Sie eine Freundin entmutigt, Sie mit jemandem bekannt zu machen? Von wem ging die Entscheidung aus, die Beziehung zu beenden, die Sie hatten? Warum haben Sie X oder Y einen Korb gegeben, als er um ein Wiedersehen gebeten hat?

Schreiben Sie die Antworten auf. Vielleicht erkennen Sie ein Muster, das zeigt, wie Sie in Ihrem Perfektionismus hoffnungsvolle Kandidaten ausklammern, nur weil sie nicht hundertprozentig Ihrem Ideal entsprechen.

Eine Checkliste ist ein Schutzpanzer

Die wahrhaft große Seele ergibt sich in ihr Schicksal.
LUCIUS ANNAEUS SENECA

Es gibt ihn nicht, den vollkommenen Mann. Wenn Sie trotzdem unentwegt nach ihm Ausschau halten, verschließen Sie Ihre Augen vor der Realität und meiden die Intimität einer Beziehung – wahrscheinlich aus Angst –, auch wenn es Ihnen nicht bewusst ist. Eine Checkliste ist ein Schutzpanzer, der verhindern soll, dass Sie sich Ihren Ängsten stellen, auch wenn Sie sich für den einen oder anderen Mann interessieren. Vielleicht haben Sie eine schmerzliche Trennung oder Scheidung hinter sich und sind ein gebranntes Kind. Vielleicht sind Sie zartbesaitet und glauben, Sie würden es nicht aushalten, Ihr Herz an einen Menschen zu hängen, der Ihre Gefühle nicht erwidert. Ein gebrochenes Herz hinterlässt Narben, die Sie lange spüren; die Erfahrung prägt sich unauslöschlich ein und weckt das Bedürfnis, jeden Aspekt des Lebens unter Kontrolle zu haben, damit so etwas nie wieder passiert.

Wenn Sie sich an die Attribute und Eigenschaften klammern, die Sie bei einem Mann voraussetzen, sind Ihre Erwartungen unrealistisch. Da es keinen gibt, der sie hundertprozentig erfüllt – das ist so gut wie sicher –, können Sie sich prima hinter diesem Anforderungsprofil verschanzen und müssen nichts riskieren.

Um es über Bord zu werfen, müssen Sie sich bewusst machen, dass Sie durch die Fixierung auf den idealen Kandidaten nicht offen sind für das, was Sie eigentlich suchen: den Mann fürs Leben, den Sie lieben und so akzeptieren können, wie er ist, mit all seinen Fehlern und Vorzügen. Es gilt, Ihre innere Einstellung zu den Männern in Ihrem Leben zu verändern, statt sich über Ihre Lebensumstände zu beklagen.

Welche Gründe es für Ihre Bindungsangst auch geben mag, es ist wichtig, sich mit ihr auseinander zu setzen. Diese Angst ist die Ursache dafür, dass Sie einsam sind, und sie wird unterstützt von Ihrer Checkliste. Sie werden nie die emotionale Bindung, die Zweisamkeit und die physische Leidenschaft einer erfüllten Beziehung kennen lernen, wenn Sie nicht bereit sind, diese Angst zu spüren, sich ihr zu stellen und sie zu überwinden, indem Sie Ihre Augen und Ihr Herz öffnen, auch für einen unvollkommenen Mann.

Wie Ihnen das gelingt, möchte Ihnen dieses Buch zeigen.

Finden Sie heraus, ob Sie liebenswert sind

> *Liebe ist das unwiderstehliche Begehren,*
> *unwiderstehlich begehrt zu werden.*
> ROBERT FROST

Kennen Sie Frauen, die einen großen Bogen um Männer machen, aber jammern, weil sie niemanden kennen lernen, der zu ihnen passt? Auf irgendeiner Ebene haben sie Angst. Sie haben sich angewöhnt, nach dem Haar in der Suppe zu suchen und alles aufzulisten, was ihnen an einem potenziellen Partner missfällt: Er hat ein paar Kilo zu viel. Er lehnt es ab, über seine Gefühle zu sprechen. Er bringt es nicht fertig, seiner Mutter zu sagen, dass er keine Zeit hat, ihr zu helfen. Er hat vor zehn Jahren Drogen genommen.

Diana dachte, sie sei aufgeschlossen und vorurteilslos, bis sie nach den Gründen gefragt wurde, warum der eine oder andere Mann nicht in Frage gekommen war – nicht einmal für ein einziges Date. »Der eine wohnte zu weit entfernt, der andere war zu jung, der Nächste hatte ein fünfjähriges Kind, und dann war da noch dieser Macho und …« Sie hielt abrupt inne.

Ihr wurde erst jetzt bewusst, dass sie einige Männer unbesehen ausgeschlossen hatte. »Ich möchte nur nicht meine Zeit mit jemandem verschwenden, wenn sowieso nichts dabei herauskommt«, versuchte sie sich zu rechtfertigen. »Es ist viel schlimmer, sich erst Hoffnungen zu machen und dann zu erkennen, dass man nicht zueinander passt.«

Richtig. Aber das kann man erst wissen, wenn man einen Mann näher kennt. Obwohl Diana sich für eine Frau hielt, die mit beiden Beinen fest im Leben steht, musste sie erkennen, dass sie in Wirklichkeit nur deshalb an jedem etwas auszusetzen fand, weil sie Angst vor neuen Enttäuschungen hatte.

Sie beschloss auf der Stelle, ihre Vorstellungen vom perfekten Mann loszulassen. Sie nahm sich vor, den Kreis der Kandidaten nicht mehr durch Ihr Anforderungsprofil einzuschränken.

Dann lernte sie durch eine Partnervermittlung einen Mann kennen, der sowohl zu jung war (fünfundvierzig, sie war zweiundfünfzig) als auch zu weit entfernt wohnte (dreihundertsechzig Kilometer), aber sie trafen sich trotzdem. Es war Liebe auf den ersten Blick, und er sagte ihr, dass er froh sei, dass sie ihm dieses Mal eine Chance gegeben hatte.

»Was heißt ›dieses Mal‹?«, fragte sie.

»Weil ich schon einmal Kontakt zu dir aufgenommen habe, aber nie eine Antwort bekam. Aber ich wagte einen zweiten Versuch, und dieses Mal hast du reagiert.«

Die Bereitschaft, einen Mann so zu akzeptieren wie er ist, bedeutet nicht, dass Sie sich mit allem und jedem zufrieden geben sollen. Es ist richtig, sich klar zu machen, was Sie bei einem potenziellen Partner absolut nicht hinnehmen können. Wenn Ihre Kinder beispielsweise schon erwachsen sind und es für Sie absolut nicht in Frage kommt, noch einmal von vorne anzufangen, sollten Sie Männer mit Sorgerecht für ihre minderjährigen Sprösslinge ausschließen.

Wenn Sie allerdings an *jedem* Mann etwas auszusetzen haben, befürchten Sie vielleicht insgeheim, es sei keiner dabei, der Sie auch dann begehrenswert finden könnte, wenn er Sie erst länger kennt. Sie haben Angst, nicht liebenswert zu sein.

Wir alle kennen die bange Frage, ob es da draußen in der Welt einen Menschen gibt, der uns so nimmt, wie wir sind. Diana wusste, dass sie irgendwann heiraten wollte, hatte aber Angst, einen jüngeren Mann ins Auge zu fassen, weil ihr ihr letzter Freund unmissverständlich klar gemacht hatte, eine Ehe mit einer älteren Frau sei für ihn indiskutabel. Diese Erfahrung war ein ziemlicher Schlag für ihr Selbstwertgefühl. Sie wollte sich nicht emotional engagieren und auf jemanden einlassen, aus Angst, abermals enttäuscht zu werden.

Wenn Sie überzeugt sind, dass kein Mann Sie liebenswert

findet, wenn er Sie erst richtig kennt, ergeht es Ihnen nicht anders als den verheirateten Frauen, die früher wahrscheinlich ähnliche Befürchtungen hatten. Das Wunderbare an der Liebe ist jedoch, dass die Wunden der Zurückweisungen heilen, wenn Sie von jemandem bewundert und auf Händen getragen werden, der Sie liebt, trotz aller Verschrobenheiten. So unglaublich es für Sie klingt: Der Richtige mag Sie – und nur Sie – genau so, wie Sie sind.

Der Richtige trägt kein Schild

Bevor Sie einen Mann nicht näher kennen lernen, können Sie nicht wissen, ob Sie seine Gesellschaft genießen oder von seinem messerscharfen Verstand beeindruckt sind. Sie können sich kein Urteil über seine Vertrauenswürdigkeit bilden. Sie können nicht sagen, wie Sie sich in einer intimen Beziehung mit ihm fühlen würden.

Wir alle wüssten gerne auf Anhieb, ob ein Mann *der Richtige* ist, ob er uns das Herz bricht, unsere beste Seite zum Vorschein bringt, hoffnungslos untreu ist oder uns bis ins hohe Alter zum Lachen bringt. Es wäre schön, wenn ein einziger Blick genügen würde, um zu sagen: Das ist er! Oder wenn wir zumindest nach dem ersten Kuss sicher sein könnten, ob er der Märchenprinz ist.

Wenn wir diesen Röntgenblick hätten, wäre das erste Rendezvous mit weniger Angst und Lampenfieber befrachtet. Und wir würden uns nur dann auf ein Wiedersehen einlassen, wenn wir sicher sein können, dass er uns nicht den Laufpass gibt. Das Problem ist, dass wir leider keine Hellseher sind.

Kein Zeichen an der Wand deutet darauf hin, dass der Richtige auf der Straße an Ihnen vorübergeht.

Das bedeutet, dass wir ein gewisses Risiko eingehen und unser Herz aufs Spiel setzen müssen, um herauszufinden, ob jemand der Mann fürs Leben ist. Sich derart zu exponieren ist nicht leicht für eine Frau, die Angst hat, verlassen oder zurückgewiesen zu werden. Das kann ich aus eigener Erfahrung bestätigen. Die Angst trieb mich, den Männern zuvorzukommen und mich von ihnen zu trennen, bevor sie es tun konnten. Ich suchte verbissen nach einem Grund, um den Verehrer nicht wieder zu sehen, der später mein Ehemann wurde. Ich erinnere mich, dass ich damals Anstoß an einer Dankeschön-Karte nahm, die er mir nach einer Einladung zum Brunch bei mir zu Hause schickte. Das erklärte ich zumindest meiner besten Freundin.

»Findest du es nicht seltsam, dass sich jemand schriftlich bedankt?«, fragte ich misstrauisch. Und im Stillen dachte ich, bei dem muss Notstand herrschen! Nur ein hoffnungsloses Muttersöhnchen, wohlerzogen und verzweifelt auf der Suche, würde auf eine solche Idee kommen.

»Seltsam?«, erwiderte meine Freundin ungläubig. »Wieso seltsam? Ich finde das sehr aufmerksam.«

Aufmerksam. Aha. Ich war nicht an Aufmerksamkeiten gewöhnt, deshalb weckten sie ein Gefühl des Unbehagens in mir.

Zum Glück wusste ich intuitiv, Angst und Misstrauen hin oder her, dass meine Freundin Recht hatte. Ich holte tief Luft und betrachtete die Dankeschön-Karte aus ihrer klugen Perspektive. Es funktionierte. Ich schmetterte den Absender nicht ab, als er mich um ein Wiedersehen bat. Ich traf mich mehrmals mit ihm, und irgendwann erkannte ich, dass nichts an diesem Mann hoffnungslos war.

Schließlich trat genau das ein, was ich am meisten fürchtete: Er sah mich in aller Herrgottsfrühe mit verstrubbelten Haaren, ertrug mein prämenstruelles Syndrom in seinen schlimmsten Auswüchsen und erfuhr, dass »Schüttelschecks« eine feste Größe in meiner Finanzplanung darstellten.

Ich habe es nicht nur überlebt, diesem Mann meine Achillesferse zu zeigen, sondern auch die Hingabe und bedingungslose Liebe gefunden, nach der ich mich immer gesehnt hatte.

Bleiben Sie auf Kurs

Vielleicht verspüren auch Sie den Drang davonzulaufen, wenn es ernst wird. Es ist nur von Vorteil, wenn Sie lernen, über Ihren eigenen Schatten zu springen und auf Beziehungskurs zu bleiben. Sollte Ihnen der Richtige noch nicht über den Weg gelaufen sein, bauen Sie zumindest »Beziehungskompetenz« auf, die Ihnen Stärke und Perspektive gibt und Sie befähigt, künftig schneller die Spreu vom Weizen zu trennen.

Betrachten Sie das Ganze als Übung, und Übung macht bekanntlich den Meister: Sie werden am Ende nicht den perfekten Mann finden, aber den *richtigen*. Er gehört zu denen, die Ihr wahres Selbst lieben.

Natürlich können Sie das alles vergessen, wenn Sie davonlaufen und nicht auf dem eingeschlagenen Kurs bleiben – weil er mit vollem Mund spricht, seit drei Jahren Miese auf dem Konto hat oder – Gott behüte – sich schriftlich bei Ihnen für eine Einladung bedankt.

Sich selbst zu verpflichten, trotz geringfügiger Abweichungen vom Ideal auf Kurs zu bleiben kann beängstigend sein. Aber es gibt keine schlüssige Entschuldigung dafür, die Beziehung zu einem Mann abzubrechen, der zwar unvollkommen ist, aber perfekt zu Ihnen passt.

Diese Entscheidung hat natürlich ihre Tücken: Woher wollen Sie wissen, bei welchen Webfehlern Sie getrost beide Augen zudrücken und bei welchen Sie schleunigst das Weite suchen sollten?

Ich kennen genug Frauen, die sich in ihrer Ehe einsam fühlten und es geschafft haben, sie in eine harmonische, intime Beziehung zu verwandeln, dass ich mir zutraue, zu beurteilen, welche Probleme unüberwindlich sind und welche zu den normalen kleinen Stolpersteinen auf dem Lebensweg gehören. Es gibt drei Kategorien von Männern, denen Sie unbedingt aus dem Wege gehen sollten: drogenabhängige, gewalttätige und notorisch untreue.

Trotzdem sollten Sie Ihre Checkliste wegwerfen. Die inneren Qualitäten eines Mannes haben nicht das Geringste damit zu tun, ob er in einer Anwaltskanzlei arbeitet oder Traktor fährt. Paare, die eine erfüllte Beziehung verbindet, wissen das. Sie wissen auch, dass sie bloß andere Probleme hätten, wenn sie mit einem anderen Partner verheiratet wären. Sie erinnern sich noch genau an den Moment, als ihnen klar wurde, dass sie aus demselben Holz geschnitzt sind.

Mit anderen Worten: Die gegenseitige Anziehungskraft und die Liebe und die Romantik, die daraus entstehen können, sind wie Leuchtfeuer, die Ihnen den Weg zu jemandem weisen, der auf Ihrer Wellenlänge liegt. Dieser Mann mag nicht perfekt sein, aber das ist schließlich niemand. Er wird jedoch Attribute und Charaktereigenschaften mitbringen, die sich mit Ihren perfekt ergänzen. Sie haben zwei Möglichkeiten: Entweder beklagen Sie, was ihm fehlt, oder Sie freuen sich über das, was er in die Waagschale werfen kann.

Das Bekenntnis zu den Prinzipien der Weiblichkeit und zum Partnerwunsch bedeutet, dass Sie einen Mann so akzeptieren, wie er ist, und erkennen, dass Sie nur bei sich selbst etwas verändern können.

Genauso wie er akzeptieren sollte, dass Sie jeden Tag mit Ihrer Mutter telefonieren, von Zeit zu Zeit maßlos übertreiben oder selten pünktlich sind, ist es an Ihnen, Zugeständnisse zu machen.

Die Zuversicht, jemanden zu haben, der Sie liebt, obwohl er Sie in- und auswendig kennt, wiegt solche kleinen Macken doppelt und dreifach auf.

Auch für Sie gibt es einen Mann, der vielleicht nicht perfekt ist, aber der perfekt zu Ihnen passt.

3
Schluss mit der pauschalen Männerschelte

Was Männer und Frauen gleicherma-
ßen brauchen, ist Ermutigung. (…)
Statt einem Mann ständig seine Fehler
vorzuhalten, sollten Sie seine Vorzüge
hervorheben. Versuchen Sie, ihn von
den eingefahrenen Geleisen seiner
schlechten Gewohnheiten abzubringen.
ELEANOR H. PORTER

Wir neigen dazu, das zu glauben, was wir uns selbst einreden.
Wenn Sie sich angewöhnt haben, kein gutes Haar am »starken
Geschlecht« zu lassen oder mit ihren Freundinnen über die Män-
ner zu lästern, ist es höchste Zeit, sich ein neues Hobby zuzulegen.

Wenn Sie sich ständig vor Augen halten, was für unangenehme
Zeitgenossen Männer doch sind, werden Sie irgendwann auch da-
von überzeugt sein. Das ist kontraproduktiv und macht Ihre Be-
mühungen zunichte, den Richtigen anzuziehen.

Ringen Sie sich zu dem Bekenntnis durch, dass ein Mann
durchaus Eigenschaften besitzen kann, die einer Frau fehlen – und
umgekehrt –, einfach, weil er ein Mann ist. Wechseln Sie zu dem
Mantra: »Ich mag Männer.«

Achten Sie darauf,
was Sie über Männer sagen

Sicher macht es Spaß, Witze darüber zu reißen, dass der Unterschied zwischen einer Pflaume und einem Mann darin besteht, dass Erstere irgendwann reift. Aber wenn es Ihnen mit dem Partnerwunsch ernst ist, können Sie es sich nicht leisten, sich in Unterhaltungen einzuklinken, die Männer in Bausch und Bogen verdammen. Sogar ein dummer Scherz beeinflusst unterschwellig Ihre Denkweise.

Angenommen, Sie sind der Meinung, kein männliches Wesen könne treu sein, und erzählen Ihren Kolleginnen einen Witz über einen Mann, der seine Frau betrügt. Sie bekräftigen damit eine negative und unbegründete Annahme. Manche Männer nehmen es mit der Treue wirklich nicht so genau, aber mit solchen Pauschalurteilen den Stab über die gesamte Gattung zu brechen ist beleidigend und unfair.

Ich habe meine Meinung nach meiner Heirat grundlegend geändert. Früher waren Männer für mich ein notwendiges Übel, und ich ließ kein gutes Haar an ihnen. Später, als John mir in seiner Verzweiflung einen Post-it-Zettel hinterließ, auf dem stand: »Männer haben nur zwei Fehler: alles, was sie sagen und alles, was sie tun«, solidarisierte ich mich mit ihm.

Ich respektiere ihn aufrichtig und empfinde solche Bemerkungen als diskriminierend. Sie machen *meinen* Mann zum Gespött! Sie kränken den Menschen, der mich liebt und alles daran setzt, dass es mir gut geht. Zum ersten Mal spürte ich, wie weh solche niederträchtigen Sticheleien tun.

John bringt Spiel und Humor in unsere Beziehung, vor allem in stressigen Zeiten. Anfangs dachte ich auch, mein

Mann sei unreif, wie in dem Witz mit der Pflaume, denn immer, wenn ich ernst wurde und mir Sorgen um die Zukunft machte, nahm er seine Socken als Fingerpuppen her, die mir sagten, ich solle mich entspannen. Inzwischen habe ich dieses spielerische Element als beruhigend und unterhaltsam schätzen gelernt.

Eigenschaften, die auf den ersten Blick negativ erscheinen, lassen sich, aus einer anderen Warte betrachtet, vielleicht als Pluspunkte verbuchen.

Wenn wir Männer niedermachen, sind wir nicht besser dran

> *Glück ist die Fähigkeit, zu akzeptieren, was ist.* WERNER ERHARD

Wenn wir uns einreden, dass alle Männer rücksichtslose Egoisten und notorisch untreu sind, sagen wir uns im Grunde, dass wir ohne sie besser dran sind. Unser Wunsch nach Liebe und Gemeinsamkeit wird bei dieser Denkweise allerdings nicht befriedigt. Andernfalls würden Sie dieses Buch nicht lesen.

Falls Sie sich mit Ihren Freundinnen häufig auf ein Sperrfeuer bissiger Anti-Männer-Witze einschießen, tun Sie das vielleicht nur, um mit dem Strom zu schwimmen statt Flagge zu zeigen. Aber Sie können diesem Trend genauso gut entgegensteuern, zum Beispiel mit der Frage »Was war dein bestes Date?« oder »Wolltest du eigentlich schon immer heiraten und Kinder haben?«. Wenn Sie an einer Unterhaltung teilnehmen, gibt es keine Regel, die besagt, dass Sie nicht das Thema wechseln und eine Richtung einschlagen dürfen, die Ihnen mehr behagt.

Sich in Zynismus zu suhlen beeinträchtigt die Signale, die Sie Männern übermitteln. Wenn Sie ständig ätzende Bemerkungen vom Stapel lassen und die Augen verdrehen, ganz gleich, wie sich ein Mann verhält, entsteht der Eindruck, als ob Sie nicht viel von der Zweisamkeit halten. Wenn Sie sich darauf programmieren, dass Partnerschaft ein notwendiges Übel darstellt, bleibt die Wirkung nicht aus. Weit davon entfernt, Sie anziehend und offen zu finden, werden die Männer auf Distanz bleiben – und sich eine Frau suchen, die sie zu schätzen weiß.

Männer werden nie gute Frauen

Es gibt immer Augenblicke, in denen wir uns fragen, warum Männer nicht einfühlsamer oder kommunikativer sind. Der Frust wächst, weil Sie einfach nicht dahinter kommen, was er denkt oder empfindet. Er wird sich Ihnen mit Sicherheit nie so rückhaltlos offenbaren wie eine Frau, beispielsweise Ihre beste Freundin.

Wenn wir uns darüber beklagen, wie Männer kommunizieren, meinen wir in Wirklichkeit: »Warum können sie nicht so sein wie wir Frauen?« Aber Männer werden nie gute Frauen abgeben – und dafür sollten wir dankbar sein.

Vielleicht sind sie nicht so beredt wie Ihre beste Freundin, aber sie teilen sich auf ihre eigene Weise mit. Statt einen Mann zu manipulieren, um ihn aus seinem Schneckenhaus zu locken, ist es geschickter, ihm im Gespräch einfach mehr Freiraum zu lassen. Sie sollten ihm weder ins Wort fallen, noch seine Ideen vorwegnehmen. Nur dann hören Sie die unterschwelligen Botschaften, die ihm am Herzen liegen, laut und deutlich.

Wenn Ihr Partner nicht genug von sich gibt, um Ihren Hunger nach einem echten Dialog zu befriedigen, sollten Sie dieses Bedürfnis anderweitig stillen. Deshalb sind Freundinnen so wichtig.

Wir vergessen leicht, dass Männer aus einer anderen Kultur stammen. In der männlichen Kultur ist es weder üblich noch befreiend, über Gefühle zu sprechen. Oder stundenlang zu telefonieren. Oder so viel miteinander zu reden wie Frauen. Die Autorin Deborah Tannen meint, »zu behaupten, dass Männer sich über Baseball unterhalten, um nicht über ihre Gefühle sprechen zu müssen, ist so, als würde man behaupten, dass Frauen sich über ihre Gefühle unterhalten, um nicht über Baseball sprechen zu müssen«. Unbestritten ist gleichwohl, dass Männer völlig anders als Frauen kommunizieren, und der gesunde Menschenverstand sagt uns, dass es nur eine Möglichkeit gibt, mit diesem Unterschied umzugehen: Wir müssen lernen, ihn zu akzeptieren und zu respektieren.

Beachten Sie die Gebote der Höflichkeit

> *Bilden Sie sich nicht ein, eine Freund-*
> *schaft würde Sie berechtigen, den Men-*
> *schen, die Ihnen nahe stehen, unan-*
> *nehmbare Dinge zu sagen. Je enger die*
> *Beziehung, desto unabdingbarer sind*
> *Takt und Höflichkeit.*
> OLIVER WENDELL HOLMES JR.

Elena versuchte ständig, ihren Freund Ben aus der Reserve zu locken und ihn zu bewegen, sich offen über seine Gefühle zu äußern. Einmal nötigte sie ihn, seine Enttäuschung zu gestehen, als er bei einer Beförderung übergangen wurde. Ein anderes Mal wollte sie wissen, was er bei seiner Scheidung wirklich empfunden habe. Aber Ben wollte nicht über diese misslichen Themen reden, also verschanzte er sich hinter einem vagen Schulterzucken und Brummen, wenn sie mit dem Verhör begann.

Elena war ehrlich bemüht, Ben besser zu verstehen. Gleichzeitig suchte sie aber auch die Bestätigung, dass er sie liebte und bereit war, ihr seine Geheimnisse anzuvertrauen. Aber das sind Dinge, die man nicht erzwingen kann. Ihr Nachbohren war ein Versuch, ihren Partner zu kontrollieren und ihm das zu entlocken, was sie hören wollte.

Als Ben nicht mit seinen Gefühlen herausrückte wie erhofft, versuchte Elena nachzuhelfen, indem sie ihn darauf aufmerksam machte, dass es nicht gesund sei, alles in sich hineinzufressen. Je mehr sie ihn unter Druck setzte, desto gereizter und verstockter wurde Ben. Elena verstand nicht, warum er derart auf die Palme ging, und hielt mit ihren

Freundinnen Kriegsrat; alle stimmten darin überein, dass ein Mann, der emotional derart verschlossen war, nicht der Richtige sei.

Verständlicherweise wünschen Sie sich einen Mann, der über mehr als Baseball oder Fußball mit Ihnen redet. Aber Sie kommen nicht an das »Eingemachte« heran, wenn Sie ihm ein Gespräch aufzwingen und ihn bedrängen, Farbe zu bekennen. Aufmerksame Zuhörerinnen erfahren mehr über das, was einen Mann wirklich bewegt, als jeder professionelle Therapeut. Außerdem erfreuen sie sich bei Männern größerer Beliebtheit.

Ben erzählte Elena beispielsweise, was er von dem gemeinsamen Sorgerecht für seine Kinder hielt. »Ich freue mich immer, sie zu sehen«, vertraute er ihr an. »Aber ich bin auch froh, wenn sie wieder gehen und ich mich erholen kann, denn sie sind ganz schön anstrengend. Ich finde, das ist eine hervorragende Lösung.«

Zugegeben, Bens Zufriedenheit mit den Sorgerechtsvereinbarungen hatte nichts mit seiner Beziehung zu Elena zu tun, woran sie natürlich am meisten interessiert war. Doch die Fähigkeit, das Positive an dieser Situation zu sehen und offen über seine Einstellung zu sprechen, verriet etwas über Bens Engagement als Vater. Er zeigte dabei auch seine Gefühle für Elena, weil er während dieser Unterhaltung seinen Arm um sie legte und sie küsste – Taten, die mehr zählen als Worte.

»Wie fühlst du dich?« ist für Männer eine ungewohnte und heikle Frage, so wie für Frauen die Frage, wie viel sie wiegen. Stellen Sie sich die männliche Kultur wie die Kultur eines fernen Landes vor – nicht schlecht, nur anders. Die Sitten und

Gebräuche, die dort herrschen, mögen Ihnen seltsam erscheinen, aber sie sind deshalb nicht falsch und Ihre richtig.

Männer sind nicht unfähig, ihre Gefühle verbal zu äußern. Es kommt hin und wieder vor, dass sie Andeutungen machen, die in eine normale Unterhaltung einfließen. Wichtig ist, einem Mann nicht die Daumenschrauben anzulegen, wenn er nicht gesteht, was er wirklich empfindet. Machen Sie sich bewusst, dass Sie trotzdem eine emotional erfüllende Beziehung zu ihm haben können, weil Sie miteinander lachen oder sich umarmen, wenn Ihnen danach zumute ist. Äußern Sie *Ihre eigenen Gefühle* und nehmen Sie das, was er freiwillig von sich gibt, wie ein Geschenk an.

Die Erwartung, dass Sie sich mit einem Mann auf die gleiche Art wie mit Ihrer besten Freundin über Gefühle austauschen können, ist nicht nur unfair, sondern auch unrealistisch.

Statt einen Mann zu fragen, was er empfindet, als Test für seine Fähigkeit, Nähe zuzulassen, sollten Sie sich selbst fragen, was *Sie* in seiner Gesellschaft empfinden. Elenas Antwort hätte wahrscheinlich gelautet: »Ich bin glücklich, außer, wenn wir uns streiten, weil er mit seinen Gefühlen hinter dem Berg hält.«

Das Bekenntnis zur Weiblichkeit schließt Hingebung auch als Fähigkeit ein, aufmerksam zuzuhören, was der Gesprächspartner freiwillig offenbart, statt ihn zu Geständnissen zu zwingen. Nur so finden Sie heraus, wie ihm der Kinofilm wirklich gefallen hat, was er im Leben erreichen will, was er von der Ehe hält, und vor allem, was er für Sie empfindet.

4

Flirten will gelernt sein

Runzeln Sie nie die Stirn, denn Sie können nicht wissen, wer sich in Ihr Lächeln verliebt.

JUSTINE MILTON

Um den Richtigen auf sich aufmerksam zu machen, müssen Sie den Mut aufbringen, Männer anzuziehen wie die Motten das Licht – nicht erst nach dem Urlaub, wenn Sie abgenommen haben, oder wenn die Kinder aus dem Haus sind, oder wenn Sie einen tollen Job haben. Das sind alles bloß faule Ausreden; das Einzige, was wirklich zählt, ist Ihre innere Einstellung.

Es ist an der Zeit, die Kunst des Flirtens zu erlernen. Jede romantische Begegnung beginnt mit einem Lächeln; deshalb sollten Sie stets eins in petto haben. Die erste Lektion besteht darin, jeden Mann anzulächeln, der Ihnen über den Weg läuft, egal ob Sie ihm jeden Tag begegnen oder zum ersten Mal. Lächeln Sie den Mann an, der in Ihrem Lieblingscafé sitzt und mit seinem Handy telefoniert, den Leidensgenossen, der mit Ihnen im Postamt Schlange steht, den Kollegen im Büro nebenan.

Lektion Nummer zwei lautet: Bedenken Sie jeden Tag einen Mann mit einem ernst gemeinten Dankeschön oder einem aufrichtigen Kompliment, sei es ein Kollege, der einen wichtigen Beitrag zu einem Projekt geleistet hat, ein Bekannter, dessen Anzug Ihnen gefällt, oder der Mann im Supermarkt, der Ihnen geholfen hat, die schweren Einkaufstüten zum Auto zu tragen.

Jede Romanze beginnt mit einem Lächeln

Sie müssen den Mann fürs Leben nicht suchen, weil *er* Sie finden wird. Er hält bereits nach Ihnen Ausschau.

Er braucht allerdings Ihre Hilfe, um Sie zu entdecken. Einer der sichersten Wegweiser ist ein Lächeln. Wenn Sie Ihrem künftigen Ehemann schon bei der ersten Begegnung mit einem Lächeln begegnen wollen, müssen Sie alle Männer anlächeln, die Ihren Weg kreuzen. Schließlich können Sie ja nicht wissen, wer der Glückliche ist!

Deshalb sollten Sie gleich mit dem Üben beginnen und jedem, der Ihren Weg kreuzt – egal ob alt oder jung – Ihr schönstes Lächeln schenken. Wenn Sie meinen, das sei absurd, möchte ich Ihnen die Geschichte einer Freundin erzählen, die Angst hatte, man könne auf die Idee kommen, sie sei frivol, leicht zu haben und so einsam, dass sie Zeit hätte, jeden dahergelaufenen Fremden in ein Gespräch zu verwickeln. Sie tat alles, um den Anschein zu erwecken, jede Situation voll im Griff zu haben.

Eines Tages, als sie gerade einen Tiefpunkt in ihrem Leben erreicht hatte (ihre beste Freundin war weggezogen, ihre Kündigung stand bevor und ihre Beziehung erwies sich mehr und mehr als Sackgasse), besuchte sie die Bibliothek in ihrem Heimatort. Dort sah sie einen Mann, der nicht gerade ihr Typ war, vor seinem Schreibtisch sitzen, offensichtlich gelangweilt von der Arbeit an seinem Laptop.

Er fing ihren Blick auf und lächelte, und im Bruchteil von Sekunden vergaß sie, wie sehr sie sich selbst bemitleidete. Sie erwiderte sein Lächeln. Und er ihres. Den Rest des Nachmittags setzte meine Freundin ihre Recherche pflichtbewusst fort, stand von Zeit zu Zeit auf, um ein Buch aus den Regalen zu holen, auf die Toilette zu gehen und … an seinem Schreibtisch vorbeizukommen, um ihn anzulächeln.

Am späten Nachmittag genossen die beiden den Flirt wie einen gekonnten *Pas de deux* in vollen Zügen, und kurz bevor die Bibliothek schloss, kam er zu ihr und stellte sich vor. Während sie gemeinsam zum Parkplatz gingen, planten sie ein Wiedersehen für den nächsten Tag. Seither sind sie unzertrennlich.

Kein schlechtes Ergebnis, wenn man bedenkt, dass sie gerade erst mit dem Lächeln begonnen hatte.

Warum Sie auch zu Fremden freundlich sein sollten

> *Was wir vorhersehen, trifft nur selten ein; meistens geschieht, was wir am wenigsten erwarten.*
>
> BENJAMIN DISRAELI

Wenn Sie der Gedanke, zu lächeln, nervös macht, ist das kein Wunder. Viele von uns haben schon in frühester Kindheit gelernt, Blickkontakt mit Fremden zu vermeiden. Vielleicht haben Ihnen andere Frauen vorgeworfen, ihren Männern den Kopf zu verdrehen, oder Sie befürchten, man könnte auf die Idee kommen, dass Sie verzweifelt auf der Suche sind, wenn Sie jeden anlächeln. Aber meistens verbirgt sich hinter dieser Unruhe die Angst, dass ein Lächeln unvorhergesehene Ereignisse auslösen könnte, eine Lawine, die uns überrollt und unkontrollierbar ist, und das versetzt uns in Panik.

Keiner dieser Gründe muss sich als Hürde für ein Lächeln erweisen, mit dem Sie einem Mann signalisieren, dass Sie nicht beißen – es sei denn, Sie glauben noch an diese Vorurteile:

1. *»Lass dich nicht mit fremden Männern ein!«* Sie sind eine erwachsene Frau und kein Kind, dem es an Lebenserfahrung und Urteilsvermögen mangelt. Bei Ihnen ist nichts dagegen einzuwenden, jemandem mit Freundlichkeit zu begegnen. Sie sind alt genug, um klipp und klar zu sagen, dass man Sie in Ruhe lassen soll, wenn Sie sich belästigt fühlen, und selber zu entscheiden, ob Sie zu jemandem ins Auto steigen wollen. Sie haben einen Erwachsenen, der Sie beschützt – Sie selbst.

2. *»Eine Frau, die hemmungslos flirtet, wird nicht respektiert.«* Niemand verlangt, dass Sie das Weibchen spielen und wie Scarlett O'Hara mit den Wimpern klimpern, um auf Männerfang zu gehen. Es gibt schon genug Frauen, die sich Männern derart schamlos an den Hals werfen, dass wir uns für unsere ganze Zunft genieren. Ein Lächeln muss weder anbiedernd noch peinlich, weder zuckersüß noch aufreizend sein. Lächeln Sie so, wie es Ihrem Gefühl entspricht – von innen heraus, nicht mehr und nicht weniger. Sie signalisieren damit nur, dass Sie aufgeschlossen und gut gelaunt sind. Seien Sie einfach Sie selbst – aber Ihr nettestes Selbst.

3. *»Wenn du einen Mann anlächelst, könnte er auf dumme Gedanken kommen.«* Ein Lächeln kann alles Mögliche bedeuten. Es kann nicht mehr sein als eine nette Geste, die besagt, dass Sie jemanden zur Kenntnis nehmen, der Sie zur Kenntnis genommen hat – ohne jeden Hintergedanken. Es

kann Gesprächsbereitschaft signalisieren. Es kann Zustimmung oder Freude zeigen. Ein Lächeln beinhaltet jedoch kein Versprechen, das zu dummen Gedanken berechtigt.

4. *»Wenn du einen Mann anlächelst, weißt du nie, wie er reagiert oder was folgt.«* Es stimmt, dass ein Lächeln einen Mann ermutigen kann, auf irgendeine Weise Kontakt herzustellen oder Sie direkt anzusprechen. Und vielleicht haben Sie keine Lust, mit jedem zu reden, der Ihnen über den Weg läuft. Müssen Sie auch nicht. Beenden Sie die Unterhaltung ohne Umschweife. Aber bleiben Sie dabei, wenn es Sie interessiert. Wichtig ist, Ihr Netz weit auszuwerfen.

Der Vorteil eines Lächelns ist, dass es die unterschwellige, aber deutliche Botschaft enthält: Ich bin noch solo und werde das Angebot wohlwollend prüfen. Meine Freundin bezeichnete dieses Signal als »Duftmarken setzen«, ein Begriff aus der Jägersprache. Es gibt Kulturen, in denen unverheiratete Frauen eine Blüte hinter dem linken Ohr tragen, um auf ihre »Mannbarkeit« aufmerksam zu machen. Lächeln Sie, und die Männer werden wissen, dass Sie für die Jagd bereit sind.

Aufmerksamkeit ohne Hintergedanken

Manche Frauen schrecken davor zurück, jeden Mann anzulächeln, vor allem die, die von vornherein nicht in Frage kommen. Das Problem ist, dass der Schein oft trügt und Sie einen Menschen in den ersten zwei Sekunden einer Begegnung (wo Sie lächeln sollen) nicht beurteilen können.

Anne stellte fest, dass sie nicht jemanden einschätzen und

gleichzeitig anlächeln konnte. »Es fällt mir schwer, einen Mann anzulächeln, weil ich sofort anfange, mir ein Bild von ihm zu machen«, gestand sie. »›Ist der Mann ein Fall für die Klapsmühle? Schwul? In festen Händen? Zu alt? Zu jung? Zu beschränkt?‹ Der Fragenkatalog lässt sich endlos fortsetzen. Ich weiß ja auch nicht, was mir Schlimmes passieren könnte, falls sich herausstellen sollte, dass die eine oder andere Antwort Ja lautet. Wahrscheinlich will ich nur verhindern, dass ich mich selbst in eine Situation bringe, die sich meiner Kontrolle entzieht.«

Wenn Sie einen Mann anlächeln, können Sie natürlich nicht wissen, was Sie damit bewirken. Sie haben die Situation nicht unter Kontrolle, können keine vorgefertigte Verlautbarung aus dem Ärmel schütteln für den Fall, dass er Sie anspricht. Es ist aber weniger die Befürchtung, dass er homosexuell oder auf seine Mutter fixiert sein könnte, die uns davon abhält zu lächeln – als vielmehr das Wissen, dass er eine Unterhaltung oder einen Flirt beginnen könnte, der uns abrupt aus unserer Sicherheits-Zone reißt.

Für eine Teilnehmerin in meinem Workshop erwies sich das bewusste Lächeln als eine Erfahrung, die das Selbstvertrauen stärkt. Obwohl sie sich nicht attraktiv fand, ging sie kerzengerade, mit hocherhobenem Kopf und einem Lächeln an einem Mann vorbei, der gerade sein Handy am Ohr hatte. Der Mann unterbrach das Gespräch, machte Stielaugen und meinte: »Oh, là, là!«

Bei einer anderen Frau besserte sich schlagartig die Stimmung, wenn sie lächelte, da das Lächeln in der Regel erwidert wurde, was ihr den Eindruck vermittelte, dass es viele nette Menschen auf der Welt gibt. Wie man in den Wald hineinruft, so schallt es bekanntlich heraus, und die kleine Geste bewirkte, dass sie sich sofort beschwingt und optimistisch fühlte – und ihr Gegenüber auch.

Wichtig ist, sich das Lächeln anzugewöhnen, bis es Ihnen in Fleisch und Blut übergeht. Damit bauen Sie nicht nur Selbstvertrauen auf, sondern verhindern auch, dass Sie bei jedem kleinen Flirt in Panik geraten. Ganz abgesehen davon, ist es eine Abwechslung, die Sie von eingefahrenen Gleisen abbringt. Jede Veränderung – egal ob gut, schlecht oder neutral – ist beunruhigend. Betrachten Sie es als gutes Zeichen, wenn Sie anfangs nervös sind. Eine Situation kann sich nur dann positiv verändern, wenn man Bewegung hineinbringt.

Keine Angst vor dem Steilhang: Sie können jederzeit bremsen

Der Gedanke an einen handfesten Flirt kann ein mulmiges Gefühl hervorrufen, so, als würden Sie sich als Ski-Anfänger einem spiegelglatten Steilhang gegenübersehen. Es fängt oft ganz harmlos an: Ein Mann hält Ihnen in der Autowerkstatt die Tür auf, und Sie bedanken sich mit einem Lächeln. Aber dabei bleibt es nicht: Er spricht Sie an, Sie lassen sich auf eine Unterhaltung ein, er fragt Sie, ob Sie Lust haben, mit ihm auszugehen, und Sie sagen Ja. Und nun steht das erste Rendezvous mit ihm bevor und Sie haben Schmetterlinge im Bauch.

Aber keine Panik: Ein bisschen Spannung macht das Leben erst lebenswert. Es gab bei dieser rasanten Fahrt viele Momente, wo Sie in der Lage gewesen wären, die Notbremse zu ziehen. Sie hätten sich mit einem Lächeln begnügen können, ohne ein Wort mit ihm zu wechseln. Sie hätten seinen Vorschlag, miteinander auszugehen, ablehnen können. Die Wahl liegt ganz allein bei Ihnen. Und das Lächeln am Anfang bedeutet nicht, dass Sie diese Wahlmöglichkeit verspielt haben. Bei einem Lächeln und einem kleinen Flirt sollten Sie nicht gleich die Hochzeitsglocken läuten hören. Ein Mann fühlt sich dadurch vielleicht ermutigt, Sie anzusprechen, aber mehr auch nicht. Danach sind Sie wieder am Ball und bestimmen, wie weit der Kontakt gehen soll.

Eine Kollegin erklärte mir einmal, dass der Lebenslauf bei der Stellensuche nicht immer das ausschlaggebende Kriterium ist. Niemand wird sofort aufgrund der Bewerbungsunterlagen eingestellt, die er einreicht. Ihr Lächeln hat die gleiche Funktion wie ein Lebenslauf: Es ist der Auftakt, wenn Sie wollen. Wenn Sie mit dem Mann ins Gespräch kommen und ausgehen wollen, nur zu; danach können Sie immer noch entscheiden, ob Sie an einem Wiedersehen interessiert sind. Und wenn ja, liegt die Wahl abermals bei Ihnen, ob Sie die Beziehung fortsetzen möchten.

Ein Flirt verpflichtet zu nichts. Sehen Sie darin eine Art Trockenübung für den Ernstfall. Deshalb ist es auch völlig in Ordnung, mit dem nicht mehr ganz taufrischen Hausmeister und dem Metzger zu flirten, dem Sie nicht im Dunkeln begegnen möchten. Sie signalisieren keinerlei ernste Absichten mit einem kleinen Flirt – sondern leben nur Ihre Weiblichkeit und geben jedem Mann in Ihrer Umgebung das Gefühl, der Größte zu sein.

Ein Flirt in Samt und Seide

Es muss vielleicht nicht Samt und Seide sein, aber Kleidung kann genauso verführerisch sein wie ein Lächeln. Sie sollten Ihre weiblichen Formen nicht in Männerhosen verbergen, sondern vorteilhaft zur Geltung bringen. In Röcken und Kleidern bewegt man sich einfach anders als in Hosen. Sie rennen nicht durch das Büro, sondern legen automatisch eine langsamere Gangart ein. Sie sind sich Ihrer Beine und der Bewegung des Stoffes bewusst, der sich dem Körper anpasst. Sie wirken feminin, und Männer fühlen sich zu Frauen hingezogen, die ihre Weiblichkeit leben. Wenn Sie mit Ihrer Kleidung der weiblichen Silhouette schmeicheln, statt in Sack und Asche zu gehen – was nichts mit dem Alter oder der Kleidergröße zu tun hat –, werden männliche Bewunderer nicht ausbleiben.

Sie müssen weder jung sein, noch eine Figur wie Claudia Schiffer haben, um den Richtigen anzuziehen, sondern brauchen nur Ihre Vorzüge ins rechte Licht zu rücken.

Das heißt nicht, dass Sie Ihre fraulichen Formen in einen winzigen Bikini quetschen sollen. Ziehen Sie ein Top an, das wie angegossen sitzt, statt eines ausgebeulten Sweatshirts. Wählen Sie Jeans mit guter Passform und lassen Sie die sackartigen Hosen im Schrank. Trennen Sie sich von dem Trägerkleid, das an Umstandsmode erinnert, wenn Sie am Strand sitzen. Und denken Sie daran, dass Männer durchaus ein Auge für die Kleidung einer Frau haben. Sie fühlen sich nicht nur zu den weiblichen Formen hingezogen, sondern mehr noch zum Inhalt, dem unwiderstehlichen Selbstbewusstsein, das sich darin spiegelt.

Das Wichtigste, was Sie zur Schau tragen können, ist eben

dieses Selbstbewusstsein. Leider ist es aber auch am schwersten zu erreichen. Um sich selbstsicher zu fühlen, wenn Sie in die Welt hinausgehen, sollte Ihr äußeres Erscheinungsbild ansprechend sein. Sie fühlen sich automatisch attraktiver, wenn Haare, Make-up und Kleidung tipptopp sind. Sie lächeln häufiger und bewegen sich müheloser. Männer erkennen, dass eine Frau, die Zeit in Ihr Äußeres investiert hat, bewundert werden möchte, und lassen sich auch nicht lange bitten, da diese Freizeitbeschäftigung zu ihren bevorzugten Aktivitäten gehört.

Natürlich gibt es Zeiten, wo Sie am liebsten im Gammel-Look einkaufen oder ungeschminkt ins Fitnesstraining gehen möchten. Sie sind auch nur ein Mensch. Trotzdem sollten Sie wenigstens Lippenstift benutzen, bevor Sie das Haus verlassen, oder statt der uralten Treter hippe Laufschuhe tragen. Schließlich sollten Sie gerüstet sein, denn Sie könnten ja neben dem Kühlregal oder auf dem Laufband zufällig dem Mann zulächeln, der Ihnen den Atem verschlägt.

Ein aufrichtiges Dankeschön hat einen hohen Flirtfaktor

> *Jeder Narr kann kritisieren, verurteilen und jammern – was die meisten Narren auch tun.* DALE CARNEGIE

Um Ihr äußeres Erscheinungsbild aufzupolieren und Aufgeschlossenheit zu demonstrieren, sollten Sie außerdem jeden Tag einem Mann ein aufrichtiges Dankeschön oder ein ernst gemeintes Kompliment aussprechen.

Wie die Frau, die mit einem Lächeln ihr ganzes Weltbild veränderte, werden Sie erstaunt feststellen, wie viele großzügige und hilfsbereite Menschen es gibt, wenn Sie sich jeden Tag wenigstens bei einem Mann bedanken. Das kann ein Dankeschön an den Postboten, an den Organisator der Wochenendwanderungen oder an einen Verkäufer sein, der sein Produkt verständlich erklärt.

Wenn Sie nicht daran gewöhnt sind, sich zu bedanken, fällt es Ihnen vielleicht schwer, jeden Tag jemanden zu finden, dem Sie diese Form der Anerkennung zollen. Wenn Sie jedoch die Augen aufmachen, finden Sie genug Gelegenheit dazu. Eine Frau bedankte sich bei dem Mann, der im Rahmen eines Seminars für die audiovisuelle Präsentation zuständig war. »Schön, dass es Ihnen gefallen hat«, sagte er. »Sehen wir uns morgen?« Ihr Kompliment ebnete den Weg für seine Frage, eine Frage mit einem hohen »Flirtfaktor«.

Sobald Ihnen jemand einfällt, bei dem Sie sich aufrichtig bedanken möchten, tun Sie sich keinen Zwang an, auch wenn Sie nicht wissen, wie die Person reagieren wird. Ich habe noch nie gehört, dass ein Mann gesagt hätte: »Ich kann diese Frau nicht ausstehen, weil sie so … dankbar ist!« Jeder Mensch freut sich über ein Lob, also geizen Sie nicht damit. Das Schlimmste, was passieren kann, ist, dass Sie an jemanden geraten, der ein Kompliment nicht anzunehmen weiß, aber das ist sein Problem, nicht Ihres.

Flirt-Wettbewerb

Flirten bedarf der Übung, und ein einziges unerwidertes Lächeln oder Kompliment genügt oft, um den Wunsch zu wecken, sich unter der Bettdecke zu verkriechen. Aber geben Sie nicht auf.

Wenn Sie sich leicht entmutigen lassen und sich am liebsten auf die Reservebank zurückziehen würden, kann ein Flirt-Wettbewerb mit Ihren Freundinnen helfen, die Sache spielerisch anzugehen und Spaß zu haben. Es gilt, im Lauf des nächsten Monats möglichst viele Einladungen zu einem Date zu sammeln. Kurbeln Sie Ihre Fantasie an und bieten Sie Ihren gesamten Charme auf. Sie müssen nicht mit jedem ausgehen, der Sie darum bittet – aber Sie können, wenn Sie wollen.

Je stärker Sie sich bewusst sind, dass Sie in der Lage sind, freundlich zu lächeln, aufrichtige Dankbarkeit zu zeigen und sich in ein vorteilhaftes Licht zu rücken, desto wahrscheinlicher ist es, dass ein gut aussehender Bursche bei Ihrem Anblick ins Schleudern gerät.

5

Ermutigen Sie das
»starke Geschlecht«

*Fürwahr! Das Geheimnis, dem Leben
die höchste Fruchtbarkeit und die
höchste Freude abzugewinnen, besteht
darin, gefährlich zu leben!*

FRIEDRICH NIETZSCHE

*Darauf zu warten, dass ein Mann Sie um ein Wiedersehen bittet, kann übermenschliche Geduld erfordern, aber es ist riskant –
und nur ein Versuch, das eigene Kontrollbedürfnis zu befriedigen –
selbst die Initiative zu ergreifen.*

*Die Lösung besteht darin, die Männer (oder einen bestimmten
Mann) geschickt zu ermutigen, Sie um ein Wiedersehen zu bitten.
Signalisieren Sie, dass Sie interessiert sind, aber überlassen Sie ihm
den ersten Schritt. Damit ersparen Sie sich das unnötige Risiko einer Zurückweisung, während Sie ihn anspornen, sein Glück bei
Ihnen zu versuchen.*

*Wenn die Initiative von ihm ausgeht, fühlen Sie sich begehrt,
selbstbewusst und attraktiv.*

Geben Sie ihm zu verstehen, dass Sie nicht abgeneigt sind

Wenn Sie einen Kollegen attraktiv finden oder sich wünschen, der Nachbar möge noch ein bisschen länger bleiben, ist die Versuchung groß, ihn um ein nächstes Treffen zu bitten. Lassen Sie es bleiben. Lächeln und flirten Sie auf Teufel komm raus mit dem Mann, der Ihnen gefällt, und fordern Sie ihn durch die Blume auf, seinen Mut zusammenzunehmen und Ihnen die Gretchenfrage zu stellen.

Und wie bewerkstelligen Sie das? Nehmen wir beispielsweise den Mann, den sie jeden Tag an der Bushaltestelle treffen. Ihre Wege kreuzen sich an fünf Tagen in der Woche, und er flirtet mit Ihnen, traut sich aber offenbar nicht, Sie zu bitten, mit ihm auszugehen. Sie sollen ihn nicht zum Tanz auffordern, aber statt wie ein Mauerblümchen herumzusitzen und darauf zu warten, dass er in die Gänge kommt, könnten Sie beispielsweise sagen: »Ein Mann wie Sie könnte mir gefallen« oder »Falls Sie Lust haben, unser Gespräch fortzusetzen, hier ist meine Telefonnummer.«

Das mag auf den ersten Blick nach Holzhammermethode klingen, aber es ist subtil, verglichen mit einer unverblümten Einladung zum Essen. Sie lassen ihn ja lediglich wissen, dass Sie nicht abgeneigt wären, falls er den Mut aufbringt, Sie um ein Wiedersehen zu bitten. Das erspart beiden das Risiko einer Zurückweisung: Er bekommt grünes Licht und muss nicht befürchten, dass Sie ihm einen Korb geben, und Sie handeln sich kein offenes »Nein, Danke« ein. Sie haben den Ball ins Spiel gebracht, aber er ist nicht gezwungen, ihn an Sie zurückzuspielen.

Gegensätze ziehen sich an

Lassen wir der Natur ihren Lauf. Sie versteht mehr von ihrem Handwerk als wir. MICHEL DE MONTAIGNE

Da Sie nicht steuern können, wer sich zu Ihnen hingezogen fühlt, sollten Sie die Einladungen annehmen, die Sie bekommen, und nicht auf Biegen und Brechen diejenigen forcieren, die auf sich warten lassen. Statt Ihre Zeit damit zu verplempern, an Männer zu denken, die Sie gerne wiedersehen würden, von denen aber keine Reaktion kommt, konzentrieren Sie sich lieber auf das Einzige, was Ihrem Einfluss unterliegt: sich selbst.

Natürlich liegt es durchaus in Ihrer Macht, einen Mann um ein Rendezvous zu bitten, aber davon rate ich ab. Die forsche Methode mag im Job angebracht sein, wo eine Auslese nach darwinistischen Regeln herrscht und maskuline Eigenschaften belohnt werden, aber beim Dating geht es um Ihre Anziehungskraft als *Frau*. Da sich Männer naturgemäß auf der körperlichen, geistigen und seelischen Ebene zum weiblichen Geschlecht hingezogen fühlen, ist die weibliche Seite der Persönlichkeit – die sanft, zärtlich und empfindsam sein kann – am meisten gefragt. Wenn Sie eine Verabredung forcieren, übernehmen Sie die männliche Rolle, die des »Jägers«, und verspielen genau das, was für ihn besonders attraktiv ist: ihre Weiblichkeit.

Wenn Sie ihn aber ermutigen, Sie um ein Rendezvous zu bitten, bleiben Sie Ihrer weiblichen Identität treu und überlassen ihm die Rolle des Jägers. Dieser Anfang erhöht die Erfolgschancen einer Beziehung, weil dadurch die Anziehungskraft zwischen den beiden Polen verstärkt wird. Gegensätze ziehen sich bekanntlich an, was aber nicht bedeutet, dass Sie etwas vortäuschen müssen, was Sie nicht sind. Sich zur eigenen Weiblichkeit bekennen bedeutet einfach, sich einzugestehen, dass es Spaß macht, sich als Frau bewundert und begehrt zu fühlen. Und genau dieses Gefühl entsteht, wenn der Mann derjenige ist, der um ein Date bittet. Wenn Sie ihn zum Tanz auffordern, bringen Sie sich selber um den »Kick«.

Da Sie mit dieser ersten Verabredung den Grundstein für die gesamte Beziehung legen, sollten Sie zu Ihrem weiblichen Stil stehen und ihm den männlichen Part überlassen und damit jetzt und in Zukunft die größtmögliche gegenseitige Anziehungskraft gewährleisten.

»Aber Männern gefällt es, wenn eine Frau die Initiative ergreift«, könnten Sie jetzt einwenden.

Das ist richtig. Wie könnte es auch anders sein? Es ist für jeden Menschen schmeichelhaft, umworben zu werden. Aber grundsätzlich haben Männer wenig für Frauen übrig, die forsch zur Sache kommen. Sie würden natürlich nicht zugeben, dass sie sich bei diesem Rollentausch entmannt fühlen, oder dass sie einem Mannweib wenig abgewinnen können. Sie würden irgendeinen Vorwand finden, um abzulehnen, behaupten, Ihre Telefonnummer verloren zu haben, oder sagen, dass sie nur eines im Kopf hatten: Sex.

Ernsthaft interessiert sind Männer nur an Frauen, die sich ihnen nicht an den Hals werfen, sondern signalisieren, dass *sie nicht abgeneigt wären*. Der Unterschied ist subtil, was Männer nicht immer bemerken, aber wichtig.

Thomas, ein Freund meines Bruders, erzählte mir, seine Verlobte habe den Anfang gemacht. Er sagte:

»Sie kam zu mir und stellte sich vor. Sie meinte, sie habe viel Gutes über mich gehört und wolle mich endlich kennen lernen. Wir unterhielten uns eine Weile und sie gab mir ihre Telefonnummer, und dann schlug ich vor, Essen zu gehen; irgendwie hatte ich das Gefühl, dass sie nicht Nein sagen würde.«

Ich musste lachen. Er war der Auffassung, dass *sie* den Reigen eröffnet hatte, aber in Wirklichkeit stammte der Vorschlag, Essen zu gehen, von *ihm*. Seine zukünftige Verlobte hatte lediglich Interesse signalisiert, aber es war Thomas, der die Initiative ergriff.

Werfen Sie Ihre Laufschuhe weg

> *Das Leben verlangt nur die Stärke von uns, die wir besitzen. Aber wir können über uns selbst hinauswachsen – wenn wir uns bewusst machen, dass wir nicht davongelaufen sind.*
>
> DAG HAMMARSKJÖLD

Wenn Sie einem Mann Ihr Interesse signalisieren wollen, müssen Sie Ihren Fluchtinstinkt unterdrücken. Bleiben Sie, um sich bei einer Party mit ihm zu unterhalten oder ihm zu sagen, dass Sie sich freuen würden, ihn wieder zu sehen. Dazu gehört auch die Bereitschaft, ein Kompliment oder seine Hilfe anzunehmen, und klasse auszusehen, wenn Sie wissen, dass Sie ihm erneut begegnen. Interesse signalisieren schließt ein, dass Sie ihm Ihre Telefonnummer geben oder mit einem Zwinkern sagen, dass er Ihnen gefallen könnte. Und nicht zu vergessen die Möglichkeit, eine dritte Person als Mittler einzuschalten (wie früher in der Schule, bei Ihrem Schwarm).

Wenn Sie davonlaufen, bevor er auch nur den Mund aufmachen kann, bringen Sie sich selbst um die Chance, Ihrem Traummann zu zeigen, dass Sie nicht abgeneigt wären. So wie Anna. Sie merkte, als sie einen attraktiven Mann an der Tankstelle anlächelte, dass er ihr Lächeln erwiderte. Da kriegte sie Angst vor der eigenen Courage und stieg blitzschnell in ihr Auto, nach dem Motto: Nichts wie weg.

Tina traf in einer überfüllten Pizzeria einen Mann, der ihr einen Platz an seinem Tisch anbot. Sie hatte Hemmungen, mit jemandem eine Unterhaltung anzufangen, den sie nicht kannte; deshalb sagte sie prompt »Nein Danke« und nahm die Pizza mit nach Hause. Natürlich gab es im Leben dieser Frauen keinen anderen Mann, und beide bedauerten ihre Reflexreaktion.

Auch wenn Sie dabei nervös sind – Sie sollten die Kontrolle abgeben, die Laufschuhe wegwerfen und bleiben. Lächeln Sie und lassen Sie dem Schicksal und der Unterhaltung ihren Lauf. Er kann Sie schließlich nur um eine Verabredung bitten, wenn Sie ihm die Chance dazu geben.

Der Wink mit dem Zaunpfahl

Sie haben großen Einfluss darauf, ob sich ein Mann Ihnen nähert, aber Sie können nicht steuern, ob oder wann er Sie um eine Verabredung bittet. Das Bekenntnis zur Weiblichkeit bedeutet, geduldig zu sein und zu akzeptieren, dass Ihr Interesse unter Umständen einseitig ist. Auch wenn Sie die Zügel aus der Hand geben und ihm die Initiative überlassen, haben Sie in Wirklichkeit ungeheure Macht, denn *Sie* sind es, die ihm zu verstehen geben kann, ob Sie Ja oder Nein sagen.

Das ist ein großer Gewinn, den Sie mit einem kleinen Verlust an Kontrolle erzielen.

Als ich noch auf der Suche war, hatte ich keine Ahnung von der Macht der Weiblichkeit und wusste nicht, wie man Männern durch die Blume sagt, dass man sich für sie interessiert. Da ich es nicht fertig brachte, die Führung abzugeben und auf eine Einladung zu warten, ergriff ich mehrmals selbst die Initiative. Die Männer gingen auf das Angebot ein, aber meistens zum ersten und zugleich letzten Mal. Einmal ging ich mit einem Mann in ein chinesisches Restaurant. Vielleicht nahm er die Einladung an, weil er sich geschmeichelt fühlte. Aus welchem Grund auch immer, es lag nicht daran, dass ich ihn als Frau interessierte, und das wurde im Lauf des Abends zunehmend deutlich. Die Situation war unangenehm für uns beide und enttäuschend für mich.

Mit meiner Initiative glaubte ich, mein Liebesleben steuern zu können, aber in Wirklichkeit hatte ich mich nur unnötig Zurückweisung und Liebeskummer ausgesetzt. Wäre der Vorschlag von ihm gekommen, hätte ich zwar auch enttäuscht werden können, aber sein Interesse an mir wäre deutlich größer gewesen.

Als ich John begegnete, zeigte ich mich lediglich interessiert, als ich während einer Unterhaltung über die Laienbühne in unserer Gemeinde sagte: »Ich war schon lange nicht mehr im Theater.« Er sprang direkt darauf an und fragte, ob ich Freitagabend mit ihm ins Theater gehen würde. Sie sehen, dass man nicht mit der Tür ins Haus fallen muss, um einem Mann Interesse zu signalisieren. Es reicht ein gezielter Pass mit einem weichen Softball, den er nur noch zurückspielen muss.

Sarah verliebte sich bei einer Party in einen hoch gewachsenen Buchhalter. Deshalb drückte sie ihm, als sie ging, einen Zettel in die Hand, auf dem stand: »Es war nett, Sie kennen zu lernen; hier ist meine Telefonnummer, falls Sie Lust auf ein Wiedersehen haben.« Er rief an, sie trafen sich, und heute sind die beiden miteinander verheiratet.

Nicole war so angetan von Stephan, der das Telefon ihrer Mutter repariert hatte, dass sie ihre Mutter bat, ihm ihre Telefonnummer zu geben, wenn er das nächste Mal käme. Stephan reagierte prompt auf die Ermutigung, indem er sie anrief und bat, mit ihm Essen zu gehen.

In jedem dieser Beispiele hatten die Männer die Wahl, ein Wiedersehen aktiv herbeizuführen. Auch wenn die Frauen sie bestärkt haben, mussten sie den entscheidenden Schritt selbst tun. Das ist der kleine Unterschied zwischen einen Mann ermutigen und ihm nachlaufen.

Wenn er sich nicht meldet,
liegt es nicht unbedingt an Ihnen

> *Es gibt nur einen Weg zum Glück,*
> *und der besteht darin, dass wir uns*
> *nicht mehr über Dinge den Kopf zer-*
> *brechen, die sich unserem Einfluss*
> *entziehen.* EPIKTET

Wenn Sie jemandem Ihre Telefonnummer geben, sollten Sie sich bewusst machen, dass es eine Weile dauern kann, bevor er sich meldet. Unter Umständen ruft er nie an, wofür es verschiedene Gründe geben kann, und deshalb ist es am besten, zu lächeln und zu flirten, wohin Sie auch gehen, statt zu Hause neben dem Telefon zu hocken und darauf zu warten, dass es läutet. Der Mann, dem Sie Ihre Telefonnummer gegeben haben, ist vielleicht noch liiert oder trauert einer Verflossenen nach. Er könnte sich nur für Männer interessieren, geplant haben auszuwandern oder ein international operierender Geheimagent sein, der es nicht riskieren kann, dass Sie seine wahre Identität herausfinden.

Und es ist möglich, dass Sie einfach nicht sein Typ sind. Aber warum sich darüber den Kopf zerbrechen, wenn sein Schweigen auch genauso gut andere Gründe haben kann?

Halten Sie an Ihrer positiven Perspektive fest. Trauern Sie niemandem nach, den Sie abhaken können. Andere Mütter haben schließlich auch schöne Söhne!

Was haben Sie schon groß verloren, wenn ein Mann sich nicht meldet, dem Sie Ihre Telefonnummer gegeben haben? Die romantische Beziehung war von Anfang an eine Sackgasse, weil er nicht zu haben oder nicht interessiert war. Die gute Nachricht ist, dass Sie kein großes Risiko eingegangen sind und sich unter Umständen Schlimmeres erspart haben. Im Gegensatz zu mir, die ein grauenvolles Abendessen durchstehen und einen herben Schlag für das Selbstbewusstsein einstecken musste, bis endlich der Ober die Rechnung brachte.

Also: Nicht in Apathie versinken, sondern dran bleiben! Neues Spiel, neues Glück.

Sagen Sie »Ja«

Denken Sie immer daran: Sie können nach Lust und Laune lächeln und flirten, ohne sich jemandem verpflichtet zu fühlen. Der kleine Flirt ist nichts weiter als eine »Trockenübung« für den Ernstfall und keine Absichtserklärung.

Sobald Sie aber über ein Lächeln hinausgehen und ihn ermutigen, Sie um eine Verabredung zu bitten oder anzurufen, signalisieren Sie damit eine Absicht. Wenn Sie ihm dann eine Abfuhr erteilen, gehören Sie zur gleichen Liga wie Lucie, die Charlie Brown auffordert, Football zu spielen und den Ball im letzten Moment wegzieht. Mit anderen Worten: Ein Rückzieher zu diesem Zeitpunkt ist ein grausames Spiel. Sobald Sie die Grenze zwischen Flirt und Ermutigung überschritten haben, ist es nur fair, auf seine Bitte einzugehen.

Zögern Sie nicht. Sagen Sie auf der Stelle »Gerne« oder »Ja«. Da das Bekenntnis zur Weiblichkeit bedeutet, empfänglich für männliche Aufmerksamkeit zu sein, werden Sie dadurch noch attraktiver. Die Spröde zu spielen, wenn er Sie um ein Date bittet, das Sie selbst auf den Weg gebracht haben, würde ihm zweideutige Signale übermitteln. Da er noch nicht allzu viele Gefühle investiert hat und niemand sich gerne eine Zurückweisung einhandelt, lässt er den Ball womöglich fallen, bevor er sich die Finger verbrennt. Wollen Sie das riskieren?

Wenn Sie wirklich erst in Ihrem Terminkalender nachschauen oder wichtige Verabredungen verschieben müssen, sollten Sie ihm unmissverständlich klar machen, dass Sie wirklich an einem Wiedersehen interessiert sind und ihm Ihre Telefonnummer geben, damit er sich mit Ihnen in Verbindung setzen und ein Treffen an einem anderen Tag ausmachen kann.

Falls es Ihnen nicht gelingt, Ihre Termine in Einklang zu bringen, sollten Sie sich zurückhalten und es ihm überlassen, eine Lösung zu finden. Vielleicht passt es in zwei Wochen bei beiden, oder er findet eine Möglichkeit, seine Termine umzuschichten. Wenn nicht, weinen Sie ihm keine Träne nach; flirten Sie mit anderen. Sie müssen sich kein Bein ausreißen, um ihm die Möglichkeit zu bieten, Sie wieder zu sehen. Es gibt genug Männer, die sich ein Bein für Sie ausreißen würden, wenn Sie ihnen die Möglichkeit dazu geben würden.

Da Sie nun wissen, wie Sie einen Mann stilvoll ermutigen, sollten Sie der Übung halber alle Ihre Bewunderer um sich scharen. Es schadet nicht, wenn Sie sich daran erinnern, wie attraktiv und begehrenswert Sie sind.

6
Lassen Sie Ihre negativen Überzeugungen zu Hause

Zynismus ist weder realistisch noch couragiert, sondern wirklichkeitsfremd und feige, weil er uns der Notwendigkeit enthebt, es überhaupt zu versuchen.

PEGGY NOONAN

»Die guten Männer sind alle vergeben.«, »Mit einem Mann auszugehen ist Krampf.«, »Es ist Zeitverschwendung.«, »Es ist nicht ungefährlich.«, »Es ist ein Schlauch.«

Wenn Ihnen solche Gedanken häufig durch den Kopf gehen, sollten Sie Ihre Einstellung zu Verabredungen ändern. Eine Verabredung – oder ein Date – bedeutet lediglich, dass Sie Ihr Netz weit auswerfen. Denken Sie daran, dass es jemanden gibt, der für Sie der Richtige ist, und dass es nur einer kleinen Hilfestellung bedarf, damit er Sie findet.

Bei einer Verabredung sollten Sie Ihr Augenmerk nicht auf Ihren Begleiter oder die Frage fixieren, wie Sie sein Interesse durch geistreiche Bemerkungen wecken oder Eindruck bei ihm schinden. Es geht allein um Sie – wohin Sie gehen wollen, was Sie gerne tun möchten und warum Sie attraktiv und begehrenswert sind.

Wenn Sie bisher der Meinung waren, ein Date sei harte Arbeit, sollten Sie Ihre Perspektive ändern: Es kann Spaß machen – wenn Sie es zulassen.

Schlechte Erfahrungen leben länger als gute

Schlechte Erfahrungen haben einen größeren Unterhaltungswert als gute. So erntete ich jedes Mal, wenn ich die Geschichte von dem Aufschneider, der an meine Tür klopfte, mich ansah und mir dann für den Rest des katastrophalen Abends nicht mehr in die Augen blicken konnte, bei meinen Freundinnen einen echten Lacherfolg. Nach meiner Schilderung hätte man meinen können, ich sei bei dieser Verabredung mit knapper Not dem Tode entronnen, doch ich musste feststellen, dass Horrorgeschichten einfach besser ankommen als Romanzen mit Happy End, und sie anderen Frauen zu erzählen schafft Gemeinsamkeit.

Schlechte Erfahrungen bleiben leider auch immer länger im Gedächtnis haften als gute. Deshalb stellen wir uns selbst ein Bein, wenn wir versuchen, andere mit unseren Misslichkeiten zu übertrumpfen und uns dabei einreden, dass alle Verabredungen gleichermaßen grauenhaft sind.

Ich war bei Verabredungen schon gelangweilt oder desinteressiert, merkte, dass es nicht zwischen uns funkte, oder war nervös wegen des bevorstehenden Gutenachtkusses, aber das war auch schon alles. Wenn ich ehrlich bin, muss ich zugeben, dass mir bei diesen »schlechten Erfahrungen« das Konzert von Cleo Laine oder das Essen in einem teuren französischen Restaurant ausnehmend gut gefallen hat. Ich habe kein einzige Mal etwas erlebt, was wirklich der reine Horror gewesen wäre.

Das Risiko, das mit einem Date verbunden ist, führt bei manchen zu der pauschalen Behauptung, dass Beziehungen anzubahnen harte Arbeit ist. »So hart, als müsste man für den

Rest des Lebens auf dem Fußboden schlafen«, beklagte sich eine Frau. In Wirklichkeit erzeugt die Verabredung mit einem Mann nur deshalb ein Gefühl des Unbehagens, weil wir das Ergebnis nicht steuern können.

Als beispielsweise der attraktive Freund eines Freundes Sandra fragte, ob sie nicht mal miteinander ausgehen wollten, machte sie sich Hoffnungen. Er war ein Kavalier vom Scheitel bis zur Sohle, und es funkte auf Anhieb. Zumindest bei ihr.

Nach dem ersten Rendezvous hörte sie nie wieder von ihm.

Sandra war enttäuscht und zweifelte an sich selbst. Sie dachte, sie sei zu unattraktiv, zu schweigsam, zu hausbacken, zu langweilig, zu ungebildet. Sie versuchte, den Misserfolg mit einem Schulterzucken abzutun, aber es versetzte ihr jedes Mal einen Stich in die Magengrube, wenn sie an ihre »Niederlage« dachte.

Später hörte sie von dem gemeinsamen Bekannten, dass sich Luke wieder mit seiner Ex versöhnt hatte, aber deshalb fühlte sie sich nicht besser. Sie wünschte sich, sie hätte sich nie darauf eingelassen, dann wäre ihr die Demütigung erspart geblieben.

Zynismus ist feige

> *Sorge ist der Preis, den man für eine Verbindlichkeit zahlt, die man vielleicht nie eingeht.* UNBEKANNT

Auf der positiven Seite der Bilanz ist eine Verabredung eine Erfahrung, die Sie mit Aufregung, Begeisterung und Staunen erfüllen kann. Schließlich ist sie oft der erste Schritt des Verliebens.

Aber eine Verabredung kann nur dann der Anfang einer glücklichen Beziehung sein, wenn Sie trotz negativer Erfahrungen offen bleiben.

Sandra brauchte zum Glück nur wenige Wochen, um sich von ihrer Enttäuschung zu erholen, und ging hin und wieder mit einem Mann aus, den sie durch ihren Beruf kennen gelernt hatte. »Mir wurde klar, dass ich nicht zu Hause sitzen und darauf warten kann, dass der Richtige daherkommt«, sagte sie.

Jede Frau muss mit Enttäuschungen rechnen, aber daran ist noch niemand gestorben. Zugegeben, man fühlt sich einen Tag oder zwei am Boden zerstört (sorgen Sie dafür, dass der Katzenjammer nicht länger dauert). Wenn Sie danach beschließen, dass Ihr Leben weitergeht, werden Sie entdecken, dass der Stachel nach und nach verschwindet.

Jedes Date ist eine Lebenserfahrung, die uns weiterbringt. Sie lernen vielleicht, wie man Sushi isst oder einen Berg erklimmt. Oder Sie sehen sich zum ersten Mal live ein Eishockeyspiel oder einen Action-Film im Kino an, in den Sie alleine nie gegangen wären.

Und Sie sollten nicht vergessen, dass Sie bei Verabredungen *Informationen* sammeln. Sie gewinnen wichtige Erkenntnisse über sich selbst, an die Sie auf andere Weise nie herankämen, zum Beispiel, was Ihnen bei einem Rendezvous besonders gut gefällt, welche Eigenschaften Sie bei einem Mann am meisten schätzen – und womit Sie ein »Eigentor« schießen. Wenn Sie die Verabredung als etwas Positives sehen, sammeln Sie einzigartige Erfahrungen, die sich durch nichts ersetzen lassen.

Die sieben positiven Seiten einer Verabredung

Wenn Ihnen vor der Verabredung mit einem Mann graut und Sie erwarten, dass der Abend eine Katastrophe sein wird, wird Ihre Prophezeiung wahrscheinlich eintreffen. Statt das negative Ergebnis vorzuprogrammieren, sollten Sie sich positiv stimmen. Wenn Sie sich selbst immer wieder sagen, dass eine Verabredung auch Spaß machen kann, vergrößern sich die Chancen, eine positive Erfahrung zu machen. Das ist wichtig, denn nur ein positiver Verlauf des Abends führt zu einer dauerhaften Romanze. Oder können Sie sich vorstellen, dass eine lange und harmonische Beziehung damit beginnt, dass Sie beim ersten Rendezvous am liebsten das Weite suchen würden?

Eine Verabredung ist etwas, worauf Sie sich freuen sollten, denn:

1. Sie ist schmeichelhaft. Wenn ein Mann Sie bittet, mit ihm auszugehen, heißt das, dass er Sie attraktiv und begehrenswert findet.

2. Sie bietet Ihnen die Gelegenheit, sich von Ihrer besten Seite zu zeigen, da Sie wissen, dass jemand Sie bewundert.

3. Sie ist ein Silberstreif am Horizont und gestattet Ihnen, Ihrer Fantasie freien Lauf zu lassen. Wie schlecht können Sie sich an einem Tag fühlen, wenn Sie die Hoffnung haben, dass Ihnen etwas Gutes – oder sogar ein Wunder – widerfährt?

4. Sie sind aufgeregt wie ein Kind vor der Bescherung am Heiligen Abend, und das ist ein herrliches Gefühl.

5. Sie wagen sich in die große weite Welt hinaus, statt im stillen Kämmerlein zu hocken und sich zu fragen, wann Ihr Märchenprinz endlich auftaucht.

6. Sie sind bereit, sich auf neue Erfahrungen einzulassen: Sie akzeptieren seine Aufmerksamkeiten, beispielsweise eine Einladung zum Essen oder eine Vorstellung im Theater.
7. Bei einem Rendezvous geht es ausschließlich um Sie: Sie sind diejenige, die entscheidet, was Sie unternehmen, wo Sie hingehen, was Sie essen und mit wem Sie zusammen sein möchten.

Schwarz malen gilt nicht

> *So mancher Optimist ist reich damit geworden, einem Pessimisten den Schneid abzukaufen.*   ROBERT G. ALLEN

Vielleicht halten Sie deshalb nicht viel von den Männern, weil sie nach Ihrer Erfahrung den romantischen Teil am liebsten auslassen und eigentlich nur das Eine wollen. Vielleicht hat Ihre Mutter Ihnen ja auch eingebläut, dass die meisten Männer Angst vor einer festen Bindung haben. Vielleicht bestärken sich die Singles in Ihrem Freundeskreis gegenseitig in der Meinung »Die guten Männer sind bereits vergeben«, nur weil sie nicht den Mut haben, die Augen aufzumachen.

Oder es heißt: »Ich bin realistisch: In meinem Alter noch jemanden kennen zu lernen und mich zu verlieben, ist unwahrscheinlicher, als vom Blitz erschlagen zu werden.«

Das Wort *realistisch* ist nichts als eine Ausrede.

Im Klartext heißt das: »Ich habe Angst, mein Herz zu riskieren, deshalb rede ich mir ein, ich sei zu alt.« Angst als Tatsache zu kaschieren zeugt nicht von Realismus, sondern von Pessimismus.

Der große Vorteil der Schwarzmalerei besteht darin, dass man nichts riskiert. Wenn Sie Ihre Angst mit einer unumstößlichen Tatsache tarnen, können Sie sich in der Vorstellung suhlen, dass Ihnen gar keine andere Wahl bleibt: Als realistischer Mensch müssen Sie Ihre Einsamkeit eben akzeptieren.

Schwarzmalerei mag für Sie wie eine Schutzwand sein, hinter der Sie sich verbergen können, aber sie leistet Ihnen einen Bärendienst. Es gilt daher, Ihre negativen Überzeugungen schleunigst über Bord zu werfen und durch positive zu ersetzen.

Kati hatte insgeheim Angst, dass ein Verehrer, der sie zu einer Party mitnehmen wollte, sie mitten im Getümmel sich selbst überlassen könnte, um sich mit anderen zu unterhalten. »Soll ich mich selbstständig machen und Kontakte schließen, damit er nicht denkt, ich klammere?« Darüber zerbrach sie sich von Dienstag bis Donnerstag den Kopf. Sie versuchte, die Zukunft vorherzusehen.

Als sie merkte, dass sie mit negativen Erwartungen an den Abend heranging, beschloss sie, die Sache positiv zu sehen: »Es wird alles wie am Schnürchen laufen, und ich werde mich prächtig amüsieren.« Wie sich herausstellte, wich der Verehrer an jenem Abend nicht von ihrer Seite, außer, um Drinks zu holen.

Gehören Sie zu den Menschen, die einen Hang zur Schwarzmalerei haben? Hier einige der unrealistischen Überzeugungen, die ich immer wieder von Single-Frauen höre:

Mythos: »Alle guten Männer sind bereits vergeben, wollen nicht heiraten oder haben Bindungsängste.«

Fakt: Ein Freund von mir ist Fotograf; er ist fast jedes Wochenende ausgebucht und nimmt glückliche Brautpaare jeden Alters an ihrem großen Tag auf. Wir reden hier nur von Hochzeiten im großen Stil, und nur von denen, bei denen mein Bekannter als Fotograf engagiert wurde. Wenn es nicht mehr genug gute und heiratswillige Männer gäbe, wäre er schon längst arbeitslos. Ist er aber nicht. Ganz im Gegenteil, das Geschäft boomt.

Das sieht man auch, wenn man sich auf dem Standesamt die Aufgebote anschaut. Es gibt, je nach Größe Ihres Wohnorts, auch heute noch Dutzende, ja Hunderte von Paaren, die den Bund fürs Leben eingehen wollen. Es müssen also noch gute Männer frei herumlaufen, wenn so viele Woche für Woche heiraten.

Mythos: »Ich bin zu alt, um jemanden kennen zu lernen und mich zu verlieben.«
Fakt: Wenn man die Hochzeitsanzeigen in der Tageszeitung liest, kann man den Eindruck gewinnen, dass nur junge Paare heiraten und alles, was jenseits der Dreißig ist, sich die Hoffnung abschminken sollte. Die Realität sieht aber ganz anders aus. Brautmagazine neueren Zuschnitts wenden sich mit ihrer Werbung auch an reifere Frauen, die Heiratspläne haben. Das bedeutet, dass es viele von ihnen gibt, und Sie könnten die Nächste sein.

Therese (91 Jahre) nahm an meinem Workshop teil, weil sie befürchtete, ihr Freund (94) würde ihr keinen Heiratsantrag machen. Sie kannten sich schon eine Weile, und ihre drei Ex-

Ehemänner, die sie bereits überlebt hatte, hatten zu diesem Zeitpunkt längst um ihre Hand angehalten. Sie begriff nicht, worauf er wartete. Es erübrigt sich zu betonen, dass sie sich nicht für zu alt hielt, um ein viertes Mal zu heiraten; warum sollten Sie also Bedenken haben?

Therese ist nicht die Einzige, die sich mit fünfzig plus noch verliebte. Bei Elizabeth Taylor und Zsa Zsa Gabor geschah das sogar mehrmals. Oder denken Sie an die Feministin Gloria Steinem, die mit sechzig zum *ersten Mal* vor den Traualtar trat. In der *Los Angeles Times* erschien vor kurzem ein Bericht über ältere Menschen, die in einem Seniorenheim noch einmal einen Partner gefunden haben.

Vielleicht verlieben wir uns leichter, je älter wir werden, weil wir mit zunehmendem Alter selbstbewusster – und somit reizvoller – werden.

Mythos: »Ich bin nicht hübsch genug für einen Mann, so wie ich ihn mir vorstelle.«

Fakt: Viele Frauen gehen viel zu hart mich sich selbst ins Gericht, wenn es um ihr Äußeres geht. Männer fühlen sich nicht nur zur Physiognomie, sondern auch zur Wesensart des anderen Geschlechts hingezogen. In ihrem Gedicht »Phenomenal Woman« beschreibt Maya Angelou, dass sie sich nie schön fand, aber stets die Aufmerksamkeit aller Männer auf sich zog, wenn sie einen Raum betrat. Ihre Energie, ihre Selbstsicherheit und ihr entwaffnendes Lächeln sind einzigartig. Sie wirkt ungemein weiblich und strahlt eine Offenheit aus, die jeden in ihren Bann zieht.

Auch Sie besitzen diese Anziehungskraft. Entdecken und nutzen Sie sie.

Wir alle kennen Frauen, die fantastisch aussehen, aber trotzdem keine Wirkung auf Männer haben. Kurven und Krallen, künstlich oder echt, laden keinen Mann ein, sich zu nähern, wenn keine innere Ausstrahlung dahinter steckt. Wie schön eine Frau auch sein mag, wenn sie zickig oder kalt wirkt, sind ihre Chancen bei Männern dünn gesät.

Mythos: »Männer wollen doch nur das Eine.«
Fakt: Männer wollen Sex, keine Frage, aber das bedeutet nicht, dass sie keinen Sinn für Romantik hätten oder bindungsunfähig wären. Wenn ein Mann weiß, dass Sie nichts von einem One-Night-Stand halten, sondern an einer festen Beziehung interessiert sind, ist das Thema vom Tisch. Falls er nur schnellen Sex sucht, zieht er weiter, während ein Mann mit ernsten Absichten an der Herausforderung wächst, zuerst Ihr Vertrauen und Ihr Herz zu gewinnen.

Mythos: »Ich habe keine Lust, mich mit einem Langweiler zufrieden zu geben.«
Fakt: Frauen, die diese Befürchtung äußern, haben schon schlechte Erfahrungen gemacht mit Typen, die auf den ersten Blick attraktiv wirken, sich bei näherer Bekanntschaft aber als »Schuss in den Ofen« erweisen. Wenn Sie schon häufiger an solche Mogelpackungen geraten sind, sollten Sie daraus keine Regel ableiten: Es waren ja nicht die Charakterfehler, die Sie anziehend fanden. Sie sind bloß auf die Fassade hereingefallen und haben erst später entdeckt, dass sich dahinter Eigenschaften und Macken verbargen, die unannehmbar für Sie waren.

Angenommen, Sie fanden seine Abenteuerlust unwidersteh-lich und hatten Spaß daran, mit ihm wilde Motorradfahrten zu unternehmen. Doch dann merkten Sie, dass er bei jedem hübschen Mädchen, das ihm begegnete, Stielaugen machte – in Ihrem Beisein. Es war seine Verwegenheit, die es Ihnen an-getan hatte, nicht seine Flatterhaftigkeit. Sie fühlten sich ge-schmeichelt, dass dieses Prachtstück von einem Mann es auf Sie abgesehen hatte, fanden es aber weniger prickelnd, dass Sie nicht die Einzige waren.

Mit anderen Worten: Nur weil einige Männer, zu denen Sie sich hingezogen fühlten, zu den Blindgängern zählen, soll-ten Sie sich nicht die Chance verbauen, einen Mann kennen zu lernen, der spannend und verlässlich ist.

Ich erinnere mich noch gut, wie genervt ich war, als mein späterer Mann mir bei unserem ersten Date sagte, ich sei atemberaubend schön. »Aha«, dachte ich. »Ein Sprücheklop-fer!« Ich fragte mich, ob er ein Schleimer oder ein Frauenheld war. Es stellte sich heraus, dass er nicht ein einziges Mal zu spät kam, wenn wir verabredet waren, und keinen Blick für andere Frauen hatte, wenn wir miteinander ausgingen.

Wenn Sie Spannung suchen, können Sie sie auch bei ei-nem soliden Mann finden. Sie werden sich nicht zu Tode langweilen, sondern Eigenschaften an ihm entdecken, die Sie aufregend finden.

Mythos: »Männer fühlen sich von erfolgreichen Frauen ein-geschüchtert.«
Fakt: Männer mögen kluge, tüchtige Frauen. Sie werden nie-manden abschrecken, weil sie zu gewieft oder zu erfolgreich sind.

Dorothé, hübsch und um die Vierzig, hatte ein stattliches Einkommen, einen Spitzenjob in der PR-Branche und ein tolles Haus im besten Wohnviertel der Stadt. Als die meisten Männer sich nach der ersten Verabredung nicht mehr bei ihr meldeten, schloss sie daraus, dass ihr Erfolg sie einschüchterte. »Männer haben Minderwertigkeitskomplexe, wenn die Frauen ein besseres Auto als sie selbst fahren«, brachte sie ihre Erfahrungen auf einen Nenner.

Es war nicht Dorothés beruflicher Erfolg, der die Männer abschreckte, sondern die Aura der Unbeugsamkeit, die sie umgab. Niemand käme auf die Idee, dass sie sich jemals einsam, frustriert, unzulänglich oder klein fühlen könnte. Sie machte den Eindruck, als sei sie auf jedem Gebiet kompetent, tüchtig, dominierend. Sie gehörte zu den Frauen, die sich nicht gestatten, ihre Verletzlichkeit zu zeigen. Und das wirkt abschreckend.

Statt bei jeder Verabredung ihrem zwanghaften Kontrollbedürfnis nachzugeben, wäre Dorothé besser beraten gewesen, sich auf ihre sanfte, weibliche Seite zu besinnen. Ich schlage *nicht* vor, dass sie das Dummchen spielen oder ihr berufliches Licht unter den Scheffel stellen. Aber ein Rendezvous ist weder ein Vorstellungsgespräch noch eine Besprechung beim Mittagessen, die dazu dient, geschäftliche Kontakte zu knüpfen. Was andere auf der emotionalen Ebene anzieht, sind nicht unsere beruflichen Leistungen, sondern unsere Menschlichkeit.

Mythos: »Männer halten nichts von schwachen Frauen.«
Fakt: Empfindsamkeit ist nicht gleichbedeutend mit Schwäche und auch keine Maske, die Sie nach Belieben auf- und

absetzen können, um eine bestimmte Reaktion hervorzurufen. Als Scarlett O'Hara beispielsweise Ashley Wilkes gestand, wie furchtbar einsam sie ohne ihn wäre, zeigte sie sich verletzlich, aber die Absicht, die dahinter stand, lag klar auf der Hand: Sie wollte ihn zwingen, ihr seine Liebe zu gestehen.

Empfindsamkeit ist dagegen immer authentisch. Wenn Sie Ihre Abwehrmechanismen abrüsten, lassen Sie Nähe zu. Vertrautheit und Nähe können nämlich nur dann entstehen, wenn Sie sich in Ihrer eigenen Haut wohl und sicher fühlen, weil man Sie so annimmt, wie Sie sind.

Ich war früher immer bemüht, meine Empfindsamkeit zu kaschieren, weil ich dachte, sie sei gleichbedeutend mit Schwäche. Inzwischen weiß ich, dass andere es anziehend finden, wenn ich ehrlich zugebe, dass ich das Haus immer mit einer Ersatzstrumpfhose verlasse oder nach einer rührseligen Werbesendung zwanzig Minuten geheult habe. Auch wenn ich dabei vor Verlegenheit knallrot werde, empfinde ich die Fähigkeit, Gefühle zu zeigen, als Pluspunkt.

Manchmal versuchen wir, unsere Verletzlichkeit zu verbergen, ohne es zu merken. So sagte eine Frau zu ihrem Freund: »Ich wünsche mir mehr Nähe.« Sie wollte ihn damit anspornen, liebevoller und offener für lange Gespräche zu sein – aber Fehlanzeige. Er reagierte nur mit einem Achselzucken.

Was sie eigentlich ausdrücken wollte, sich aber nicht zu sagen traute, war, dass sie ihn vermisst, weil sie nicht so viel Zeit miteinander verbrachten, wie sie es sich gewünscht hätte. »Du fehlst mir« zu sagen kann beängstigend sein, weil sich in diesen Worten die eigene Einsamkeit spiegelt. Dabei empfindet es jeder als schmeichelhaft, von einem anderen Menschen vermisst zu werden – Männer inklusive.

Den Anfang zu machen und die eigene Empfindsamkeit zu zeigen ist weder ein Zeichen von Schwäche noch ein Versuch, andere zu manipulieren. Es ist eine aufrichtige Demonstration der Gefühle.

Sie können Ihre negativen Überzeugungen in puncto Verabredungen noch heute über Bord werfen und der großen Liebe Ihres Lebens im Geiste Tür und Tor öffnen.

7

Verlassen Sie Ihr Schneckenhaus

Viele Leute gehen an ein Risiko heran wie an einen Feind, während es in Wirklichkeit der Komplize des Glücks ist. STING

Innere Unruhe und Nervosität sind Anzeichen dafür, dass Sie Angst haben. Wenn Sie befürchten, dass Sie nie einen Mann finden oder Ihr Liebster keine Anstalten macht, sich klar zu Ihnen zu bekennen, liegt es unter Umständen an Ihnen, weil Sie zögern, »sich aus dem Fenster zu lehnen«.

In welchem Entwicklungsstadium sich Ihre Beziehung auch befindet (oder ob Sie noch gar nicht begonnen hat) – Ihre Ängste sind ein Hemmschuh, der Sie daran hindert, den nächsten Schritt in die Wege zu leiten.

Die Richtige zu werden erfordert Mut

Wahrscheinlich würden Sie sich nicht zu den Frauen zählen, die Angst haben, sich auf die Ehe einzulassen. Wenn Ihnen der Richtige einfach nicht über den Weg laufen will, liegt es mit Sicherheit nicht daran, dass es keine verfügbaren Männer gäbe.

»Was soll das?«, sagen Sie vielleicht. »Es ist wirklich schwer, den Richtigen zu finden.« Mag sein. Aber eine andere Möglichkeit ist, dass Ihre Ängste Sie daran hindern, aus

Ihrem Schneckenhaus herauszukommen. Das ist der Fall, wenn Sie:

∾ selten ein Rendezvous haben;
∾ Angebote ausschlagen;
∾ mit vielen Männern ausgehen, aber selten jemand dabei ist, den Sie gerne wieder sehen würden;
∾ eine Beziehung fortsetzen oder wieder aufwärmen, die unbefriedigend ist;
∾ sich einreden, dass Sie nie heiraten werden;
∾ alle Jahre wieder den Partner wechseln;
∾ sich den Kopf zerbrechen, ob Sie Ihren langjährigen Verehrer nun heiraten sollen oder nicht;
∾ seit Ewigkeiten mit einem Mann zusammenleben, ohne Anstalten zu machen, die Beziehung zu legalisieren.

Auch wenn Sie nur wegschauen, sobald ein Fremder Blickkontakt sucht, übermitteln Sie die unausgesprochene Botschaft »Lass mich bloß in Ruhe!«. Ihre Selbstschutzmechanismen sind Ihnen derart in Fleisch und Blut übergegangen, dass Sie es unter Umständen nicht einmal mehr bemerken. Aber sie stehen zwischen Ihnen und der großen Liebe Ihres Lebens.

Vielleicht war Ihnen bisher kein Mann gut genug, aber wenn niemand Ihren Ansprüchen gerecht wird, liegt es möglicherweise daran, dass sie zu hoch sind für einen Sterblichen. Vielleicht hat das den Richtigen daran gehindert, sich Ihnen zu nähern. Oder Sie haben ihm den Laufpass gegeben, weil Sie Angst hatten, und nicht weil er unter aller Kanone war.

Wenn Sie häufiger den Partner wechseln, haben Sie sich unter Umständen eine Selbstschutzstrategie zurechtgelegt, die da lautet: »Ich verlasse dich, bevor du mich verlässt.« Oder Sie haben ein Händchen dafür, sich Männer auszusuchen, die notorische Verlierer sind, weil Sie das Gefühl brauchen, Oberwasser zu haben.

Sie erkennen den Unterschied, wenn Sie sich bewusst machen, was Sie ursprünglich für einen Mann empfunden haben. Waren es seine Lebenserfahrung und Kompetenz, die Sie bewundert haben? Oder war es Mitleid, weil er auf Ihre Hilfe angewiesen war? Wenn Sie das Gefühl genossen haben, gebraucht zu werden, ist Ihre Wahl auf einen Mann gefallen, dem Sie überlegen sind. Sie fühlen sich vielleicht sicherer mit einem Partner, bei dem Sie die Mutterrolle einnehmen, aber als seine Geliebte wird er Ihren Bedürfnissen nie gerecht.

Wenn Sie längere Zeit mit einem Mann verbandelt sind, ohne dass es einen Schritt weiter in Richtung Ehe geht, klammern Sie sich an den Status quo, obwohl Sie wissen, dass er nicht der Richtige ist und die Beziehung keine Zukunft hat. Oder es ist die Angst vor dem Alleinsein, die Sie zusammenhält. Sie halten sich ein Hintertürchen offen, bis Sie den Richtigen gefunden haben.

Vielleicht führen Sie zu Ihrer Entschuldigung gerne an, Männer seien nicht bindungswillig. Einige sind tatsächlich hartgesottene Junggesellen, die nicht im Traum daran denken, vor den Traualtar zu treten. Die Hoffnung, dass Sie ihn umpolen können, programmiert den Misserfolg geradezu vor und ist reine Zeitverschwendung. Es gibt genug Männer, die bereit sind, sich zu binden – wenn sie die Richtige finden.

Sie können aber nur dann die Richtige sein, wenn Sie Ihre Angst überwinden, sich ohne Vorbehalt in eine romantische Beziehung einzubringen.

Jede Furcht ist überwindbar

*Optimismus ist eine Wahl, die im Kopf
stattfindet.* DIANA SCHEIDER

Bevor Sie Ihre Ängste überwinden können, müssen Sie wissen, *was* Sie befürchten. Solange Sie Ihre Zweifel nicht einen nach dem anderen erforschen, lassen sie sich nur schwer ausräumen. Deshalb ist es wichtig, sich Ihre Ängste bewusst zu machen.

Hier sind einige Antworten von Frauen, die den Satz vervollständigen mussten: »Wenn ich einen Mann kennen lerne und heirate, befürchte ich ...«

- dass ich irgendwo leben werde, wo es mir nicht gefällt;
- dass ich ihn finanziell unterstützen muss;
- dass er mir irgendwann untreu wird;
- dass die ganze Arbeit an mir hängen bleibt;
- dass ich mein Leben grundlegend ändern muss;
- dass er stirbt;
- dass wir uns scheiden lassen und unsere Kinder ein Trauma davontragen werden;
- dass ich abhängig werde;
- dass ich dauernd hinter ihm herräumen muss;
- dass ich feststellen könnte, dass die Ehe ein Fehler war/dass ich mir den Falschen ausgesucht habe/dass ich in der Lage gewesen wäre, eine bessere Partie zu machen;
- dass er mich zurückweist;
- dass ich in einer so engen Beziehung ersticke;
- dass ich meine eigene Identität verliere;
- dass der Sex zur Routine wird;
- dass ich feststelle, ich eigne mich nicht für die Ehe.

Wenn Sie diese oder ähnliche Ängste aus eigener Erfahrung kennen, befinden Sie sich in guter Gesellschaft. Kein Wunder, dass Sie sich gegen eine feste Beziehung sträuben. Bei Ihren negativen Erwartungen wäre das der erste Schritt ins Verderben oder würde den Verzicht auf alles erfordern, was Ihnen lieb und teuer ist.

Unbewusste Ängste beeinflussen unser tagtägliches Verhalten. Wenn Sie glauben, Sie müssten ständig hinter einem Mann herräumen, weil das in Ihrer ersten Ehe gang und gäbe war, hält sich Ihre Begeisterung sicher in Grenzen, wenn Sie Männer anlächeln sollen, um zu signalisieren, dass Sie noch zu haben sind. Wozu brauchen Sie schließlich einen Mann? Damit Sie ausgehen, heiraten und sein Klo putzen können?

Und falls Sie überzeugt sind, dass Ihr Partner Sie irgendwann verlassen wird, widerstrebt Ihnen eine langfristige Beziehung, denn Sie sind schließlich nicht masochistisch veranlagt.

Zum Glück müssen sich Ihre Ängste nicht bewahrheiten. Sich ihnen zu stellen bedeutet, sie in den Griff zu kriegen.

Entdecken Sie Ihre heimlichen Phobien

Wenn wir Angst haben, suchen wir meistens eine Rechtfertigung für unser Verhalten, statt uns zu der wahren Ursache zu bekennen. Ich kenne solche notdürftig kaschierten Phobien aus meiner Zeit als Single.

Die meisten Frauen wollen heiraten, ich wollte nicht. Ich sehnte mich nach der Aufmerksamkeit und Bewunderung eines Mannes, hatte aber Angst, mich zu binden, weil das

Schreckgespenst einer Scheidung in meinem Hinterkopf lauerte. Als ich John begegnete, hatte ich bereits entscheiden, dass die Ehe nichts für mich war. Ich fürchtete, wie meine Eltern zu enden, deren Scheidung die Familie zerrüttet hatte. Vor allem wollte ich den jahrelangen Rosenkrieg vermeiden, der der Trennung vorausging. Außerdem wollte ich die ungezügelten Freuden des Single-Daseins nicht vermissen. Warum sollte ich eine Familie gründen? Ich wollte das Leben voll auskosten, wie es einer modernen Frau zusteht, ohne mich an einen bestimmten Mann zu binden.

Um meine Scheidungsphobie zu kaschieren, redete ich mir ein, die Ehe sei längst überholt. Die Herausforderung, zusammenzubleiben, »bis dass der Tod uns scheidet«, war mir zu groß angesichts der Lebenserwartung, die heute beträchtlich höher ist als früher. Ein zeitgemäßes Vorbild war für mich die *Cosmopolitan*-Frau, die weiß, wie sie einen Mann im Bett auf Touren bringt, *Sex en passant* genießt und ein Häkelkleid trägt, das mehr enthüllt als verbirgt.

Als ich John kennen lernte, erzählte ich ihm von meinem Entschluss, nicht zu heiraten. Er war froh, dass ich keine Zukunftspläne mit ihm hatte. Ich hatte ihm damit einen Freibrief ausgestellt, druck- und planlos mit mir in den Tag hineinzuleben. Ich war überzeugt, dass es mir Ernst damit war. Er wohl auch, bis er seiner Schwester Petra davon erzählte:

»Warum schneidet sie das Thema Ehe überhaupt an, wenn es sie nicht interessiert?«, erwiderte sie. Eins zu null für Petra.

Zunächst war ich verwirrt. Aber als ich merkte, dass ich mich bis über beide Ohren in John verliebt hatte, kam die Kehrtwende. Genauer gesagt, ich erforschte und akzeptierte meine wahren Bedürfnisse. Mir wurde klar, dass ich den Rest meines Lebens mit diesem Mann verbringen wollte, und plötzlich schien mir die Ehe gar keine schlechte Idee zu sein. Fakt ist, dass ich mir eine dauerhafte Beziehung wünschte und aller Welt verkünden wollte, dass dieser Mann etwas ganz Besonderes in meinem Leben ist.

Da ich erst einundzwanzig war, als ich John begegnete, hatte ich noch nicht viel *Sex en passant* gehabt oder gelernt, wie man einen Mann im Bett auf Touren bringt. Auch das Designer-Häkelkleid besaß ich noch nicht. Johns Gitarrenspiel und seine blauen Augen fielen, gemeinsam mit meinen Hormonen, schwerer ins Gewicht als ein Lotterleben als unabhängige, moderne Frau. Ich sah mich gezwungen, meine Überzeugungen zu ändern.

Meine Angst vor dem Risiko und dem möglichen Rosenkrieg einer gescheiterten Ehe war nach wie vor vorhanden, aber statt sie direkt anzusprechen, änderte ich meine kopfgesteuerten Erklärungsmuster. »Manchen Leuten gelingt es, ein Leben lang zusammenzubleiben«, hielt ich mir immer wieder vor Augen. Nur weil meine Eltern oder deren Geschwister und Freunde es nicht geschafft hatten, musste es mir nicht genauso ergehen. Vielleicht konnten John und ich es ja ein Leben lang miteinander aushalten, weil wir anders waren. Mein Wunsch, Johns Frau zu werden, war stärker als die Angst, eine *Ex-Ehefrau* zu werden.

Obwohl mein Glaube an den Erfolg meiner Ehe auf grenzenloser Naivität basierte, war ich irgendwie immun gegen die Probleme, denen sich viele Paare in unserer heutigen Gesellschaft gegenübersehen, und so wagte ich den heilsamen Schritt in eine Beziehung, die auf Hingabe und Nähe basierte.

Genauso, wie Schnitte und Brüche bei entsprechender Behandlung verheilen, wurde ich durch die Liebe zu John und die Bereitschaft, mich lieben zu lassen, von meinen Verletzungen kuriert; zum ersten Mal fühlte ich mich wieder ganz, in Einklang mit mir und der Welt. Statt weiter unter den Wunden zu leiden, die durch die Scheidung meiner Eltern entstanden waren, brachte mich Johns Liebe, die mir Halt gab wie ein Fels in der Brandung, auf den Weg der Heilung.

Dazu kam, dass ich mich von dem permanenten inneren Druck befreit fühlte, »Einzelkämpferin« zu sein. Mein düsteres Zukunftsbild wurde von der Hoffnung auf ein lebenslanges Glück ersetzt.

Um sich ganz auf eine Beziehung einzulassen, müssen Sie Ihre Ängste in den Griff bekommen. Das Bekenntnis zu dem Gefühl, geliebt zu werden und zu lieben, hilft Ihnen, den Mut aufzubringen, den Sie brauchen, um die Furcht hinter sich zu lassen. Im gleichen Maß, wie Sie Ihre Beziehung genießen und an ihr wachsen, schwindet die Angst, geschieden zu werden, ihm hinterherräumen zu müssen oder ausrangiert zu werden.

Konzentrieren Sie sich auf das Gefühl der Euphorie, das Sie in seiner Gegenwart empfinden, und auf den Wunsch, dieser Glückszustand möge ewig währen. »Und sie lebten glücklich bis ans Ende ihrer Tage« kommt nicht nur im Märchen vor. Trauen Sie sich!

Machen Sie das Licht an

*Die Überzeugung, mutig zu sein, ist
mutig und das Einzige, worauf es an-
kommt.* MARK TWAIN

Eine Bestandsaufnahme Ihrer Ängste zu machen ist so, als
würden Sie das Licht anmachen, wenn sich ein Kind im Dunkeln vor Gespenstern fürchtet. Wenn Ihre Ängste ans Tageslicht kommen, verlieren sie ihre Macht. Oft erkennen Sie,
dass sie jeder logischen Grundlage entbehren. Allein schon
sich diese Ängste bewusst zu machen verleiht Ihnen vielleicht genug Kraft, sie zu überwinden, und wenn nicht, haben
Sie damit die erste Hürde genommen.

Zunächst gilt es also, Ihre Ängste aufzuspüren. Dann müssen Sie Ihre negativen Überzeugungen in positive Bekräfti-
gungen umwandeln, durch schriftlich fixierte Aussagen, die
einen Gegenpol zu Ihren Ängsten bilden. Ich behaupte nicht,
dass Ängste dadurch wie von Zauberhand verschwinden, aber
Sie können sie leichter überwinden, wenn Sie sich immer
wieder positive Bestätigungen vor Augen halten. Statt »Ich
habe Angst, dass ich irgendwo leben werde, wo es mir nicht
gefällt« sagen Sie sich immer wieder: »Ich werde irgendwo leben, wo es mir gefällt.«

Christine befürchtete, dass nach der Heirat mit Max ein
Umzug in eine Stadt bevorstand, die sie hasste. Sie wusste
aber auch, dass Max sofort bereit gewesen wäre, in ihre Hei-
matstadt zu ziehen, und dass ihre Befürchtungen nur im
schlimmsten Fall eintreten würden. Immer wenn die Angst
sie beschlich, erinnerte Christine sich also daran, dass sie mit

großer Wahrscheinlichkeit irgendwo leben würde, wo es ihr gefiel. Die meisten Probleme dieser Art sind gar keine, weil der Mann, der Sie liebt, Sie glücklich machen will.

Sie halten vielleicht dagegen, dass positive Affirmationen keine wirkliche Hilfe bieten, weil sie die Angst nicht beseitigen.

Trotzdem: Überzeugungen sind keine unumstößlichen Tatsachen, sondern nur Optionen. Genau wie der Optimist, der beschließt, ein Glas als halb voll statt halb leer zu betrachten, sollten Sie sich sagen, dass Sie sich in Ihrem neuen Zuhause wohlfühlen werden, wo immer das auch sein mag – wenn Sie dem Richtigen begegnen. Beschließen Sie, eine positive Erfahrung zu machen.

Wenn mir meine Angst, irgendwann geschieden zu werden wie meine Eltern, bewusst gewesen wäre, hätte ich mir als positive Affirmation vor Augen gehalten: »Ich werde meinen eigenen Weg gehen und eine langlebige, harmonische Ehe führen.«

Genau das habe ich getan, wie sich herausstellte.

8
Beenden Sie die lauwarme Beziehung mit dem Ex

Eine Frau muss sich ein oder zwei Mal in ihrem Leben in einen miesen Kerl verlieben, um für einen anständigen dankbar zu sein.
MAE WEST

Ein ehemaliger Partner, der sich in irgendeiner Funktion in Ihrem Leben eingenistet hat, ist ein Klotz am Bein jeder Single-Frau. Er ist die Vergangenheit, während Sie in die Zukunft schauen sollten. Sich an die schwache Hoffnung zu klammern, dass die alte Liebe wieder aufflammt, zehrt bloß an Ihren physischen, emotionalen und mentalen Kräften und nimmt zu viel Raum in Ihrem Leben ein. Seine ständige Präsenz hindert Sie daran, vorwärts zu kommen.

Wenn Sie einen Ex haben, der immer noch durch Ihr Leben geistert, sollten Sie ihn loswerden, um Platz für den Richtigen zu schaffen.

Sie tun sich leichter, den Ballast der Vergangenheit abzuwerfen, wenn Sie dabei von Ihren Freundinnen unterstützt werden. Pflegen Sie den Kontakt zu anderen Frauen, damit Sie gar nicht erst in Versuchung geraten, in Ihrer Einsamkeit die Gesellschaft Ihres Ex zu suchen. Bauen Sie den Kaffeeklatsch oder das wöchentliche Treffen mit Ihren besten Freundinnen als feste Größe in Ihren Terminkalender ein.

Wer einen Ex hat,
braucht keine Feinde

Loslassen tut weh und macht einsam. Aber die Einsamkeit kann ein Geschenk sein, das uns motiviert, etwas Neues zu beginnen, um dem Schmerz ein Ende zu bereiten.

Nach der Trennung von einem Mann möchten Sie vielleicht am liebsten die Verbindung zu ihm halten, um die Einsamkeit zu lindern, statt neue Wege zu gehen und neue Leute kennen zu lernen. Sie lassen sich die Chance entgehen, an einem Single-Stammtisch teilzunehmen, zu dem andere Frauen Sie eingeladen haben, oder können sich nicht aufraffen, ein Fitness-Studio zu besuchen, in dem es von tollen Männern nur so wimmelt, und greifen lieber zum Telefon, um sich bei Ihrem Ex die Aufmerksamkeit zu holen, die Sie suchen.

Das Problem ist, dass Sie damit der Erfüllung Ihrer Wünsche keinen Schritt näher kommen.

Indem Sie Ihren Ex im Windschatten mitschleppen, lassen Sie sich das Hintertürchen offen, dass Sie beide wieder zusammenkommen; so müssen Sie die Einsamkeit wenigstens nicht in ihrer vollen Stärke spüren. Es ist aber wichtig, sie zu fühlen, statt sie mit einem Pseudopartner zu betäuben. Einsamkeit kann eine enorme Antriebskraft sein, die bewirkt, dass wir in ein Blind Date einwilligen oder auf eine Halloween-Party gehen, statt uns zu Hause an die Couch zu klammern. Sie verstärkt die Motivation, sich auf einen Flirt im Supermarkt einzulassen oder sich zu schminken, bevor wir das Haus verlassen, um in den Waschsalon zu gehen.

Eine Teilnehmerin meines Workshops erzählte von der Zeit nach ihrer turbulenten Trennung: »Die Wochenenden waren eine Qual, und ich musste ständig gegen die Versuchung ankämpfen, meinen Ex-Freund anzurufen«, gestand sie. »Ich ging Joggen, um meine überschüssige Energie loszuwerden. Ich lernte auch neue Leute kennen, aber die Samstagabende, die ich alleine zu Hause verbrachte, waren tödlich.« Weil sie einsam war, nutzte sie jede Gelegenheit zu einem kleinen Flirt und blieb für alle Möglichkeiten offen, bis sie irgendwann dem Richtigen begegnete. Ihr Schneckenhaus zu verlassen war die einzige Chance, Kontakte zu schließen und den Mann fürs Leben kennen zu lernen.

Nehmen Sie sich eine Auszeit von Ihrem Ex

Carla konnte sich nicht überwinden, den Kontakt zu ihrem Ex-Freund Martin endgültig zu beenden, mit dem sie das Interesse an Kunstfilmen verband. Um sich schrittweise von ihm zu lösen, sagte sie Martin, dass sie eine Auszeit von ihm brauche. Nach sechs Wochen konnte Carla der Versuchung nicht widerstehen, ihm einen interessanten Artikel über einen brasilianischen Film zukommen zu lassen. Unbewusst klammerte sie sich an einen Mann, der für sie der Traummann war, mit einem Fehler: Er dachte nicht daran, zu heiraten. »Ich möchte den Kontakt zu Martin aufrechterhalten, weil er ein wundervoller Mann ist«, sagte sie zu ihrer Rechtfertigung.

Diesen Satz könnte man mit der Äußerung vergleichen, dass man alles am Meer mag, außer, dass es nass ist.

Zum Glück merkte Carla bald, dass ihre Beziehung zu Martin sie auf Dauer nicht glücklich machen würde, weil er ausschließlich auf seine eigenen Interessen fixiert war. Ihr wurde bewusst, dass er nur über sich selbst reden wollte und kein guter Zuhörer war. Nach und nach wurde sie seiner Gesellschaft überdrüssig. »Ich habe mir ein Bild von ihm gemacht, das aufregender war als die Wirklichkeit«, gestand sie. »Wahrscheinlich war er nur deshalb so reizvoll, weil er unerreichbar für mich war.«

Sabine zögerte ebenfalls, die Nabelschnur zu ihrem Ex-Freund zu durchtrennen. Sie betonte immer wieder, dass er kein Hemmschuh sei und sie sich als Frau nicht mehr zu ihm hingezogen fühle. Seine Freundschaft sei ihr aber wichtig, weil er sie bei ihren Problemen mit ihrer Familie unterstütze und ihre Geschichte kenne.

Doch dann wurde ihr klar, dass sie viele Chancen vertat, mit Freunden auszugehen und neue Leute kennen zu lernen, weil sie zu viel Zeit mit ihm verbrachte. Aber sie fühlte sich inzwischen verpflichtet, für ihren Ex da zu sein, weil es ihm schlecht ging. Zögernd beschloss sie, ihm zu sagen, dass sie eine Auszeit brauche und sich wieder bei ihm melden würde. Sobald sie eine feste Beziehung habe, überlegte sie, könne sie die Freundschaft immer noch fortsetzen.

Als Sabine eine neue Partnerschaft einging, stellte sie jedoch fest, dass sie kein Interesse mehr daran hatte, die Beziehung zu ihrem Ex-Freund aufrechtzuerhalten. Ihre Freundinnen und der neue Freund gaben ihr die nötige moralische Unterstützung bei den Auseinandersetzungen mit ihrer Mutter. *Ein* Mann in ihrem Leben war genug, und diese Position war zu ihrer vollen Zufriedenheit besetzt.

Kehren Sie nicht an den Schauplatz des Verbrechens zurück

> *Freundschaft führt oft zu Liebe; aber Liebe zu Freundschaft – nie.*
> CHARLES CALEB COLTON

Vielleicht ist die Versuchung groß, sich mit einem Ex in Verbindung zu setzen, um einen zweiten Anlauf zu wagen, aber davon rate ich ab.

Nachdem sich Markus von Susi getrennt hatte, ging es in ihrem Leben bergab. Bei ihrer Mutter wurde Krebs diagnostiziert, und Susi brauchte moralischen Beistand. Aus Verzweiflung rief sie Markus an. Es war tröstlich, mit ihm in der Vergangenheit zu schwelgen, die vertrauten Orte aufzusuchen. Ihn zu sehen und seine Nähe zu spüren, in einer Zeit, in der sie ungeheuer verletzlich war, weckte in ihr das Bedürfnis, die Beziehung wieder aufleben zu lassen. »Ich redete mir ein, dass er mich immer noch liebte, sonst würde er doch nicht so viel Zeit mit mir verbringen«, erzählte sie. Als sie wieder zusammen im Bett landeten, sah sie darin einen Neubeginn, aber das war nicht in Markus' Sinn. »Ich habe im Moment einfach kein Interesse an einer festen Beziehung«, erklärte er ihr hinterher.

In Wirklichkeit »landeten« sie nicht unabsichtlich im Bett. Susi versuchte unbewusst, ihn damit zur Rückkehr zu bewegen. Sie brauchte ihn als Sicherheitsanker in ihrem Leben, als alles andere außer Kontrolle geriet. Als es ihr nicht gelang, Markus wieder an sich zu binden, hinterließ der Sex einen bitteren Nachgeschmack, und sie fühlte sich noch schlechter als vorher.

Zugegeben, die Voraussetzungen, einen Mann kennen zu lernen, waren in Susis Fall nicht gerade ideal, aber Markus' erneute Zurückweisung riss die alte, noch nicht verheilte Wunde wieder auf. Nun musste sie sich von einer weiteren Verletzung erholen. Sich an jemanden zu klammern, der weg wollte, war ein Tiefschlag für ihr Selbstwertgefühl. Ein gebrochenes Herz braucht Zeit, um zu heilen. Um den Genesungsprozess zu beschleunigen, sollten Sie dafür sorgen, dass die Ursache des Problems – Ihr Ex – aus dem Blickfeld verschwindet.

Wenn Sie unbedingt eine alte Liebe aufwärmen wollen, unter die *Sie* einen Schlussstrich gezogen haben, dann viel Glück. Entweder merken Sie, warum es schon beim ersten Mal nicht geklappt hat, oder Sie stellen fest, dass Sie sich in der Zwischenzeit beide weiterentwickelt haben und nun ein ideales Gespann abgeben. Wenn er sich inzwischen anderweitig orientiert hat, können Sie zumindest aufhören, sich über diese Option den Kopf zu zerbrechen. Sie haben so oder so etwas dazugelernt.

Wenn Sie aber einen Mann zurückhaben wollen, der *Sie* verlassen hat, kehren Sie nur an den Schauplatz des Verbrechens zurück und setzen sich damit dem Risiko aus, dass sich die tragische Geschichte wiederholt.

Suchen Sie Trost bei einer Freundin

Suchen Sie sich für die Aufgabe, Sie zu trösten, zu beraten, Ihre Tränen zu trocknen und Ihre Einsamkeit zu lindern, statt Ihres Ex lieber eine Freundin. Je mehr Freundinnen sie haben, desto einfacher ist es, mit ihrer Hilfe eine alte Liebe abzuschreiben, die Ihnen bloß noch als Notnagel dient.

Natürlich ist es beruhigend, die Schulter eines starken Mannes zum Anlehnen zu haben, aber wenn Sie sich mit Ihrer alten Flamme über intime Themen austauschen – selbst wenn das Thema die »freundschaftliche« Beziehung zu ihm ist –, haben Sie sich den Falschen ausgesucht. In Wirklichkeit geht es Ihnen nämlich weniger um das Bedürfnis, einen Seelentröster zu haben, als darum, das Feuer wieder zu schüren.

Eine Frau kann Ihre Gefühle besser nachempfinden. Dazu kommt, dass eine Freundin den nötigen Abstand hat, um Sie wieder aufzurichten, wenn Sie in ein tiefes Loch gefallen sind. Hier sind weitere Gründe, warum Freundinnen in einer solchen Situation unverzichtbar sind:

- Wenn Sie kurz davor sind, mit einem Kollegen auszugehen, der als Weiberheld verschrien ist, sorgen sie dafür, dass Ihnen ein Licht aufgeht.
- Wenn Sie beschlossen haben, einem Mann den Laufpass zu geben, nur weil er nicht *allen* Anforderungen auf Ihrer Checkliste entspricht, rücken sie Ihre Perspektive zurecht.
- Wenn Sie bei der Partnersuche Enttäuschungen einstecken müssen, bieten sie den besten Trost.
- Wenn Sie Trübsal blasen, werden Sie von ihnen ermutigt, sich am eigenen Schopf aus dem emotionalen Tief herauszuziehen.

‿ Wenn Sie sich niedergeschlagen fühlen, werden sie Sie daran erinnern, dass man Sie mag, ohne dass Sie sich fragen müssen, ob nach dem Zuckerbrot die Peitsche kommt.

‿ Wenn Sie mit Frauen zusammen sind, die selber in einer harmonischen Beziehung leben, bekommen Sie nicht nur wertvolle Orientierungshilfen, sondern lernen durch sie vielleicht den Mann fürs Leben kennen.

‿ Wenn es gute Nachrichten in Herzensangelegenheiten gibt, feiern sie dieses Ereignis gebührend mit Ihnen.

Freundschaft ist unbezahlbar

> *Rüsten Sie sich mit einer Schar Freunde! (…) Es gibt immer mindestens einen darunter, der Sie versteht, inspiriert und so aufbaut, wie Sie es in diesem Moment brauchen.*
>
> GEORGE MATTHEW ADAMS

Ich weiß, dass ich Unterstützung, Lachen, Gespräche, Zuhören, Anregung, Komplimente, Aufmerksamkeit und was ich sonst noch alles brauche, nicht einer einzigen Person abverlangen kann – aber manchmal vergesse ich das.

Ich habe versucht, meinen Mann in einem Ausmaß für die Erfüllung meiner Bedürfnisse einzuspannen, mit dem er *und* drei Freundinnen ausgelastet gewesen wären. John ist ein wunderbarer Zuhörer und hat Verständnis für alles, was ich durchmache, aber meine Freundinnen bringen eine Perspektive in eine Unterhaltung ein, die er mir beim besten Willen nicht bieten kann: die einer Frau. Wenn ich mich lang und breit darüber auslassen möchte, dass meine Hormone verrückt spielen, wenn ich einen Tipp brauche, welche Schuhe zu meinem neuen Outfit passen, oder wenn ich einfach nur stundenlang klönen möchte, sind das Bedürfnisse, denen eben nur eine Freundin, Schwester oder Mutter entsprechen kann. Wenn Frauen sagen, sie hätten keine einzige richtige Freundin, frage ich mich, wie sie trotzdem überleben können.

Vielleicht möchten Sie Ihre Freundinnen nicht mit Ihrem Kummer belasten, aber eine echte Freundschaft bewährt sich gerade in der Not. Das heißt nicht, dass Sie das Recht haben, ständig zu jammern oder nur über Ihre eigenen Probleme zu reden, aber Sie können Ihre Rüstung bei einer Freundin ruhig eine Weile ablegen und zeigen, dass Sie verletzt oder entmutigt sind. Wenn Sie sich fragen, warum Sie sich überhaupt noch die Mühe machen, einen Partner zu suchen, kann eine gute Freundin Ihr Durchhaltevermögen stärken. Die Möglichkeit, auf mehrere Freundinnen zurückzugreifen, die Ihnen in einer Krise Beistand leisten, bietet die Gewähr, dass Sie nicht die Nerven einer einzelnen Person mit Ihren Problemen verschleißen.

Sie müssen kein schlechtes Gewissen haben, denn auch Ihre Freundin braucht irgendwann *Ihre* Unterstützung oder konnte schon früher auf Ihre Hilfe zählen. Das ist das Schöne an einer Freundschaft – man ist füreinander da.

Ermutigung von anderen Frauen können Sie vor allem dann gebrauchen, wenn eine grundlegende Änderung in Ihrem Leben bevorsteht.

Die guten Tipps ihrer Freundinnen waren der Schlüssel zum Erfolg der langfristigen Beziehung zwischen Inge und

Frank. Mit fünfundfünfzig zum dritten Mal geschieden, war Inge bemüht, die Fehler der Vergangenheit nicht zu wiederholen, und deshalb suchte sie Unterstützung bei Geschlechtsgenossinnen. »Wenn ich Klarheit über etwas gewinnen möchte, wende ich mich zuerst an eine Freundin, die eine harmonische Beziehung hat, und hole mir dort Rat«, sagte Inge. »Das funktioniert hervorragend! In meiner neuen Beziehung läuft es prima, nicht zu vergleichen mit dem, was ich bisher erlebt habe.«

Freundinnen, bei denen man Dampf ablassen und Beistand finden kann, sind auch deshalb ein wichtiges Element für die Beziehung zu einem Mann, weil Sie von ihnen in Ihrer Weiblichkeit bestärkt werden. Ob es sich um die Frage nach dem richtigen Lippenstift, das Problem, ein ausgewogenes Verhältnis zwischen Arbeit und Freizeit zu schaffen, um Schwangerschaft, Riemchensandalen oder andere typisch weibliche Themen handelt, sie erinnern Sie an Ihre weibliche Identität. Sich bei der Party anlässlich der Geburt eines Kindes mit Frauen verschiedener Altersgruppen über typisch weibliche Erfahrungen auszutauschen hat eine ganz besondere Qualität. Dieser Austausch bewirkt, dass Sie gehen, reden und denken wie die Frau, die Sie sind. Und je mehr Sie sich Ihrer Weiblichkeit bewusst sind, desto anziehender wirken Sie auf das andere Geschlecht.

9

Machen Sie sich jeden Tag glücklich

Es ist nicht leicht, das Glück in uns selbst zu finden, aber anderswo finden wir es nicht.   AGNES REPPLIER

Je mehr Lebensfreude Sie empfinden und ausstrahlen, desto anziehender wirken Sie auf Ihre Umgebung. Niemand verbringt seine Zeit gerne mit einer notorischen Schwarzseherin: ihr Trübsinn steckt an. Listen Sie zwanzig Dinge auf, mit denen Sie sich selbst eine Freude machen können, und nehmen Sie jeden Tag drei davon in Angriff, um sich in gute Laune zu versetzen und für die Menschen anziehend zu sein, die Sie kennen und noch kennen lernen werden.

Wenn es Ihnen gut geht, fühlen sich andere auch gut

In dem Film *Nachrichtenfieber* diskutieren Albert Brooks und Holly Hunter darüber, um wie viel einfacher das Leben sein könnte, wenn Unsicherheit und Verzweiflung anziehende Eigenschaften wären.

Die Wahrheit ist: Sie sind genauso anziehend wie schlechte Zähne. So wie sie mangelnde Körperpflege widerspiegeln, sind Unsicherheit und Verzweiflung Zeichen einer seelischen Vernachlässigung. Dahinter steht die Überzeugung, dass wir besondere Aufmerksamkeit verdienen, weil wir uns schlecht fühlen. In beiden Fällen liegt die wahre Lösung des Problems darin, Verantwortung für unser eigenes Glück zu übernehmen.

Das bedeutet nicht, dass man niemanden um Hilfe bitten sollte – sondern nur, dass Sie die Illusion aufgeben, jemand anderer hätte die Aufgabe, Sie glücklich zu machen. Wenn Sie verzweifelt sind, sollten Sie Ihre Bedürfnisse ansprechen, bevor das Ende der Fahnenstange erreicht ist.

Statt zu jammern: »Wenn dieser Mann aus der Rechnungsabteilung mich endlich bitten würde, mit ihm auszugehen, wäre ich selig«, sollten Sie sich sagen: »Ich habe drei Stunden ohne Pause gearbeitet. Ich glaube, ich werde einen Spaziergang machen, um einen klaren Kopf zu bekommen.«

Die Pflege, die Sie Ihrem Körper und Ihrer Seele angedeihen lassen, gibt Ihnen ein gutes Gefühl. Seelenpflege bedeutet beispielsweise, dass Sie sich in einem heißen Schaumbad entspannen, ohne schlechtes Gewissen die selbst gebackenen Kekse frisch aus dem Ofen naschen oder ein Nickerchen machen, wenn Sie müde sind. Sie beinhaltet die Vitalität, die Sie nach der anstrengenden Gymnastik empfinden, die Freude, wenn Sie mit einer langjährigen Freundin plaudern, oder die Möglichkeit, durch einen Film oder Roman in eine andere Welt abzutauchen und den eigenen Sorgen eine Weile zu entfliehen. Seelenpflege kann bedeuten, dass Sie Ihre Lieblingssendung im Fernsehen einschalten, schwimmen gehen, sich einen Lippenstift in einer frechen Farbe kaufen, eine lange Mittagspause machen, ein Museum besuchen, sich eine neue Frisur machen lassen, sich neue Kopfkissen zulegen oder Ihre abgenutzte Fußmatte vor der Tür austauschen.

Seelenpflege erfordert, dass Sie jeden Tag mindestens drei

Dinge tun, die Ihnen Spaß machen. Wenn Sie ganztags arbeiten, noch in der Ausbildung sind und/oder Kinder großziehen, ist es schwer, Zeit für sich selbst zu erübrigen, und deshalb müssen Sie diese *fest einplanen*. Entscheiden Sie im Voraus, welche drei Aktivitäten Sie jeden Tag umsetzen wollen. Falls Sie glauben, das sei bei Ihrer Auslastung nicht möglich, nehmen Sie sich ein Beispiel an Daniela.

Daniela hatte einen Vollzeitjob und war außerdem allein erziehende Mutter von drei Kindern. Als sie bei meinem Seminar lernte, wie wichtig die Seelenpflege ist, erklärte sie zunächst mit Nachdruck, bei ihr sei nicht einmal eine einzige Aktivität am Tag möglich, außer an einem Abend in der Woche, wo sie lange aufblieb, um ihre Lieblingssendung im Fernsehen anzuschauen. Aber sie versprach, es zumindest zu versuchen.

In jener Woche duschte Daniela zehn Minuten länger als sonst, um unter dem heißen Wasser zu entspannen. Sie lieh sich ein Hörbuch in der Stadtbücherei aus, das sie sich auf dem Weg zur Arbeit anhörte. Sie schaffte es sogar, mit einer Freundin Mittagessen zu gehen. Alle diese Aktivitäten boten ihr die nötige Abwechslung.

Das Leben als allein erziehende Mutter war nach wie vor hektisch, aber am Ende der Woche wirkte Daniela frischer und ausgeglichener. Die Veränderungen waren klein, aber bedeutsam. Sie sah nicht mehr so erschöpft aus und lächelte häufiger, weil sie mehr Lebensfreude empfand. Das machte Daniela anziehender, was auch den Männern nicht entging, denen sie begegnete.

Selbstliebe ist nicht Selbstsucht

Sich selbst zu lieben ist der Beginn einer lebenslangen Romanze.

OSCAR WILDE

Wenn Sie dafür sorgen, dass es Ihnen gut geht, kommen Sie sich am Anfang vielleicht selbstsüchtig vor. Aber wem hilft es, wenn Sie ausgebrannt sind?

Karen hatte ein schlechtes Gewissen, weil sie Zeit für sich selbst abzweigte, aber sie wusste, dass es den anderen Menschen in ihrer Umgebung nur gut gehen konnte, solange es ihr selbst gut ging. »Ich möchte spüren, dass ich gebraucht werde«, sagte sie. »Aber ich werde unwirsch und frustriert, wenn ich anderen ständig Vorrang vor mir selbst einräume, und das ist alles andere als erstrebenswert.«

Da sie es satt hatte, ihre schlechte Laune an anderen auszulassen, beschloss Karen, jeden Tag mindestens drei Dinge für sich selbst zu tun. Sie nahm sich vor, die Seelenpflege genauso in ihren Tagesablauf einzubauen wie das Zähneputzen. »Ich bin viel zufriedener und habe inzwischen auch weniger Schuldgefühle«, erklärte sie. »Wenn ich mir egoistisch vorkomme, sage ich mir, dass ich auf dem richtigen Weg bin, weil ich als Freundin, Kollegin, Mutter und mögliche Partnerin so umgänglicher bin.«

Behandeln Sie sich so, wie Sie von einem Mann behandelt werden möchten

Ich feiere mich, und ich singe ein Lied auf mich.　　WALT WHITMAN

Ohne regelmäßige Streicheleinheiten für die Seele wird das Leben trist und monoton. Wenn Sie nur noch darum kämpfen, die tägliche Tretmühle zu überleben, mangelt es Ihnen an Vitalität. Da Sie nichts mehr richtig genießen können, fehlen Ihnen auch der Schwung und das Interesse, mit einem Mann auszugehen. Sie sind müde und lustlos und verzweifelt auf der Suche nach dem Märchenprinzen, der Sie aus Ihrem Elend erlöst.

Wenn Sie pfleglich mit sich selbst umgehen, ist das Ausdruck Ihrer Selbstachtung. Die Menschen in Ihrer Umgebung – die Männer, die Ihnen begegnen, eingeschlossen – merken, dass »Sie es sich wert sind«. Wenn Sie es sich zur Gewohnheit machen, sich selbst gut zu behandeln, wird Sie auch Ihre Umwelt entsprechend behandeln.

Wenn Sie den Eindruck erwecken, mit sich selbst und der Welt im Reinen zu sein, werden Sie genau den Partner und die Beziehung finden, die Ihnen vorschwebt. Damit ist noch ein weiterer Vorteil verbunden: Mit der Fürsorge, die Sie sich selbst angedeihen lassen, setzen Sie Maßstäbe für eine Beziehung zu einem Mann.

Zufriedenheit macht attraktiv

Da Vitalität und Lebensfreude anziehend wirken, sollten Sie auch mit Ihrer Arbeit, Freizeit und Ihren Freundschaften zufrieden sein. Macht Ihnen die Arbeit Spaß, oder haben Sie das Gefühl, es gäbe etwas Besseres für Sie? Fühlen Sie sich geliebt, unterstützt und glücklich, wenn Sie mit Ihren Freundinnen telefoniert haben, oder wünschen Sie sich, sie würden ihre Probleme bei jemand anderem abladen? Spielen Sie in Ihrer Freizeit Volleyball, besuchen Sie einen Malkurs, sind Sie Mitglied in einem Buchclub? Oder hocken Sie jeden Abend vor dem Fernseher, wenn Sie nach Hause kommen?

Wenn Sie sich nach acht Stunden Arbeit, die Sie hassen, wie ein Zombie vorkommen, sind Sie nicht gerade so attraktiv, wie Sie sein könnten. Seelenpflege bedeutet, dass Sie gleich heute anfangen, sich einen neuen Job zu suchen, um eine für Sie befriedigende Situation zu schaffen.

Wenn Ihre Freundinnen ständig Ihre Batterien anzapfen statt sie aufzufüllen, ist es höchste Zeit, Ihren Anrufbeantworter einzuschalten, um solche Gespräche abzublocken – und neue Freundschaften zu schließen.

Wenn es in Ihrem Apartment aussieht, als wären Sie letzte Woche erst eingezogen, obwohl Sie schon drei Jahre darin wohnen, würde mehr Seelenpflege bedeuten, dass Sie endlich aus- und aufräumen und dekorieren, um der Wohnung eine persönliche Note zu geben, und sich sagen: »Das ist mein Zuhause.«

Sich auf eine Beziehung vorzubereiten setzt voraus, dass Sie eine Bestandsaufnahme Ihres Lebens machen und die Dinge loslassen, die nicht (mehr) hineinpassen.

Aber wie kann Seelenpflege dazu beitragen, den Richtigen anzulocken? Da der Aufbau einer Beziehung naturgemäß viel Energie erfordert, sollten Sie sichergehen, dass Sie Ihre Kraft nicht damit verschwenden, sich zu Tode zu schuften. Je mehr Freude es in Ihrem Leben gibt und je größer Ihre innere Zufriedenheit ist, desto eher begegnen Sie dem Mann, der in dieses Leben hineinpasst und es bereichert. Wenn es Ihnen schlecht geht, projizieren Sie auch diesen Seelenzustand nach außen. Da zufriedene Menschen unweigerlich anziehender wirken, verbessern Sie Ihre Chancen auf die ersehnte Partnerschaft erheblich, wenn Sie sich Ihre Wünsche auch in anderen Lebensbereichen ganz egoistisch selbst erfüllen.

10

Von der Kunst des Annehmens

> *Das weibliche Element im Mann ist et-*
> *was, das sich im Hintergrund verbirgt,*
> *genau wie das männliche Element in*
> *der Frau. Wenn man das andere Ge-*
> *schlecht in sich selbst auslebt, lebt man*
> *im eigenen Hintergrund, und die*
> *wahre Wesensart leidet darunter. Ein*
> *Mann sollte als Mann und eine Frau*
> *als Frau leben.*   C. G. JUNG

Achten Sie in Zukunft darauf, Aufmerksamkeiten dankbar als nette Geste anzunehmen, sei es, dass ein Fremder Ihnen die Tür aufhält, ein Kollege Ihren Laptop trägt oder ein Freund Sie zum Mittagessen einlädt.

Akzeptieren Sie ohne Wenn und Aber, dass andere Ihnen etwas Gutes tun möchten. Die Fähigkeit, Aufmerksamkeiten anzuneh-men, bedeutet, auf Kontrolle zu verzichten. Diese Kunst betont Ihre weibliche Seite, denn Sie zeigen damit, dass Sie sanft und charmant sein können.

Auch wenn Sie Angst haben, sich jemandem verpflichtet zu füh-len, sollten Sie ein Geschenk mit offenen Armen und Dankbarkeit entgegennehmen. Sagen Sie einfach »Danke«, wenn Ihnen je-mand ein Kompliment macht, selbst wenn es Ihnen zunächst Un-behagen bereitet.

Praktizieren Sie diese Kunst vor allem beim ersten Rendezvous. Damit stellen Sie die Weichen für den Rest der Beziehung (falls Sie beschließen, eine zu haben). Lassen Sie zu, dass er Sie abholt, Ih-

nen die Tür öffnet, Sie zum Essen einlädt, die Unterhaltung bestreitet und Sie küsst, wenn Sie geküsst werden möchten.

Lassen Sie ihn auf subtile Weise wissen, dass Sie erwarten, wie eine Frau behandelt zu werden. Ein Mann, der etwas taugt, wird Ihren Erwartungen gerecht werden.

Annehmen will gelernt sein

In den fernöstlichen Philosophien nennt man das weibliche und das männliche Prinzip Yin und Yang. Eine Religionsstudentin beschrieb die beiden Konzepte folgendermaßen: »Jeder Gegenstand besteht aus Yin (weiblich) und Yang (männlich). Bei einer Vase ist die Struktur des Gefäßes Yang, und der leere Raum, den sie umschließt, Yin. Yin ist der wichtigste Teil der Vase, weil er die Blumen aufnehmen kann. Yin ist das Element, das fähig ist anzunehmen und dadurch dem Yang erst Sinn und Zweck verleiht.«

Die Essenz des weiblichen Verhaltens ist die Fähigkeit anzunehmen. Das offenbart sich auch in den traditionellen Rollen bei der Partnersuche. Der Mann eskortiert die Frau, zahlt und sorgt für ihr Wohlbefinden, während die Frau seine Aufmerksamkeiten annimmt – wenn sie weiß, wie.

Wenn Sie einem Mann diese Aufmerksamkeiten von ganzem Herzen zugestehen, werden Sie das Gefühl haben, etwas Besonderes zu sein, beschützt und umsorgt zu werden. Und Sie vermitteln ihm das Gefühl, dass seine Fürsorge und seine Männlichkeit geschätzt werden, während Sie Ihre Weiblichkeit zelebrieren. Aufmerksamkeiten anzunehmen ist daher das größte Kompliment, das Sie einem Mann machen können.

Wenn Sie seine Aufmerksamkeiten zurückweisen, weisen Sie auch den Mann zurück, der sie Ihnen schenken möchte. Ich erinnere mich an eine Frau, die mit einem sperrigen Koffer in einen überfüllten Zug stieg. Als sie einen Platz gefunden hatte und Anstalten machte, den schweren Koffer ins Gepäcknetz zu hieven, stand ihr Sitznachbar auf und fragte freundlich: »Kann ich Ihnen behilflich sein?« Sie verzichtete hoheitsvoll auf die Sonderbehandlung und erwiderte: »Nein danke, das schaffe ich schon alleine.« Sie packte den Griff und wuchtete den Koffer auf die Ablage.

Sie war durchaus imstande, den Koffer selbst hochzuheben, aber dadurch, dass sie die Hilfe des Mannes ablehnte, lehnte sie auch ihre Weiblichkeit ab, subtil, aber nachhaltig. Und sie erteilte dem Mann und seiner gesamten Gattung eine Abfuhr, denn sie verurteilte ihn dazu, unbehaglich daneben zu stehen und zuzuschauen, wie sie sich mit dem Gepäck abmühte. Er wollte ihr mit seinem Angebot mit Sicherheit nicht unterstellen, sie sei schwach oder unfähig, mit ihrem Gepäck fertig zu werden – den Eindruck machte sie ganz und gar nicht –, sondern verhielt sich nur wie der Kavalier, zu dem seine Mutter ihn erzogen hatte. Vielleicht versuchte die Frau nur, ihre Emanzipation unter Beweis zu stellen, aber ihre Reaktion wirkte unweiblich und ungehobelt.

Ein Geschenk ablehnen heißt, den Schenkenden abzulehnen.

Warum ist das Annehmen so schwer?

*Das Leben ist nicht verpflichtet, uns
das zu geben, was wir erwarten.*
MARGARET MITCHELL

In meinen Workshops müssen sich die Teilnehmerinnen im
Rahmen einer Übung ein aufrichtig gemeintes Kompliment
für eine andere Frau in der Runde ausdenken. Viele Frauen –
verheiratet oder Single – bringt das Lob in Verlegenheit: Sie
gehen mit einem Scherz darüber hinweg oder bagatellisieren
es. Alle erklären einhellig, dass es ihnen leicht fällt, anderen
ein Kompliment zu machen, aber dass sie sich schwer tun, selber eines anzunehmen. Das liegt daran, dass wir unser Bedürfnis nach Kontrolle befriedigen, wenn wir am Zuge sind, und
Geben in diesem Fall seliger ist als Nehmen.

Wenn Sie jeden Mann anlächeln, dem Sie begegnen, und
aufgeschlossen sind für die Möglichkeit, den Richtigen kennen zu lernen, werden Sie mit Aufmerksamkeiten überschüt-
tet. Dazu kann das Lächeln eines Fremden gehören, der Ihnen
großzügig sein Taxi überlässt, wenn es in Strömen gießt. Oder
Komplimente über Ihr Parfum, eine Tür, die man Ihnen aufhält, oder der Koffer, den jemand für Sie ins Gepäcknetz hebt.
Diese alltäglichen kleinen Gesten erinnern Sie daran – sofern
Sie diese anzunehmen verstehen –, dass Sie etwas Besonderes
sind, eine Frau, der besondere Aufmerksamkeit gebührt.

Aber diese »Geschenke« werden nur dann angeboten,
wenn Sie gewillt sind, sie zu akzeptieren.

Das gilt auch für das Geben und Nehmen in einer Beziehung. Ob Sie nun erst seit kurzem wieder auf der Suche sind,
mehrere Eisen im Feuer oder einen festen Freund haben: Sie

sollten Ihre Fähigkeit, kleine Aufmerksamkeiten anzunehmen, trainieren.

Üben Sie bei jeder Gelegenheit, über Ihren eigenen Schatten zu springen, und sagen Sie sich immer wieder »Annehmen, annehmen, annehmen«, wie ein persönliches Mantra.

Lassen Sie sich verwöhnen

Annehmen heißt, dass Sie Aufmerksamkeiten als nette Geste akzeptieren, gleich ob es sich um materielle Geschenke (ein neuer Pullover oder Ohrringe), ein Hilfsangebot (den Weihnachtsbaum in den ersten Stock zu hieven oder eine Glühbirne auszuwechseln, an die Sie nur schwer herankommen) oder ein einfaches Kompliment handelt (»Sie haben ein bezauberndes Lächeln«). Das klingt, als sei es ein Kinderspiel, aber viele Frauen haben sich angewöhnt, Aufmerksamkeiten leichthin abzutun oder rigoros zurückzuweisen. Manchmal ist uns nicht einmal bewusst, dass wir ein Geschenk ablehnen.

Vielleicht ist das Annehmen deshalb so schwer, weil wir keinen Einfluss darauf haben, wer uns was anbietet, sodass wir uns bei jeder unerwarteten Aufmerksamkeit verletzlich fühlen. Wenn Sie die Einladung zum Essen und den Blumenstrauß annehmen, müssen Sie (zumindest in diesem Augenblick) akzeptieren, dass Sie solche Aufmerksamkeiten offenbar verdienen, selbst wenn Sie nichts dazu getan haben. Für Frauen, die gelernt haben, den Karren jederzeit alleine aus dem Dreck zu ziehen, können solche »unverdienten« Aufmerksamkeiten ungewohnt und nervenaufreibend sein.

Die Aufregung (und die heimliche Angst), die mit dem Erhalt von Aufmerksamkeiten verbunden ist, rührt daher, dass wir diese Gaben nicht kontrollieren oder vorhersagen können. Sie entsprechen dem Bild, das sich andere von uns machen, und das eine wie das andere anzunehmen kann schwierig sein. Selbst wenn andere uns in positivem Licht sehen, fühlen wir uns verlegen oder unaufrichtig, wenn ihre Sichtweise nicht mit unserer eigenen übereinstimmt. Annehmen bedeutet, das eigene Kontrollbedürfnis aufzugeben und gegen etwas Besseres einzutauschen: Spontaneität und Kontakt, der automatisch entsteht, wenn uns jemand ein Geschenk macht.

Einen Sitz im Bus zu akzeptieren ist eine Handlung, die ein gewisses Maß an Vertrautheit schafft. Er bedeutet, dass der Mann, der ihn anbietet, Ihre Weiblichkeit unausgesprochen zur Kenntnis nimmt und ein kurzer, zwischenmenschlicher Kontakt entsteht. Er wiegt nicht so schwer wie ein Geschenk Ihres Freundes, ist aber eine gute Übung.

Wenn Sie ein Kompliment oder materielles Geschenk ablehnen, übernehmen Sie die Kontrolle in dieser Situation. Sie verlagern Ihr Augenmerk vom Akt des Gebens und Nehmens (also von der Gemeinsamkeit) auf sich selbst. Ihre Ablehnung rückt damit ins Rampenlicht, und sie wird noch lange an Ihnen nagen und die großzügige Geste überschatten, die dahinter steht. Am Ende fühlt sich niemand gut: Denken Sie an den Mann im Zug, der sich eine Abfuhr einhandelte und zusehen musste, wie die Frau sich mit ihrem Gepäck abmühte.

Frauen, die annehmen können,
sind reich

Liebe reißt Masken herunter, von denen wir fürchten, dass wir nicht ohne, und wissen, dass wir nicht mit ihnen leben können. JAMES BALDWIN

Einem Mann die Erfahrung zu ermöglichen, der Gebende zu sein, zeugt von innerer Stärke. Wenn Sie sich überraschen lassen und sich aufrichtig über seine Aufmerksamkeit freuen, wird er glücklich über seine Fähigkeit sein, Sie glücklich zu machen. Es ist sehr schmeichelhaft, dass sich jemand Gedanken darüber gemacht hat, womit er Ihnen eine Freude bereiten könnte. Je mehr Erfolg er damit hat, desto größer wird Ihr Bedürfnis sein, an der Beziehung und an seinen Aufmerksamkeiten fest zu halten, und desto besser werden Sie sich verstehen.

Wenn Nehmen so einfach und vorteilhaft für alle Beteiligten ist, warum tun wir uns dann so schwer damit? Dafür gibt es, außer der Angst vor dem Kontrollverlust, vier Gründe:

∾ Wir haben das Gefühl, das Geschenk sei unverdient;

∾ wir befürchten, mit der Annahme eines Geschenks eine Verpflichtung einzugehen;

∾ wir bagatellisieren ein Kompliment oder schmettern es ab, weil wir zur Bescheidenheit erzogen wurden;

∾ wir versuchen, uns selbst und aller Welt zu beweisen, dass wir emanzipiert und selbstständig sind.

Aber das alles sind keine triftigen Gründe, um ein Geschenk zurückzuweisen. Und wissen Sie, warum?

1. Sie verdienen es, verwöhnt zu werden

Sie haben es verdient, mit Aufmerksamkeiten und Zuwendung überhäuft zu werden, und die Menschen in Ihrer Umgebung – vor allem Ihr Partner oder die Männer, mit denen Sie ausgehen – haben das gute Recht, sie Ihnen zuteil werden zu lassen.

Möglich, dass Sie nicht immer dieser Meinung sind. Sie haben vielleicht das Gefühl, es sei zu viel verlangt, wenn er den weiten Weg auf sich nimmt und spätabends noch zu Ihnen nach Hause kommt, um Ihnen bei einem Problem mit dem Computer zu helfen. Oder Sie finden, dass Sie keine teure Urlaubsreise brauchen, wo ein Wochenende am See doch genauso entspannend ist und er sein Geld sparen könnte. Oder Sie haben ein schlechtes Gewissen, weil er auf der letzten Etappe der Wanderung Ihren Rucksack tragen musste. Tatsache ist, dass Sie solche Geschenke in seinen Augen verdienen, denn sonst würde er sie nicht von sich aus anbieten. Zerbrechen Sie sich also nicht *seinen* Kopf. Solche Aufmerksamkeiten vermitteln ihm das Gefühl, männlich und stark zu sein.

Leider war das für mich ein Buch mit sieben Siegeln, als ich John kennen lernte. Er sagte mir oft, wie schön ich sei. Ich hatte keine Ahnung, wie er auf die Idee kam, mir ein solches Kompliment zu machen, und dachte an die zehn Kilo, die ich abspecken wollte, oder an die drei Pickel auf meinem Kinn. »Findest du?«, erwiderte ich skeptisch. Damit verwehrte ich ihm die Freude, mir ein Kompliment gemacht zu haben, und nahm mir selbst das Vergnügen, mich schön zu fühlen.

Inzwischen habe ich es mir angewöhnt, Aufmerksamkeiten anzunehmen, auch wenn es mich gelegentlich Überwindung kostet.

Es kommt immer noch vor, dass ich nervös werde, aber ich genieße es auch immer mehr, etwas Besonderes zu sein. Wenn ich beschließe, mich auf diese positive Sichtweise zu konzentrieren, verschwindet die Nervosität von alleine. Ich beschreibe dieses Konzept in meinen Workshops mit den Worten, dass alles so gut werden wird, wie wir es aushalten.

Diese Erfahrung machte auch Gabi. Sie freute sich darauf, nach der Hochzeit in das bescheidene kleine Häuschen ihres Verlobten zu ziehen. Doch dann bot er ihr an, ein größeres Haus zu kaufen – genau das, von dem sie schon immer geträumt hatte. Gabi verspürte das Bedürfnis, ihm zu sagen, dass sein kleines Haus ihr genüge. Zum einen machte sie sich Sorgen, dass sie sich diesen Luxus nicht leisten konnten. Und zum anderen hatte sie das Gefühl, so ein großes Haus nicht zu verdienen. Als ihr Verlobter sie beruhigte, dass sie sich das Haus durchaus leisten könnten und er auf dem Kauf beharrte, ließ sie ihn gewähren. Sie bedankte sich bei ihm und versuchte, Ruhe zu bewahren, als er den Preis aushandelte. Das Ergebnis war, dass Gabi nicht nur das Haus bekam, sondern auch eine innige Beziehung mit ihrem Zukünftigen, der sich freute, sie glücklich zu machen.

2. Sie sind niemandem etwas schuldig

Einige Frauen leben in der ständigen Erwartung, dass jemand eine Gegenleistung erwartet, wenn er etwas schenkt, selbst wenn es sich nur um ein Paar Socken handelt.

Karen vermutete beispielsweise, ihr Chef habe ihr nur deshalb ein beachtliches Weihnachtsgeld zugestanden, damit sie auch weiterhin Überstunden machen würde. Möglich, dass er darauf gehofft hatte, aber es war keine Bedingung an das Geld geknüpft. Wie der Begriff schon sagt, verpflichten »Geschenke« zu nichts. Wenn damit ein Haken verbunden ist, bringen wir ihn gewöhnlich selbst ins Spiel.

Wenn ein Verehrer oder Freund Ihnen etwas schenkt, sagen Sie wahrscheinlich: »Das wäre doch nicht nötig gewesen!« oder »Das kann ich nicht annehmen!« Sie befürchten nämlich, dass Sie sich sonst zu etwas verpflichten, zum Beispiel mit dem Mann auszugehen, sich auf ihn festzulegen oder mit ihm ins Bett zu steigen. Sie sind aber niemandem etwas schuldig, es sei denn, mit dem Geschenk ist traditionsgemäß ein Versprechen verbunden, wie beispielsweise bei einem Verlobungsring.

Wenn Sie von einem Mann zu einem Drink eingeladen werden, bedeutet annehmen, »danke« zu sagen. Sie schulden ihm deshalb nichts und entscheiden selbst, ob daraus eine Unterhaltung werden soll. Sie müssen den Drink nicht einmal trinken. Wenn der Mann Sie um Ihre Telefonnummer bittet, sollten Sie Ihre innere Stimme frei entscheiden lassen, ob Sie seiner Bitte nachkommen wollen.

Wie in allen derartigen Situationen gilt auch hier: Wenn Sie das Gefühl haben, es ist besser, den Drink nicht anzunehmen, sollten Sie das Angebot auch ablehnen. Wenn der Mann betrunken ist oder Ihnen unheimlich vorkommt, sagen Sie laut und deutlich »Nein danke«. Ansonsten können Sie die Einladung unbesorgt annehmen. Sie müssen sich in keiner Weise erkenntlich zeigen.

3. Nur keine falsche Bescheidenheit

Ich legte früher größten Wert darauf, jedermann zu zeigen, dass ich nicht eingebildet bin. Wenn ich zu hören bekam, mein Kleid sei chic, tat ich das Lob mit den Worten ab, es sei

uralt. Wenn man mich zu meinen Leistungen beglück-
wünschte, sagte ich, das sei doch nicht der Rede wert, das hätte schließlich jeder geschafft. Wenn jemand erklärte, mein
Zuhause sei so gemütlich, betete ich eine endlose Litanei herunter, was sich alles noch verbessern ließe. Ich wollte die
Aufmerksamkeit so schnell wie möglich wieder von mir ablenken, denn ein Kompliment rückte mich ins Rampenlicht,
sodass ich mir wie auf dem Präsentierteller vorkam.

Wenn Sie selbst schon einmal ein Kompliment gemacht
haben, das aus falscher Bescheidenheit zurückgewiesen wurde, wissen Sie, wie beleidigend und enttäuschend diese Erfahrung ist. Die unnötige Abwehrreaktion schafft Distanz
und nimmt Ihnen die Chance, ein Gefühl der Verbundenheit
zu der »lobenden« Person zu entwickeln. Heute gebe ich das
Kompliment dadurch zurück, dass ich mich herzlich bedanke.

4. Sie müssen nicht immer und überall beweisen, wie emanzipiert Sie sind

Als moderne, berufstätige Frau sind Sie zu Recht stolz auf Ihre Unabhängigkeit. Sie wissen, dass Sie Ihren Mann stehen,
und haben keine Angst vor dem Alleinsein (obwohl Sie lieber zu zweit durchs Leben gehen möchten).

Diese Beschreibung passte perfekt auf Manuela. Sie hatte
das Bedürfnis, in jeder Situation hundertprozentig die Kontrolle zu behalten, und ließ sich bei einer Verabredung vom
Mann grundsätzlich nicht einladen. »Wenn ich im Beruf
Emanzipation fordere, muss ich mich auch privat emanzipiert
verhalten«, sagte sie. »Außerdem nage ich nicht gerade am
Hungertuch und fände es unfair, jemanden für mich zahlen zu
lassen, der erheblich weniger verdient als ich.«

Als sie mit Alex ausging, bemühte sie sich, ihre Gewohnheiten zu ändern und die Einladung anzunehmen. »Er ließ sich die Rechnung geben, und es fiel mir ziemlich schwer, mich zurückzuhalten. Ich biss mir auf die Zunge, weil ich ihm automatisch vorschlagen wollte, meinen Anteil zu übernehmen.« Das Thema Emanzipation war eine Herausforderung, die ihr den ganzen Abend zu schaffen machte.

Eine Verabredung ist keine Mitarbeiterbesprechung. Wenn jemand Sie zum Essen einlädt, ist das ein Geschenk und kein Bonus, den Sie sich hart erarbeitet haben. Es geht nicht um Ihre Kompetenz, die auf dem Prüfstand steht. Der Mann, der Sie zum Essen einlädt, gibt aus freien Stücken, ohne eine Gegenleistung zu erwarten. Ihre Gesellschaft ist ihm ein Vergnügen und die »Investition« wert. Ihre Präsenz, Ihre menschliche Wärme und Ihr Charme sind ihm Lohn genug.

Ich war als Single derart auf Emanzipation bedacht, dass ich mir lieber den Arm abgehackt hätte, als Hilfe von anderen zu erbitten oder anzunehmen. Ich befürchtete, meine Unabhängigkeit zu gefährden. Ich war entschlossen, Gott und der Welt zu beweisen, dass ich es alleine schaffen kann, und sah es als Zeichen von Schwäche an, Hilfe in Anspruch zu nehmen.

Als ich vor unserer Heirat zu John zog, schlug ich vor, die monatlichen Kosten des Haushalts zu teilen, sodass jeder den gleichen Anteil zahlte, obwohl John Vollzeit arbeitete und ich noch studierte. John bot mir an, die gesamten Kosten zu übernehmen, damit ich mein winziges Stipendium als Taschengeld behalten konnte. Ich lehnte ab, weil ich meine finanzielle Unabhängigkeit bewahren wollte. Ich hätte die Verschnaufpause von meinen ständigen finanziellen Engpässen gut gebrauchen können, aber ich hatte Angst, mich von John zu abhängig zu machen, wenn ich seine Hilfe annahm.

Hätte ich mich auf seinen Vorschlag eingelassen, wäre ich zwar von ihm abhängig gewesen, aber ich hätte diese Entscheidung jederzeit rückgängig machen können. Schließlich hatte ich meine Fähigkeit, finanziell auf eigenen Füßen zu stehen, bereits bewiesen, und seine Hilfe anzunehmen hätte ihr keinen Abbruch getan. Heute bin ich davon überzeugt, dass der Grund für meine unflexible Haltung der Wunsch war, die Kontrolle in unserer Beziehung zu behalten. Mit meiner Unabhängigkeit bewahrte ich mir auch das Recht, meine eigenen Wünsche und Vorstellungen durchzusetzen. Ich merkte nicht, dass es John dabei eigentlich nur um eines ging: mich glücklich zu machen.

Frauen, die Ja sagen können, sind gefragt

Tatjana hatte gerade erst ihre neue Stellung angetreten, als ihr Kollege Mark fragte, ob sie sich nicht mal privat treffen könnten. Sie sagte Ja, aber als eine Kollegin wissen wollte, »War das der Mark aus der Buchhaltung oder der, der bei der Tauchausrüstung bedient?«, wusste sie es nicht. »Keine Ahnung. Einer von beiden. Werde ich schon sehen, wenn er mich am Samstag abholt«, erwiderte sie achselzuckend. Wie sich herausstellte, war es der Mark aus der Tauchausrüstungsabteilung – und ihr künftiger Ehemann. Zum Glück war Tatjana für alles offen, auch wenn sie nicht sicher war, von welchem der beiden Kollegen das Angebot stammte.

Ralf wollte eine Frau, die Single zu sein schien und alleine im Restaurant saß, zu einem Glas Rotwein einladen. Sie lehnte ab, was natürlich ihr gutes Recht war, und Ralf ließ die Sache auf sich beruhen. Wir kennen die Gründe nicht, aber wenn Sie daran interessiert sind, Kontakte zu knüpfen, ist das Verhalten der Frau nicht nachahmenswert.

Selbst wenn jemand wie Ralf Sie auf Anhieb nicht interessiert, bringt Ihnen die Bereitschaft, einfach so ein Glas Wein mit jemandem zu trinken, sich auf ein Gespräch einzulassen oder sogar in eine Verabredung einzuwilligen, wichtige Erfahrungen, und vielleicht begegnen Sie dabei ja doch dem Richtigen.

Wenn Sie grundsätzlich bereit sind, die kleinen Aufmerksamkeiten eines Mannes anzunehmen, fasst er eher den Mut, Sie um ein Wiedersehen zu bitten, weil Sie zugänglicher wirken. Wenn es Ihr Ziel ist, den Richtigen in Ihren Bann zu ziehen, sollten Sie sich angewöhnen, Ihre weibliche Seite zu leben und alles anzunehmen, was Ihr Begleiter Ihnen an Aufmerksamkeiten zollt. Damit zeigen Sie der Welt: »Ich ebne den guten Dingen des Lebens den Weg.«

Manche Frauen finden es unfair, Nettigkeiten von einem Mann anzunehmen, an dem sie nicht interessiert sind, weil man ihm damit falsche Hoffnungen macht. Dieses Argument lässt sich nicht von der Hand weisen. Es wäre wirklich gemein, jemanden bewusst an der Nase herumzuführen. Es sieht jedoch anders aus, wenn Sie sich noch keine endgültige Meinung über den Mann gebildet haben. Sie würden sich und ihn um die Chance bringen, den anderen besser kennen zu lernen, wenn Sie seine Aufmerksamkeiten von vornherein ablehnten. Männer machen Frauen nun einmal mit traditionellen Gefälligkeiten den Hof, wie einer Einladung zum Essen oder einem Blumenstrauß, oder ganz zeitgemäß mit der Aktualisierung der Software-Version auf Ihrem Computer oder seiner Hilfe bei einem Arbeitsprojekt. Sie sind Teil des Spiels.

Sie sind nicht seine Mutter

> *Die Klugen ergeben sich, weit davon entfernt, es zu bestimmen, in ihr Schicksal.* VOLTAIRE

Sie denken sich vielleicht: »Ich würde nie auf die Idee kommen, solche Aufmerksamkeiten von einem Mann zurückzuweisen – wenn da nur einer wäre, der mich damit überhäuft.« Aber viele Frauen, die sich über einen Mangel an Aufmerksamkeiten in ihrem Leben beklagen, lehnen in Wirklichkeit ab, was ihnen angeboten wird, weil es nicht ihren Vorstellungen entspricht. Mit ihrem eingefleischten Kontrollbedürfnis entmutigen Sie den Gebenden. Die Gründe reichen von »Ich wusste, dass er es sich nicht leisten konnte« bis »Ich wollte nicht mit ihm ins Kino gehen, weil ich sicher bin, dass er einen Action-Film anschauen wollte, der mich überhaupt nicht interessiert.«

Vielleicht fallen Ihnen auch solche Situationen ein, in denen Sie Aufmerksamkeiten nicht annehmen konnten oder wollten. Manchmal ist es wirklich ratsam, ein Angebot abzulehnen. Aber es gilt, die Nachteile vorher zu bedenken, wenn Sie ihn buchstäblich entmündigen.

Wenn er beispielsweise seine Miete kaum noch bezahlen kann, Sie aber unbedingt ausführen möchte, liegt es bei Ihnen: Entweder schlüpfen Sie in die Rolle seiner Mutter und halten ihm vor, er könne es sich nicht leisten, mit Ihnen um die Häuser zu ziehen, oder Sie gestehen ihm zu, dass er erwachsen ist und seine eigenen Entscheidungen treffen kann; in diesem Fall sollten Sie aufhören, sich seinen Kopf zu zerbrechen, und den Abend genießen. Wenn Sie ihn mit Ihrer Ablehnung dazu erziehen wollen, verantwortungsvoller mit seinem Geld umzugehen, schlagen Sie nicht nur sein Geschenk aus, sondern verletzen auch sein Selbstbewusstsein, indem Sie unterstellen, er habe sein Leben nicht im Griff.

Wenn Sie also Wert darauf legen, Männer anzuziehen und mit ihnen zu lachen, statt an ihnen herumzuerziehen, sollten Sie unbedingt lernen, wie man Aufmerksamkeiten annimmt.

Gute Gründe, Nein zu sagen

Es gibt allerdings auch Aufmerksamkeiten, die Sie mit Nachdruck zurückweisen sollten. Zum Beispiel, wenn ein Mann Sie gegen Ihren Willen küssen will. Und der zuvor erwähnte Verlobungsring könnte dazu gehören, wenn der Mann, von dem Sie ihn bekommen, nicht der Richtige ist. Sie spüren selbst, wenn mit dem Geschenk eine Forderung oder unausgesprochene Erwartung verbunden sein könnte, die Ihnen nicht behagt. In diesem Fall sollten Sie laut und deutlich »Nein Danke« sagen.

Ansonsten vergessen Sie Ihr Mantra nicht: »Annehmen, annehmen, annehmen!«

Stellen Sie beim ersten Rendezvous die Weichen

Was ein Date von allen anderen sozialen Interaktionen unterscheidet, ist die Möglichkeit, dass sich aus dieser Begegnung eine Liebesbeziehung entwickelt. Dabei muss die Chemie auf beiden Seiten stimmen und eine Mischung ergeben, die sich ergänzt und prickelnd ist. Hingabe und Annehmen sind typisch weibliche Domänen, während Versorgen, Initiieren und Beschützen männliche Eigenschaften sind, auch heute noch. Ein Mann kann Ihnen beim ersten Rendezvous seine Männlichkeit auf verschiedene Weise demonstrieren:

- Er legt Ihnen seine Jacke um, weil Ihnen kalt ist;
- er bringt Ihnen Blumen mit;
- er rückt Ihnen beim Essen den Stuhl zurecht und wartet, bis Sie Platz genommen haben;
- er zahlt im Restaurant und für alle weiteren Unternehmungen an diesem Abend;
- er bringt Sie nach Hause;
- er macht Ihnen Komplimente.

Eine Frau, die schon beim ersten Rendezvous erkennen lässt, dass sie sich durch die Aufmerksamkeiten eines Mannes geschmeichelt fühlt, zeigt, dass sie eine galante Behandlung zu schätzen weiß. Da beim ersten Mal die Weichen für alle weiteren Begegnungen gestellt werden, öffnen Sie einer – vielleicht lebenslangen – Romanze Tür und Tor, wenn Sie diese kleinen Gesten mit weiblichem Charme akzeptieren. Seine Ritterlichkeit abzulehnen bedeutet für ihn, dass Sie nicht an einer Beziehung interessiert sind.

Das musste Vivian entdecken, als sie bei der ersten Verabredung mit André darauf bestand, ihren Anteil am Abendessen selber zu bezahlen. Die angenehme Unterhaltung, die
mit spielerischer Leichtigkeit dahingeflossen war, fand ein ab-
ruptes Ende, und André hatte es plötzlich eilig, sie nach Hause zu bringen. Der Gutenachtkuss blieb aus, und er meldete
sich nie wieder. Vivian meinte, zum Glück habe sie gleich zu
Beginn gemerkt, dass er mit einer »starken« Frau nichts anfangen könne.

Was sie nicht merkte, war, dass sie nicht Stärke, sondern
Ablehnung demonstriert hatte.

Auch wenn André nicht ausdrücklich gesagt hatte: »Ich
möchte dich zum Abendessen einladen«, war das für ihn
selbstverständlich, als er sie bat, mit ihm auszugehen. Als sie
darauf bestand, sich an den Kosten zu beteiligen, signalisierte
sie ihm: »Ich bin nicht an deinen Aufmerksamkeiten interessiert.« Er war offenbar unfähig, ihr eine Freude zu machen, da
sie nicht einmal die Einladung zum Abendessen annahm.
Folglich ließ sein Interesse nach.

Als moderne Frau sind Sie durchaus in der Lage, Ihren Anteil am Essen zu berappen oder alleine ins Kino zu gehen.
Aber jede noch so tüchtige, emanzipierte Frau wünscht sich
doch insgeheim, von Zeit zu Zeit verwöhnt zu werden, und jeder nette, verständnisvolle Mann braucht die Gelegenheit,
seine Muskeln spielen zu lassen und seine Ritterlichkeit unter
Beweis zu stellen. Das erste Rendezvous bietet beiden eine
Chance, die kompetente, geschlechtslose Rolle, die uns in der
Arbeitswelt auferlegt ist, abzustreifen und die eigene Weiblichkeit beziehungsweise Männlichkeit zu leben. Das bewusste Bemühen, vom beruflichen zum privaten Selbst überzu-

wechseln – das Leistungsdenken abzuschalten und die Entspannung zu genießen – hat viele Vorteile:

ↄ Das Letzte, wonach Ihnen am Ende eines anstrengenden Arbeitstages der Sinn stehen sollte, ist, sich auch nach Feierabend darum zu kümmern, dass alles wie am Schnürchen läuft. Schalten Sie ab und überlassen Sie es ihm, den Abend zu gestalten.

ↄ Ihr Partner ist kein Kunde, Kind oder Projekt, um das Sie sich »kümmern« müssen, auch wenn es Ihnen schwer fällt, aus Ihrer Managerinnen-Haut zu schlüpfen.

ↄ Es ist wichtig zu lernen, wie man sich als Frau, die alles im Griff haben muss, in die Frau verwandelt, die locker lassen und sich amüsieren kann; diese Wandlungsfähigkeit ist unverzichtbar für die harmonische Partnerschaft, die Sie sich wünschen.

Am Arbeitsplatz oder im Haushalt bei den Kindern Ihren »Mann zu stehen« macht vielleicht einen großen Teil Ihrer Identität aus, aber mindestens genauso wichtig ist die weibliche Seite Ihrer Persönlichkeit, die umsorgt und umworben werden möchte. Entwickeln Sie die Flexibilität, sich der jeweiligen Situation anzupassen. Sie vergeben sich nichts, wenn Sie sich mal einen Abend verwöhnen lassen. Ganz im Gegenteil: Sie werden sich wunderbar fühlen, in Einklang mit sich selbst und der Welt, wenn Sie zulassen, dass er Sie wie eine Frau behandelt.

Die Formel der Liebe lautet also: Je größer Ihre Bereitschaft ist, seine Aufmerksamkeiten anzunehmen, desto mehr wird er bestrebt sein, Sie wie etwas Besonderes zu behandeln, und desto weiblicher werden Sie sein. Und je mehr Sie zu Ihrer

Weiblichkeit stehen, desto männlicher wird er sich fühlen. Diese beiden Pole ziehen sich unwiderstehlich an und ergänzen sich hervorragend.

11

Die Abkürzung: professionelle Partnersuche

Ein Abenteuer ist an sich lohnenswert.
AMELIA EARHART

Sich bei der Verabredung mit einem Mann selbstbewusst zu zeigen bedarf einiger Übung. Wenn es Ihnen an Gelegenheit für ein Rendezvous mangelt, bringen Sie den Stein ins Rollen, indem Sie eine professionelle Partnervermittlung einschalten oder im Bekanntenkreis streuen, dass Sie auch für ein Blind Date zur Verfügung stehen würden. Je früher Sie mit dem Dating beginnen, desto mehr Übung bekommen Sie und desto selbstsicherer werden Sie sich in Zukunft fühlen.

Werfen Sie den Gedanken über Bord, dass Partnervermittlungen nur etwas für Leute sind, die sonst niemanden finden.

Das trifft längst nicht mehr zu. Sie sind praktische Kontaktbörsen.

Schieben Sie es nicht auf die lange Bank

Manche Frauen sind der irrigen Meinung, sich an eine Partnervermittlung zu wenden sei ein Akt der Verzweiflung, eine dubiose Angelegenheit oder ohnehin zum Scheitern verurteilt. Das mag für herkömmliche Heiratsinstitute gelten, nicht aber für die Single-Treffen im Internet, bei denen Sie entsprechende Websites anklicken und Ihr Bild oder ein Profil ins Netz stellen. Ihre Vorurteile werden sich schnell in

Nichts auflösen, wenn Sie merken, dass bei diesen Online-Datingdiensten kein Mangel an attraktiven Männern herrscht, die noch zu haben sind. Abgesehen davon, tun es alle anderen auch (selbst wenn sie nicht darüber reden).

Wenn Sie Hemmungen haben, sich an eine Online-Partnervermittlung zu wenden, weil es Ihnen peinlich wäre, wenn jemand davon wüsste, müssen Sie es ja niemandem auf die Nase binden. Ihr Computer ist ein verschwiegener Komplize.

Eine Online-Partnervermittlung ist ein gutes Mittel, um Ängste zu überwinden und ins pralle Leben einzutauchen, leicht Kontakte zu knüpfen und spielerisch zu flirten.

Folgende Punkte sprechen für eine professionelle Partnersuche:

- *Sie lernen schneller jemanden kennen:* Bei einer Partnervermittlung kommen Sie schneller und gezielter als sonst in Kontakt zu Männern, die sich ebenfalls auf der Suche befinden. Sie fühlen sich stark, weil Sie nicht mehr im stillen Kämmerlein sitzen, Däumchen drehen und darauf warten, dass das Telefon klingelt. Sie nehmen Ihr Leben selbst in die Hand und helfen Amor ganz weiblich auf die Sprünge.

- *Sie vergrößern die Auswahl:* Wenn es in Ihrem Leben nur einen einzigen Mann gibt, mit dem Sie hin und wieder ausgehen, neigen Sie dazu, sich auf ihn zu konzentrieren. Eine Partnervermittlung erweitert Ihre Optionen und verhindert, dass Sie sich erfolglos auf einen Bestimmten fixieren und andere Möglichkeiten außer Acht lassen.

- *Sie geben Ihrem Ego Auftrieb:* Statt zu Hause zu hocken und sich insgeheim zu fragen, ob Sie als alte Jungfer enden werden, bestätigt Ihnen ein virtuelles oder ganz reales Rendezvous mit einem Mann, dass Sie begehrenswert sind.

∾ *Sie überwinden den Hang zur Selbstsabotage:* Wenn Sie sich gehemmt fühlen, Angst haben oder beim Flirten außer Übung sind, sabotieren Sie sich selbst und errichten eine Barriere für jeden Mann, der sich Ihnen nähern möchte. Wenn Sie sich an eine Partnervermittlung wenden, geben Sie offen zu, dass Sie daran interessiert sind, jemanden kennen zu lernen, der sich auf der Suche befindet.

∾ *Sie wecken Ihre weibliche Energie:* Eine Partnervermittlung stellt Kontakte her. Die Verabredungen, die daraus resultieren, helfen Ihnen, Ihre charmante, hingebungsvolle, weibliche Energie zu aktivieren und eine Aura auszustrahlen, die Sie noch Tage danach umgibt, was Sie daran merken, dass die Männer bei Ihrem Anblick Stielaugen machen. Wenn Sie beginnen, aus diesem Energiereservoir zu schöpfen, ziehen Sie die Männer an wie ein Magnet.

∾ *Sie bleiben im Training:* Sie können Ihre Gewohnheiten nur ändern, indem Sie bei Ihren Verabredungen alles anwenden, was Sie in diesem Buch gelernt haben. Dafür brauchen Sie möglichst viele Übungsmöglichkeiten.

Ergreifen Sie die Initiative

> *Ein Schiff im Hafen ist sicher, aber dafür werden Schiffe nicht gebaut.*
> JOHN A. SHEDD

Wenn Sie bei der Partnersuche die Initiative ergreifen, heißt das nicht, dass Sie auf die Jagd gehen. Ein weiblicher Ansatz schließt nicht aus, dass Sie aktiv werden, aber aktiv in dem Sinne, dass Sie klar Ihr Interesse demonstrieren. Das ist ein

Grund, warum eine professionelle Partnervermittlung oder Online-Kontaktbörse für Singles eine gute Sache ist: Sie schlagen mehrere Fliegen mit einer Klappe, wenn Sie Ihre Verfügbarkeit auf breiter Front signalisieren.

Online-Dienste sind mir persönlich lieber als Kontaktanzeigen in der Zeitung, weil sie ein Sammelbecken für potenzielle Kandidaten sind. Sie bieten außerdem ein höheres Maß an Sicherheit, weil Sie schriftliche Informationen über einen potenziellen Kandidaten haben, bevor Sie auf seine E-Mail antworten.

Zusätzlich können Sie Freunde bitten, ein Blind Date mit dem einen oder anderen Bekannten auszumachen, der auch solo ist. Nutzen Sie alle Möglichkeiten, Kontakte zu Männern zu knüpfen, die Sie gerne kennen lernen würden.

Der Richtige wird Sie finden

> *Die universelle Sehnsucht eines Menschen nach einem bestimmten anderen Menschen und seine Gleichgültigkeit gegenüber jedwedem Ersatz ist eines der großen Geheimnisse des Lebens.*
>
> IRIS MURDOCH

Sich einer Online-Partnervermittlung zu bedienen war für Susanne sehr hilfreich. Sie tat ihr Bestes, um mit Männern zu flirten, und lächelte jeden an, der ihr beim täglichen Spaziergang in der Nachbarschaft begegnete, aber die wenigsten erwiderten ihr Lächeln. Erst als ihre Schwester sie auf dem Spaziergang begleitete, fand sie heraus, woran es lag. »Du ziehst den Kopf ein und sagst mit einer so gespenstischen Stimme ›Hallo‹, dass mir eine Gänsehaut über den Rücken läuft.«

Susanne hatte zwiespältige Gefühle dabei, jeden wissen zu lassen, dass sie noch zu haben war, und das zeigte sich.

Als Susanne ihr Profil ins Internet stellte (persönliche Daten, Vorlieben, Bild, was auch immer), konnte sie sich vor Angeboten kaum retten. Sie musste bloß noch ihre Hemmungen überwinden und sich mit den potenziellen Bewerbern treffen, die sie interessierten. Der erste auf der Liste war Jens, ein perfekter Gentleman, der ihr die Tür öffnete und sie in ein schickes asiatisches Restaurant ausführte. Obwohl es bei den beiden an jenem Abend nicht funkte, genoss Susanne das Treffen und die angeregte Unterhaltung, bei der die Zeit wie im Flug verging. Ein anderer Kandidat, mit dem sie sich traf, besaß viel Sinn für Humor, und sie lachte den ganzen Abend über die Pannen am Arbeitsplatz, von denen er ihr erzählte. Keine der beiden Verabredungen war der Beginn einer Romanze, aber jeder Abend war ein Lichtblick für sich und ein Vergnügen, das sie sich lange versagt hatte. Und wichtiger noch: Susanne merkte, dass es ihr Spaß machte, selbstbewusst aufzutreten, Blickkontakt zu suchen und unter Menschen zu gehen.

Diese Erfahrungen waren für sie eine Ermutigung. »Mit einem Mann auszugehen war lange nicht so anstrengend oder beängstigend, wie ich mir eingeredet hatte«, gab sie zu.

Die Verabredungen erinnerten sie außerdem an ihre weiblichen Bedürfnisse, angefangen bei dem Wunsch nach Bewunderung bis hin zum lasziven Hüftschwung. Normalerweise ganz die Tüchtige, die am Arbeitsplatz genauso effektiv war wie bei der Reparatur eines tropfenden Wasserhahns, glaubte Susanne, keine romantische Ader zu haben. Nachdem sie ein paarmal mit einem Mann ausgegangen war, entdeckte sie jedoch ihre Anziehungskraft als Frau. Es fiel ihr immer leichter, ungezwungen zu lächeln und jede Gelegenheit zu einem kleinen Flirt zu nutzen. »Die meisten Männer erwidern inzwischen mein Lächeln«, sagte sie.

Wenn Sie sich an eine Partnervermittlung wenden, haben Sie die Chance, sich in der Kunst des Flirtens zu üben und Ihre weibliche Seite zu leben wie Susanne. Wenn Sie diesen brachliegenden Teil Ihrer Persönlichkeit erst aktiviert haben, werden auch andere erkennen, dass Sie ganz Frau sein können.

Selbst wenn Sie den Richtigen nicht über eine Partnervermittlung kennen lernen, wird er sich garantiert zu Ihnen hingezogen fühlen, wenn er Ihnen im Buchladen, im Waschsalon oder am Strand begegnet.

Überlassen Sie die Arbeit den Profis

Kontakte via Partnervermittlung zu knüpfen ist weniger beängstigend, als Blickkontakt herzustellen oder einen Fremden anzulächeln, aber ganz ohne Lampenfieber geht es meistens nicht.

Als Dirk Lisa anrief, nachdem er ihre Online-Anzeige gesehen hatte, war sie furchtbar nervös; deshalb schlug sie vor, gemeinsam Kaffee trinken zu gehen, um das Telefonat möglichst schnell zu beenden und den Ausgang des Gesprächs zu steuern. Sie waren sich auf Anhieb sympathisch, und er schlug ein Treffen für das kommende Wochenende vor. Er wollte nachschauen, was für Konzerte auf dem Programm standen, und sich dann wieder bei ihr melden: »Wir haben ja Telefonnummern ausgetauscht.« Sie wartete vergeblich darauf, dass er anrief, und hörte nie wieder von ihm.

»Ich habe ihm mein Interesse gezeigt, aber er hat sich nicht mehr gerührt«, sagte sie bedauernd. Doch Lisa hatte mehr getan, als Interesse zu signalisieren: Sie hatte sich auf dünnes Eis gewagt und das unnötige Risiko auf sich genommen, die Initiative zu ergreifen und ihm das gemeinsame Kaffeetrinken vorzuschlagen. Höchstwahrscheinlich hatte er auch vor, sie am Telefon um ein persönliches Treffen zu bitten, hatte aber keine Chance, weil Lisa die Kontrolle über das Wann, Wo und Wie an sich riss. Sie zwang ihn nicht, mit ihr Kaffee trinken zu gehen, aber sie übernahm die Führung, bevor Dirk zum Zuge kam. In die passive Rolle gedrängt, fühlte er sich seiner Männlichkeit beraubt. Er kam sich vor wie ein Hampelmann, der nach ihrer Pfeife tanzen soll, und das macht keinem Mann Spaß.

Dirks Bemerkung, man habe ja Telefonnummern ausgetauscht, lässt den Zwiespalt auf seiner Seite erkennen. Vielleicht gehörte es nicht gerade zu seinen starken Seiten, die Initiative zu ergreifen; in diesem Fall hätte er möglicherweise nie ein persönliches Treffen vorgeschlagen. Lisa nahm ihm dieses Problem ab, aber sie verspielte auch die Chance, zu sehen, was er aus diesem ersten telefonischen Kontakt machte. Sie dachte nicht daran, ihm die Zügel zu überlassen, und musste deshalb die Erfahrung machen, dass er mitten im Rennen absprang.

Aus welchem Grund auch immer – es gibt Männer, die sich mit einer Frau in Verbindung setzen, aber kein persönliches

Treffen vorschlagen. Verschwenden Sie Ihre Zeit nicht mit ihnen, denn es finden sich genügend andere, die Stärke zeigen und von sich aus die Initiative ergreifen.

Wenn die Nachfrage zu groß ist

Eine Frau, die sich zu ihrem Partnerwunsch bekennt, sollte Männern auch »online« nicht nachlaufen. Eine Verabredung oder einen Internet-Kontakt mit aller Gewalt zu forcieren ist nichts anderes, als einem Mann in der realen Welt nachzulaufen. Das Risiko einer Zurückweisung ist genauso groß, und Sie bringen sich selbst um das Vergnügen, sich begehrenswert zu fühlen. Statt auf Anzeigen zu reagieren, die Männer geschaltet haben, sollten Sie die Männer auf sich zukommen lassen, die Ihre Anzeige mit Interesse gelesen haben.

Diese Entscheidung traf auch Helen, und da sie in drei Wochen mehr als hundert Anzeigen von ihrer Internet-Partnervermittlung erhielt, war die Auswahl groß. »Ich fühlte mich überwältigt und reagierte nicht mehr darauf, weil ich einfach nicht mehr nachkam«, sagte sie. »Anfangs hatte ich ein schlechtes Gewissen, weil ich mich nicht gemeldet habe. Inzwischen finde ich es in Ordnung – schließlich kennen diese Männer mich nicht einmal, wie können sie sich da aufregen? Ich musste lernen, Grenzen zu stecken und mir selbst der Nächste sein: Ich gab nur drei oder vier Männern meine Handynummer, damit sie mich anrufen konnten. Dabei schaltete ich mein Handy oft gar nicht ein, sondern hörte mir die Nachrichten an, um eine Vorauswahl zu treffen.«

Die von Ihnen beauftragte Partnervermittlung ist nur für

Sie da und nicht irgendwelchen Fremden verpflichtet. Wenn Massenandrang herrscht, sollten Sie Ihr eigenes Wohl an die erste Stelle setzen und sich nur mit den vielversprechenden Kandidaten in Verbindung setzen. Alle anderen Angebote können Sie getrost ignorieren.

Den Anruf beenden, aber nicht die Romanze

Lisa lernte aus der Erfahrung mit Dirk, dass es keinen Sinn hat, Männer zu »überfahren«. Dank der zahlreichen Reaktionen auf Ihre Kontaktanzeige via Online-Partnervermittlung wusste sie, dass ihr viele Optionen offen standen. Dadurch konnte sie die Enttäuschung über Dirks Verhalten leichter verkraften.

Inzwischen hatte Lisa ein Problem ganz anderer Art. »Wie beende ich ein Telefonat?«, fragte sie. »Einige der Männer reden und reden, aber es fällt mir schwer, mich so lange mit jemandem zu unterhalten, den ich nicht näher kenne.« Natürlich ist nichts dagegen einzuwenden, Marathongespräche zu führen, wenn es Ihnen Spaß macht. Wenn das aber – wie bei Lisa – nicht der Fall ist, zumindest beim ersten Kontakt, können Sie die Anrufer vorab wissen lassen, dass die Redezeit auf eine Viertelstunde begrenzt ist: »Ich habe nur ein paar Minuten Zeit«, sage ich gleich zu Anfang. Und füge in Gedanken hinzu, »weil es mich nervös macht, stundenlang zu telefonieren«.

Um in der kurzen Zeit ihr Interesse zu bekunden, beendete Lisa das Telefonat mit den Worten: »Tut mir Leid, ich muss jetzt los. Was meinen Sie, wie soll's weitergehen?«

»Wenn er daraufhin vorschlug, Sonntag ins Kino zu gehen,

prima. Wenn keinerlei Vorschläge kamen, konnte ich mir ausrechnen, dass es bei ihm eine Sperre gab. Ich hatte so viele Kontakte über die Partnervermittlung, dass ich Zauderern nicht lange nachtrauerte. Ich hakte ihn mit einem Achselzucken ab und wandte meine Aufmerksamkeit dem nächsten Kandidaten zu.«

Lisa fand, dass diese Methode ihr Selbstwertgefühl stärkte. Sie konnte ihre Weiblichkeit ausleben und ihre eigenen Wünsche und Bedürfnisse verfolgen; dadurch stellte sie die Weichen, um den Richtigen kennen zu lernen. Außerdem verschwendete sie keine Zeit und Energie mit Männern, die einfach nicht in die Puschen kommen.

Lassen Sie die Zugbrücke herunter

> *Das Wichtigste auf der Welt ist, zu essen, zu trinken und einen Menschen zu haben, der uns liebt.*
> BRENDAN BEHAN

Tom war fünf Zentimeter kleiner und zwei Jahre jünger als der Traummann, den Dina in ihrer Anzeige gesucht hatte. Das hielt ihn nicht davon ab, über die Partnervermittlung im Internet Kontakt zu ihr aufzunehmen – zum Glück, wie sich herausstellte. Es war Liebe auf den ersten Blick, und inzwischen sind die beiden verlobt. Dina erkannte, dass ihre Anforderungen bezüglich Alter und Größe nicht so wichtig waren. »Für mich waren das nur Zahlen, weil sie um solche Angaben bitten, wenn man das Formular ausfüllt«, sagte sie. »Ich bin froh, dass Tom sie ignoriert hat!«

Manche Anzeigen enthalten nicht nur Vorgaben zu Alter und Größe, sondern auch, was Charaktereigenschaften, Haarfarbe und Einkommen angeht. Eine Checkliste also. Diese Frauen lassen sich die Chance entgehen, interessante Männer kennen zu lernen, die nicht diesen Kriterien entsprechen.

Lassen Sie sich lieber die Möglichkeit offen, dass der Richtige ganz anders sein könnte, als Sie es sich vorgestellt haben.

Neunundneunzig Prozent der Männer von Anfang an auszuklammern, weil sie Ihren unrealistischen Maßstäben nicht genügen, ist kontraproduktiv. Da Sie keinen Einfluss darauf haben, wer sich zu Ihnen hingezogen fühlt, sollten Sie ohne Einschränkungen die Aufmerksamkeit genießen, die Sie kriegen, und sich daran erinnern, dass Sie später immer noch jeden zurückweisen können, der Ihnen absolut missfällt. Auch wenn Sie nicht jedem antworten, ist es ein tolles Gefühl, dass die Absender der E-Mails vor Ihrem elektronischen Briefkasten Schlange stehen und darauf warten, dass Sie antworten.

Ihr künftiger Ehemann wird es leichter haben, Sie zu finden, wenn Sie die Zugbrücke herunterlassen, damit er nicht durch den Burggraben schwimmen muss.

Aktivieren Sie Ihr Liebesleben, und zwar jetzt

Haben Sie noch nie daran gedacht, eine Partnervermittlung einzuschalten? Oder Bekannte gebeten, ein Blind Date für Sie zu arrangieren? Es gibt keinen Grund, die Hände in den Schoß zu legen. Also: Los geht's – ich warte.

Je früher Sie signalisieren, dass Sie noch zu haben sind, desto schneller haben Sie den Richtigen an der Angel.

Wie Sie sich online präsentieren

Wenn Sie ein Profil für eine Online-Partnervermittlung formulieren, gilt es, *sich selbst* und nicht den Wunschpartner zu beschreiben. Sie sollten:

∾ in einem lockeren Ton ein *positives* Bild von sich entwerfen, um zu zeigen, dass es Spaß macht, mit Ihnen auszugehen;

∾ sich *kurz* fassen, um klar zu machen, dass es keinen Ersatz für ein persönliches Treffen gibt;

∾ Ihre *Offenheit* signalisieren und Ihre Weiblichkeit unterstreichen.

Hier ein Beispiel für eine Anzeige, die eine Frau online aufgab; sie erhielt darauf Hunderte von Zuschriften: »Ich wünsche mir eine romantische Beziehung. Das trifft es genau! Aber Spaß beiseite … für mich gehört noch mehr dazu. Ich bin ein lebensfroher Mensch. Wenn ich mit einem Mann zusammen bin, muss die Chemie stimmen. Ich bin offen für die Welt und die einfachen Freuden des Lebens. Ich blühe auf in Gegenwart von Männern, die Kavaliere sind und den Unterschied zwischen den Geschlechtern zu schätzen wissen. Ich bin umgänglich und rücksichtsvoll (denke ich!). Ich bin kontaktfreudig und gehe gerne unter Menschen, aber Zweisamkeit ist mir gleichermaßen wichtig. Wie könnte es auch anders sein? Mein Sternzeichen ist die Waage.«

Eine andere Frau traute sich, ihre Verletzlichkeit in ihrer Anzeige anklingen zu lassen, als sie den Satz einschloss: »Ich schreibe zum ersten Mal eine Online-Kontaktanzeige, und wenn ich befangen wirke, liegt es daran, dass ich nicht daran gewöhnt bin.« Welcher Mann würde nicht versuchen wollen, ihr diese Befangenheit zu nehmen?

Beide Anzeigen enthielten ein schmeichelhaftes Foto der Frau. Das Konterfei verrät unter Umständen mehr über die Absenderin als der Text, also wählen Sie Ihr Bild mit Bedacht. Auf einigen Schnappschüssen waren die Frauen mit einem Weinglas oder einer Bierflasche in der Hand zu sehen, oder mit dem Arm eines Mannes um die Schulter (der meistens herausgeschnitten wurde). Andere schicken Fotos ein, auf denen sie todernst, mürrisch oder kamerascheu wirken. Auch wenn manche es als künstlerisch wertvoll anpreisen, sieht eine Frau mit finsterem Blick nicht besonders attraktiv auf einem Foto aus. Eine posierte vielsagend in Reizwäsche, als wollte sie sagen: »Ich bin ein Sexobjekt«, während sich eine andere im formlosen Tweedjackett hinter einem Schreibtisch verschanzte und zu erkennen gab: »Ich verlasse nie meinen Elfenbeinturm.« Und wieder andere waren so verschwommen und dunkel wie die Verbrecherfotos auf den Fahndungsplakaten der Polizei.

Sie müssen nicht steppen, schnorcheln, sich mit Weichzeichner porträtieren oder vor einem Landhaus ablichten lassen, um sich ins rechte Licht zu setzen. Ihr Foto sollte Sie so zeigen, wie Sie sind, und nur Sie, schlicht und deutlich erkennbar. Lächeln und blicken Sie offen in die Kamera, an einem Tag, an dem Sie genauso gut aussehen, wie Sie sich fühlen.

12

Er ist nicht Ihr Typ – sicher?

*Liebe entsteht nicht, wenn wir einen
vollkommenen Menschen treffen, sondern wenn wir lernen, einen unvollkommenen als vollkommen zu sehen.*

ANONYM

Werfen Sie Ihre vorgefassten Meinungen, Mutmaßungen und
*vorschnellen Urteile über Bord, wenn jemand Sie um ein Rendez-
vous bittet. Lehnen Sie kein Angebot ohne genauere Prüfung ab,
es sei denn, es stammt von Frankenstein höchstpersönlich. Sie
müssen schließlich nicht den Rest Ihres Lebens mit dem Mann verbringen – sondern nur ein paar Stunden, um einen Blick hinter die
Fassade zu werfen. Sie haben nichts zu verlieren, sondern nur etwas zu gewinnen: den Mann fürs Leben. Verlassen Sie Ihr Schneckenhaus und lernen Sie, sich selbst und andere so zu nehmen, wie
sie sind.*

Eine Verabredung verpflichtet zu nichts

Da Sie nun jeden Mann anlächeln, der Ihren Weg kreuzt, in
Ihrem Bekanntenkreis publik machen, dass Sie auch für Blind
Dates zur Verfügung stehen, und eine Partnervermittlung ein-
geschaltet haben, werden Sie sich vor Angeboten kaum retten können. Vielleicht würden Sie am liebsten »Nein danke«
zu den meisten Kandidaten sagen, weil sie auf den ersten
Blick nicht in Frage kommen. Schauen Sie sich trotzdem je-

den Verehrer genauer an, denn nur so können Sie die Spreu vom Weizen trennen. Und wenn Sie Ihr Netz weit auswerfen, ist die Ausbeute größer. Damit haben Sie mehr Wahlmöglichkeiten, und es könnte durchaus sein, dass die eine oder andere Überraschung auf Sie wartet.

Ungeachtet Ihrer bisherigen Erfahrungen mit Männern, können Sie sich erst ein fundierteres Urteil bilden, wenn Sie einen Abend miteinander verbracht und sich ein Bild von ihm gemacht haben.

Sie sollten die Angebote auch deshalb genauer in Augenschein nehmen, um sich mal wieder in der Kunst des Annehmens zu üben: Er wird Sie vermutlich zum Abendessen einladen, Ihnen die Tür aufhalten und nicht mit Komplimenten geizen. Gewöhnen Sie sich daran, schlicht und einfach »Danke« zu sagen statt »Das wäre doch nicht nötig gewesen« oder »Das schaffe ich schon alleine.«

Eine Verabredung mit einem Mann, dem Sie vorher vielleicht einen Korb gegeben hätten, bedeutet, dass Sie Vorurteile aufgeben, aber nicht Ihre Persönlichkeit. Sie haben sich nur bereit erklärt, ein paar Stunden mit ihm zu verbringen. Sie sind nicht verpflichtet, sich von ihm küssen zu lassen, ihn wieder zu sehen oder was auch immer. Sie schulden ihm nichts. Das Abendessen ist wie ein Los, das ihn zur Teilnahme an einer Lotterie berechtigt, bei der er Ihre Gunst gewinnen kann – oder auch nicht. Seine Aufmerksamkeiten sind völlig unverbindlich, also sollten auch Sie keinen Haken suchen, wo keiner ist.

Ihr persönliches Debüt

*Ich habe wiederholt die Erfahrung ge-
macht, dass das Leben, wenn man ruhig und nachdrücklich (aber sehr nachdrücklich!) zu ihm sagt: »Ich vertraue
dir; tu, was du tun musst«, eine geradezu unheimliche Art hatte, auf die eigenen Bedürfnisse zu reagieren.*

OLGA ILYIN

Wenn es mehr als einen Mann gibt, der sich für Sie interessiert, werden Sie zu Ihrer persönlichen Bestform auflaufen.
Hier bewahrheitet sich die alte Bauernregel: »Wenn es endlich regnet, dann gießt es gleich in Strömen.« Wenn ein
Mann um Sie wirbt, wird Ihre weibliche Energie aktiviert,
und Ihr Selbstbewusstsein wächst. Selbst wenn Sie sich nicht
für ihn erwärmen können, tut es gut zu wissen, dass er sich für
Sie interessiert. Diese Gewissheit wirkt wie eine »Duftmar-
ke«, wie meine Freundin sagen würde. Das bedeutet, dass Sie
Ihre Selbstschutz- oder Abwehrmechanismen heruntergefah-
ren und durch Aufgeschlossenheit und Selbstvertrauen ersetzt haben; und dadurch entsteht ein inneres Glühen, das
auch nach außen sichtbar ist.

Ihr Gang wird aufrechter und Ihr Lächeln strahlender. Ihre Körpersprache signalisiert Offenheit für männliche Aufmerksamkeit. Deshalb macht allein das Wissen, dass sich
irgendjemand brennend für Sie interessiert, Sie für *alle* Männer reizvoll, denen Sie begegnen. Das Rendezvous mit einem
Mann – gleich mit welchem – erhöht automatisch Ihre Anziehungskraft.

Es ist also in Ihrem Interesse, ein Angebot anzunehmen,

auch wenn der Kandidat nicht Ihr Traummann ist. Betrachten Sie das Ganze als Übung oder als Ihr persönliches Debüt. Es spielt keine Rolle, mit wem Sie den Reigen eröffnen, solange Sie Gott und die Welt damit wissen lassen können, dass Sie noch zu haben sind.

Cora war nicht besonders interessiert an den drei Männern, die sie um ein Rendezvous gebeten hatten, aber sie nahm an, um sich wieder in die »Jagdszene« einzuklinken. Sie betrachtete das Ganze als eine gute Gelegenheit, sich mal wieder in Schale zu werfen, zu schminken und die eigene Schönheit und das Gefühl zu genießen, bewundert zu werden. Cora fühlte sich sehr attraktiv und weiblich, als ihr Date ihr in einer Kunstgalerie einen Bekannten namens Daniel vorstellte. In der folgenden Woche trafen sie sich zufällig wieder, beim Tauchen. Daniel erinnerte sich an die Begegnung in der Kunstgalerie und sprach Cora an. Ein Jahr später waren sie verheiratet.

Petra war aus einem anderen Grund dankbar, dass sie alle Angebote angenommen hatte. Sie hatte Christoph, den Mann ihrer Träume, kennen gelernt und war so aufgeregt wegen der bevorstehenden ersten Verabredung mit ihm, dass sie es eigentlich als Zeitverschwendung betrachtete, mit Georg auszugehen, der ihr zu ruhig und auch vom Äußeren her nicht ihr Typ war. Doch da die Beziehung zu Christoph noch in den Sternen stand, beschloss sie, doch auch mit Georg essen zu gehen. Überrascht stellte sie fest, dass ihr der Abend mit ihm Spaß machte: Sie lachte viel und genoss seine kleinen Aufmerksamkeiten.

Dann kam der große Tag, das erste Rendezvous mit Christoph, der am Nachmittag angerufen und sie gebeten hatte, ihn im Club zu treffen, weil sein Terminkalender aus allen Nähten platzte. Das war sehr kurzfristig, aber da sie den lange ersehnten Abend nicht gefährden wollte, willigte sie ein. Bei ihrer Ankunft war Christoph in ein Gespräch mit Freunden vertieft. Er verbrachte den größten Teil des Abends damit, sich anderweitig zu unterhalten, und schenkte Petra wenig Beachtung. Als sie die beiden Verabredungen miteinander verglich, stellte sie fest, dass Georg besser abschnitt als Christoph. Ein Glück, dass sie Georg keinen Korb gegeben hatte. Der Abend mit Christoph wäre sonst eine herbe Enttäuschung gewesen und hätte Minderwertigkeitskomplexe bei ihr geweckt. Georg milderte den Schlag, sodass Petras Selbstbewusstsein und ihre Meinung über die Männer keinen Schaden nahmen.

Sagen Sie hinterher nicht, ich hätte Sie nicht gewarnt

Wir lieben, weil es das einzig wirkliche Abenteuer ist. NIKKI GIOVANNI

Vielleicht wissen Sie schon auf den ersten Blick, ob ein Mann eine Chance hat, aber ich warne Sie: Sie verlieben sich möglicherweise in jemanden, an den Sie nie gedacht hätten.

Genau das passierte Iris, die Karl zunächst nicht besonders aufregend fand. Sie hatte noch an einer frischen Trennung zu knapsen und war nicht gut auf Männer zu sprechen. Karl war nicht ihr Typ, weil er schüttere Haare und ein paar Kilo zu viel hatte. Karl blieb jedoch unbeirrt am Ball, nachdem er Iris bei einem Skiausflug begegnet war. Sie ging zwar mit ihm aus, konnte aber ihre Scheuklappen nicht ablegen, sodass ihr leider entging, wie nett und intelligent Karl war.

Karl brach den Kontakt ab, als Iris ihn absichtlich versetzte, nachdem er ein Picknick für zwei organisiert hatte – mit allem Drum und Dran, einschließlich selbst gebrautem Bier. Erst da merkte Iris, dass sie seine warmherzige, fürsorgliche Art, seine unerschütterliche Stärke und seine Gesellschaft vermisste. Sie beschloss, ihn anzurufen und zu einem Konzert einzuladen.

Karl und Iris sind inzwischen verheiratet und haben eine Tochter. Was war passiert? Iris verliebte sich in einen Mann, der sie zunächst nicht besonders interessierte, und ging notgedrungen mit ihm aus. »Ich kam mir albern vor, weil ich Angst hatte, ihn zu enttäuschen; deshalb sagte ich mir immer wieder, dass eine Verabredung zu nichts verpflichtet«, erklärte sie. »Karl nutzte die Chance, mich von seinen Qualitäten zu überzeugen, und das gelang ihm auf ganzer Linie.«

Das ist nur eine Geschichte von vielen: Etliche Frauen verlieben sich in einen Mann, den sie anfangs nicht aufregend fanden.

Wenn Sie meinen, das könnte Ihnen nicht passieren, sagen Sie hinterher nicht, ich hätte Sie nicht gewarnt.

Hören Sie auf Ihre innere Alarmglocke

Wenn Sie bei einer Verabredung ein mulmiges Gefühl haben, was Ihre Sicherheit betrifft, sollten Sie unbedingt Nein sagen. Selbst wenn das Unbehagen nur schwer definierbar ist, ist es besser, jedes Risiko zu vermeiden und nicht alleine mit einem Mann auszugehen, dem Sie nicht recht über den Weg trauen. Hören Sie auf Ihre innere Stimme, die zur Vorsicht mahnt. Natürlich können Sie sich in aller Öffentlichkeit an einem belebten Ort treffen, aber ein Restrisiko bleibt. Der Wunsch, die Gefühle eines anderen Menschen nicht zu verletzen, ist es nicht wert, sich in Gefahr zu begeben. Selbst wenn Sie sich bereits mit ihm verabredet haben, stellt diese Situation eine Ausnahme dar, die es hundertprozentig rechtfertigt, Ihre Meinung zu ändern.

In dem Buch *Mut zur Angst* erklärt Gavin DeBecker, dass dieses diffuse Gefühl des Unbehagens immer eine reale Grundlage hat. Ein Mann beispielsweise, der nicht locker lässt und Ihnen unbedingt die Einkaufstüten nach Hause tragen oder Sie zu einem Drink einladen will, obwohl Sie bereits Nein gesagt haben, löst einen Alarm in Ihnen aus, auch wenn es den Anschein hat, als sei er ein Gentleman. Ihr Instinkt sagt Ihnen, dass dieser Mann ein Nein nicht akzeptiert und Sie bei ihm nicht sicher sind.

Natürlich sind einige Männer von Haus aus hartnäckiger als andere, was sie noch nicht gefährlich macht. Aber wie erkennt man den Unterschied? Ein beharrlicher Mann versucht nicht, Sie zu nötigen. Wenn Sie bereits laut und deutlich gesagt haben, dass Sie keinen Drink möchten, versucht er vielleicht, mit Ihnen ins Gespräch zu kommen, aber er besteht nicht mehr darauf, dass Sie ein Glas mit ihm trinken. DeBecker erklärt dazu, dass jeder Straftat eine Warnung vorausgeht, und dass Sie vermeiden können, Opfer zu werden, indem Sie Ihrem Instinkt vertrauen, dem Phänomen, etwas »zu wissen, ohne zu wissen, warum«.

In einer undurchsichtigen Situation sollten Sie sang- und klanglos gehen, wenn Ihnen Ihre innere Stimme dazu rät. Was immer sie auch sagt – folgen Sie ihr.

13
Der gekonnte Abgang

Meine guten Absichten sind absolut tödlich.

MARGARET ELEANOR ATWOOD

Wenn ein Mann Sie wieder sehen möchte, an dem Sie beim besten Willen nicht interessiert sind, oder Sie eine Beziehung im Keim ersticken müssen, sagen Sie einfach: »Tut mir Leid, aber unsere Beziehung hat keine Zukunft.«

Sie können Enttäuschungen bei einigen Ihrer Verehrer nur vermeiden, indem Sie ins Kloster gehen oder eine Beziehung fortsetzen, die Sie eigentlich nicht wollen. Da keine der beiden Optionen eine erstrebenswerte Lösung ist, sollten Sie sich das Recht nehmen, jemanden zu enttäuschen und Klartext zu reden. Legen Sie einen Abgang hin, bei dem keiner von beiden sein Gesicht verliert.

Lernen Sie schwimmen, bevor Sie ins kalte Wasser springen

Wenn Sie es nicht fertig bringen, einen Schlussstrich unter eine Beziehung zu setzen, die Sie zu viel Kraft kostet, sind Sie am Ende unerreichbar für den Richtigen – oder schlimmer noch, ist Ihnen die Lust auf eine Beziehung ein für alle Mal vergangen. Der Sprung ins kalte Wasser ist nicht so schlimm, wenn Sie darauf vertrauen, dass Sie jederzeit ans rettende Ufer schwimmen können.

Zum Glück müssen Sie in den wenigsten Fällen Tacheles reden und unverblümt »Nein« zu einem Wiedersehen sagen. Die meisten Männer merken auch so, was die Uhr geschlagen hat. Wenn klar ist, dass Ihnen der Abend gefallen hat und Sie ihn gerne wiederholen würden, kommt der Vorschlag mit Sicherheit. Wenn ein Mann dagegen spürt, dass Sie nicht begeistert waren, wird er keine Abfuhr riskieren und sich nicht noch einmal mit Ihnen verabreden wollen. In diesem Fall besteht kein Grund, sich mit ihm in Verbindung zu setzen und ein klärendes Gespräch zu führen.

Falls ein Mann, mit dem Sie nichts am Hut haben, trotzdem nicht locker lässt, sagen Sie ihm höflich, aber bestimmt: »Tut mir Leid, aber das mit uns beiden hat keinen Sinn.« Eine weitere Erklärung ist überflüssig. Falls er Sie nach dem Grund fragt oder wissen möchte, ob es einen Nebenbuhler gibt, wiederholen Sie einfach »Ich sagte bereits, für uns gibt es keine Zukunft.«

Er wird es schon irgendwann kapieren.

Höfliche Ausflüchte

> *Die Geschichte lehrt uns, dass es oftmals gut ist, nichts zu tun, und immer gut ist, nichts zu sagen.*
>
> WILL DURANT

Manchmal sperren sich Frauen dagegen, jemandem eine klare Absage zu erteilen, weil sie es kaltschnäuzig oder grausam finden. Sie glauben, sie könnten die Wirkung des Schlags mildern, wenn sie vorgeben, einen Beziehung zu haben oder voll mit Beruf oder Ausbildung ausgelastet zu sein. Die Phantom-Beziehung kann aber auch tolle Kandidaten verscheuchen, wenn sie sich herumspricht. Dazu kommt, dass Sie ein Eigentor schießen, wenn Sie versuchen, die Gefühle oder Reaktionen des Mannes zu beeinflussen. Lügen erschüttern Ihre Integrität und wirken belastend.

Wenn Sie klipp und klar sagen, was Sache ist – dass aus ihnen nichts werden wird –, bleiben Sie bei der Wahrheit, statt ihn zu kritisieren oder zu beleidigen. Eine Frau hatte sich den Standardspruch zurechtgelegt: »Das geht nicht gut mit uns beiden«, was nach ihrer Auffassung weniger harsch klang. Aber die unterschwellige Botschaft, die Männer aus diesem Satz heraushören, war, dass *sie* nicht gut genug seien. Erklärungen wie »Es liegt nicht an dir, sondern an mir« sind auch nicht empfehlenswert, denn damit übernehmen Sie die alleinige Verantwortung dafür, dass es zwischen Ihnen nicht klappt. Und hinter Aussagen wie »Du bist nicht mein Typ« verstecken sich Schuldzuweisungen, auf die Sie verzichten sollten. Und versuchen Sie nicht, ihn mit leicht zu durchschauenden Ausflüchten hinzuhalten, wie »Ich habe im Moment keine Zeit für eine Beziehung.« Da Sie in Ihrem Leben weder Zeit noch Raum für die Freundschaft mit Ex-Kandidaten haben, sollen Sie ihn auch nicht mit dem Vorschlag vertrösten: »Lass uns einfach Freunde sein.«

Zu sagen, dass eine Beziehung keine Zukunft hat, ist für niemanden eine Schande und verpflichtet zu keinem bestimmten Verhalten. Es kann bedeuten, dass Sie auswandern, mehr oder weniger verbandelt sind, ins Kloster gehen oder einfach kein Interesse haben. Ob er sich über den wirklichen Grund den Kopf zerbricht, ist nicht Ihr Problem.

Sich mit einer klaren Aussage von dem *falschen* Mann zu trennen ist wichtig, wenn Sie in Ihrem Leben Platz für den Richtigen schaffen wollen.

Sie könnten anführen, dass jemand, mit dem sie Wochen oder Monate ausgegangen sind, eine ausführlichere Erklärung verdient. Sie haben vielleicht das Gefühl, das sei das Mindeste, was Sie ihm »schulden«. Es gibt jedoch keine schmerzlose Art, ihm beizubringen, was in der Beziehung nicht stimmt. Wenn Sie sich auf solche Diskussionen einlassen, fühlen sich beide am Ende schlecht. Er ist verletzt und wütend, und Sie packt der Katzenjammer, weil Sie ihm im Eifer des Gefechts einige wenig schmeichelhafte Wahrheiten an den Kopf geworfen haben. Es ist fairer, ihm klar zu sagen, dass Sie sich nicht mehr mit ihm treffen werden, ohne die Gründe zu erörtern. Es ist nicht Ihre Aufgabe, ihn für die nächste Frau, die ihn interessiert, fit zu machen. Nur wenige Leute ändern sich, weil jemand sie auf ihre Fehler hingewiesen hat, und erst recht nicht, wenn es die Frau war, von der sie zurückgewiesen wurden.

Wenn er beispielsweise anruft, um Sie für Freitag einzuladen, antworten Sie klipp und klar: »Nein danke« oder »Nein«. Wenn er nicht aufgibt, fügen Sie hinzu: »Das mit uns beiden hat keine Zukunft.« Falls er den Grund wissen will, sagen Sie ihm, dass Sie es dabei bewenden lassen möchten.

Die meisten Männer werden nicht auf einer ausführlichen Erklärung bestehen, weil sie keine Lust haben, etwas über ihre eigenen Unzulänglichkeiten zu hören; und genau das fordert jemand heraus, der eine Begründung verlangt. Folglich reicht ein kurzes Gespräch, in dem klar wird, dass Sie Ihre Entscheidung getroffen haben. Wahrscheinlich kommt das für ihn nicht einmal aus heiterem Himmel, da Ihr Verhalten beim letzten Treffen bei ihm schon eine Ahnung geweckt hat, dass etwas nicht stimmt.

Es ist völlig in Ordnung, am Telefon einen Schlussstrich zu ziehen. Sie sollten aber warten, bis *er* sich mit Ihnen in Verbindung setzt. Es macht keinen Sinn, jemandem zu sagen, dass Sie auf ein Wiedersehen verzichten, wenn er Sie gar nicht darum bittet.

Wer die Wahl hat, hat die Qual

> *Lassen Sie sich durch das, was sich Ihrem Einfluss entzieht, nicht darin beirren, das zu tun, was Sie tun können.*
> JOHN R. WOODEN

Angenommen, Sie suchen per Anzeige einen Computer-Spezialisten für Ihre Firma und erhalten Bewerbungsunterlagen von einigen Dutzend Kandidaten zugeschickt. Ein halbes Dutzend kommt in die engere Wahl und wird zu einem Vorstellungsgespräch eingeladen; aus dieser Gruppe wählen Sie wiederum diejenige Person aus, die am besten für den Job geeignet ist. Da sie nur eine freie Stelle zu vergeben haben, müssen sie zwangsläufig etlichen Bewerbern eine Absage erteilen, die sich für das Vorstellungsgespräch in Schale geworfen und vorbereitet haben. Natürlich sind diese Kandidaten enttäuscht, aber alle Beteiligten wissen, dass Absagen nun mal zum Auswahlprozess gehören.

Genauso funktioniert es auch bei der Suche nach dem richtigen Lebenspartner. Machen Sie sich keine Sorgen, dass

Sie die Herzen reihenweise brechen könnten, wenn Sie Ihre Auswahl treffen – und auch solche Kandidaten kennen lernen, die nicht auf Anhieb in Frage kommen. Beide Parteien sind erwachsen. Beide wissen von Anfang an, dass es keine Garantien gibt und Gefühle einseitig sein können. Beide haben die Hoffnung investiert zu gewinnen. Und beide sollten sich darüber im Klaren sein, dass einer am Ende enttäuscht werden könnte.

Es ist nicht angenehm, jemandem eine Absage zu erteilen, aber ein klares Nein, mit dem Sie Ihre Integrität wahren – ohne Lügen oder Hinhaltetaktiken – ist nötig, wenn Sie offen bleiben wollen.

14
Stellen Sie schon beim ersten Rendezvous die Weichen

*Das erste Gebot der Kommunikation
befolgend, sagte ich nichts.*

ANONYM

Lassen Sie schon bei der ersten Verabredung das Bedürfnis, den gesamten Ablauf des Abends unter Kontrolle zu haben, zu Hause. Konzentrieren Sie sich stattdessen auf zwei Ziele:

- Schweigen Sie und lassen Sie ihn reden, damit Sie sich besser auf Ihre eigenen Gefühle und Bedürfnisse konzentrieren können.
- Stellen Sie die Weichen für den Rest der Beziehung, indem Sie ihn wissen lassen, was Sie erwarten.

Diese Ziele mögen widersprüchlich klingen, sind aber völlig schlüssig.

Schließen Sie den Mund

Wie die meisten Frauen bin ich sehr eloquent. Ich bin selten um Worte verlegen, und manchmal benutze ich sie, um lange Pausen zu überbrücken oder selbstbewusst zu wirken.

Wenn ich mit Männern ausgegangen bin, war ich besonders redselig. Ich versuchte, meinen Begleiter mit meiner brillanten Konversation zu beeindrucken, meine Nerven zu beruhigen oder unangenehme Gesprächspausen zu füllen. Leider funktionierte meine Methode nicht. Ich wurde nicht um ein Wiedersehen gebeten, und ich fühlte mich jedes Mal hinterher noch tagelang elend wegen des Unsinns, den ich geredet hatte.

Ich bewirkte mit meinem hektischen Geplapper nur, dass die Männer auf Durchzug schalteten oder auf die Uhr sahen. Ich redete mir ein, sie wüssten bloß nicht mit einer Frau umzugehen, die eigene Ansichten und Ideen hat. In Wirklichkeit übermittelte ich den Männern das wenig reizvolle Signal, dass ich die Führung übernahm. Ich gab ihnen zu verstehen, dass ich supergescheit und witzig war und Geschichten auf Lager hatte, mit denen ich bei jeder Talkshow als der große Star herausgekommen wäre. Die Unterhaltung zu steuern, um sicherzugehen, dass ja keine peinlichen Pausen eintraten, verringerte meine innere Unruhe, aber leider auch meine Attraktivität – was sogar ich selbst so empfand.

Ich war das reinste Nervenbündel bei meinem ersten Treffen mit John, weil ich ihn wahnsinnig anziehend fand. Ich fragte meine Therapeutin unumwunden, was ich tun könne, um ihn *nicht* sofort in die Flucht zu schlagen. Sie riet mir, zu schweigen und aufmerksam zuzuhören.

Zunächst kam mir dieser Rat ziemlich komisch vor. Was, wenn er mich für langweilig hielt? Was, wenn er nicht gerne redete und sich überfordert fühlte, die Unterhaltung alleine zu bestreiten? Wie sollte er mich besser kennen lernen, wenn ich den Mund nicht aufmachte? Die Therapeutin wies darauf hin, dass ich mir eher darüber klar werden könne, wie er *mir* gefiel, wenn ich mich auf meine Gefühle und Empfindungen konzentrierte, statt mir in Gedanken schon den nächsten Satz zurechtzulegen. Ich beschloss also, mein Bestes zu tun und die Klappe zu halten.

An besagtem Abend war ich aufgeregter als je zuvor, weil ich nicht auf meinen erprobten Selbstschutzmechanismus zurückgreifen durfte: reden. »Du kannst schweigen«, sagte ich mir immer wieder, von dem Augenblick an, als John vor meiner Tür stand, um mich abzuholen. Normalerweise hätte ich eine belanglose Bemerkung gemacht, um die Unterhaltung in Gang zu bringen – über das Wetter oder das Theaterstück, das wir anschauen wollten. Stattdessen überließ ich es ihm, etwas von sich selbst zu erzählen und Fragen zu stellen.

Schon zu Beginn des Abends erklärte John, wie unendlich dankbar er dem Erfinder der Kontaktlinsen sei, weil seine Brille aussähe wie zwei zusammengeschweißte Hubble-Weltraumteleskope. Manchmal mache er sich einen Spaß daraus, die Welt ohne Sehhilfe zu betrachten. »Man entdeckt alle möglichen ungewöhnlichen Dinge. Beispielsweise den Teufel«, meinte er trocken.

Ich lachte und entspannte mich, denn er hatte viel Sinn für Humor und konnte sogar über sich selbst lachen. Ich amüsierte mich prächtig, und dafür war ich ihm dankbar. Gegen Ende des Abends, als ich schweigend und mit einem Lächeln seiner Meinung über das Theaterstück lauschte, wunderte ich mich, wie er die Unterhaltung mit einer Stummen in Gang hielt.

Stumm ist natürlich übertrieben. Ich hörte zu und antwortete – nur redete ich nicht so viel wie sonst. Ich war eine aufmerksame Zuhörerin – nickte verständnisvoll, hielt Blickkontakt und lächelte, wenn ich mich amüsierte oder froh war – und allein das machte mich zu einer guten Gesprächspartnerin. Zum ersten Mal in meinem Leben nahm ich bei einem Rendezvous meine eigenen Gefühle wahr. Statt ungeduldig auf ein Stichwort zu warten, um meinen eigenen Text loszuwerden, konnte ich ungehindert ergründen, was für ein Mensch er ist: umgänglich, vorurteilsfrei, humorvoll. Ich war entspannt und präsent, ganz anders, als wenn ich mit meinen Gedanken ständig beim nächsten Satz gewesen wäre. Ich genoss die Unterhaltung ohne den selbst auferlegten Druck, sie in Gang halten zu müssen. Ich hatte sogar die Muße, mir im Kopf Notizen über meinen Gesprächspartner zu machen, wie »schöne Augen« und »scheint ein heller Kopf zu sein«.

Hätte mein unreifes, geschwätziges Selbst wieder die Oberhand gewonnen, wäre der Abend mit meinem eigentlich etwas schüchternen Verehrer nicht so erfolgreich gewesen. Damals stellten wir die Weichen für unsere Beziehung, bis zum heutigen Tag: Er bringt mich zum Lachen, und ich genieße seinen Sinn für Humor.

Viel später gestand John mir, dass ihm dieser Abend vor allem deshalb so viel Spaß gemacht hatte, weil er sehen konnte, wie gut ich mich amüsierte. »Ich hatte den Eindruck, dass du glücklich warst, und das war wohl auch ein wenig mein Verdienst.« Als ich ihm schweigend zuhörte und lächelte, dachte er: »Sie findet mich in Ordnung.«

Obwohl ich wenig zum Gespräch beisteuerte, spürte John, dass ich ihn mochte und respektierte, und das war für ihn wichtiger, als wenn ich die beeindruckendste Talkmasterin der Welt gewesen wäre.

Er ist derjenige, der vorspricht

Ein guter Zuhörer ist nicht nur allseits beliebt, sondern erfährt auch so manches im Laufe der Zeit.

WILSON MIZNER

Der bewusste Verzicht auf meine Rolle als Alleinunterhalterin half mir, mein Lampenfieber zu überwinden und mich auf meine eigenen Gefühle und Bedürfnisse als Frau zu konzentrieren. Ich blieb meiner Persönlichkeit treu, aber einer zurückgenommenen Version. Ohne es zu merken, hatte ich die Führung abgegeben und war so ganz souverän zur weiblichen Hauptdarstellerin geworden. Das wirkte auf John sehr anziehend, und vielleicht funkte es deshalb am Abend des 18. März 1988 auf Anhieb zwischen uns.

Ich bezeichne diese Kunst, die Gesprächsführung abzugeben, als weiblichen Ansatz. Weil ich nicht versuchte, den Ton anzugeben, war ich in der Lage, meine eigene Stimme deutlicher wahrzunehmen.

Wenn Sie sich im Gespräch zurückhalten, sind Sie

∾ *konzentrierter:* Je genauer Sie zuhören und beobachten, desto mehr Informationen gewinnen Sie, die Ihnen bei der Entscheidung helfen, ob Sie einen Mann wieder sehen wollen;

∾ *selbstsicherer:* Sie sind entspannt und fühlen sich wohler in Ihrer Haut, weil Sie nicht befürchten müssen, zu platzen, wenn Sie nicht gleich zu Wort kommen;

∾ *weiblicher:* Sie wirken charmanter, wenn Sie lächeln und reagieren, statt hektisch versuchen, das Gespräch in bestimmte Bahnen zu lenken;

∾ *sensibler:* Sie hören aufmerksamer zu, wenn Sie schweigen.

Ihr Lächeln vermittelt Vertrauen und die positive Erwartung, dass der Mann den Abend auch ohne Ihre Hilfe über die Runden bringen wird. Ihn ermutigen und sein Selbstvertrauen auf diese Weise stärken ist alles, was Sie tun müssen, damit er sich in Ihrer Gesellschaft wohl fühlt.

Ich war früher so darauf fixiert, mit meinen Worten Bewunderung oder Zuneigung bei den Männern zu wecken, dass ich vergaß, mich zu fragen, wie ich mich selbst in ihrer Gesellschaft fühlte oder ob ich sie überhaupt interessant fand. Ich schlüpfte unaufgefordert in die Rolle derjenigen, die vorspricht, als sei er der allmächtige Regisseur, der entschied, ob ich die Rolle der »Freundin« bekam. Die weibliche Methode der Gesprächsführung, die darin besteht, sie bewusst abzugeben, legte das Fundament für die langfristige Beziehung, die ich mir wünschte.

Die weibliche Art, PR in eigener Sache zu machen

Kristina beklagte sich, dass sie ins Hintertreffen geriet, wenn sie mit ihrer Freundin Marie ausging. »Marie flirtet gerne und hat an jedem Finger zehn Verehrer«, sagte sie. »Die Männer interessieren sich nur deshalb für sie, weil sie sich in Pose wirft, aufreizend lächelt und mit ihren Haaren spielt. Aber ich habe keine Lust, das Weibchen zu spielen, und außerdem finde ich es peinlich, wenn jeder merkt, dass ich auf der Suche bin. Ich möchte nur, dass sie auch auf mich aufmerksam werden, aber ich fürchte, dazu müsste ich auf dem Tisch tanzen.«

Das erwies sich als unnötig. Matthias sprach sie auf einer

Party an, als sie sich amüsierte und sich mit ihren Freundinnen unterhielt. Wahrscheinlich wirkte sie entspannt und fröhlich, als sie mit ihnen lachte. Matthias gelang es, ihre Telefonnummer zu ergattern, bevor der Abend zu Ende war. »Ich hatte keine Ahnung, was ich sagen sollte, also hielt ich den Mund. Ich versuchte weder, die Pausen zu füllen, noch irgendetwas zum Besten zu geben, um mich reden zu hören.« Wie sich herausstellte, hatte Matthias genug zu sagen und begann ein Gespräch, in dessen Verlauf er ihr viele Fragen stellte. »Ich war gar nicht auf der Suche«, sagte Kristina. »Aber er wurde auf mich aufmerksam. Und es hat einfach gefunkt.«

Sie müssen bei einem Rendezvous nichts beweisen, daher können Sie sich entspannen und Ihrem Begleiter getrost das Reden überlassen. Auch in großer Runde können Sie sich auf diese Weise besser profilieren als mit einer penetranten Werbekampagne in eigener Sache.

Machen Sie den Stresstest

> *Die Frau, die in Einklang mit sich selbst und der Welt lebt, muss weich und hart zugleich sein. Sie muss überzeugt sein (…), dass sie selbst, ihre Werte und ihre Entscheidungen wichtig sind.* MAYA ANGELOU

Nur weil Sie beim ersten Rendezvous nicht wie ein Wasserfall reden sollen, müssen Sie nicht jede Laune Ihres Begleiters stumm über sich ergehen lassen. Sie sind ja nicht zuletzt deshalb still, weil Sie sich auf Ihre eigenen Bedürfnisse und Gefühle konzentrieren. Je mehr Sie sich daran gewöhnen, Ihr Augenmerk auf die Botschaften Ihres Herzens zu richten, desto leichter wird es Ihnen auch fallen, auf Ihre Gefühle und Bedürfnisse einzugehen, indem Sie sie zur richtigen Zeit zum Ausdruck bringen.

Es gibt zwei Situationen, in denen es wichtig ist, Ihre Bedürfnisse und Wünsche unmissverständlich zu äußern:

∾ Er hat sich nach Ihren Vorlieben erkundigt (zum Beispiel: Würdest du lieber in eine Disco oder in einen Jazzclub gehen?).

∾ Er macht einen Vorschlag, der Sie emotional oder physisch stresst (er plant beispielsweise, mit Ihnen einen Horrorfilm anzuschauen, der Ihnen noch Wochen danach Albträume beschert, oder möchte eine Wanderung machen, die Ihre Kräfte übersteigen würde).

Wenn ein Mann Sie fragt, was Ihnen gefällt – egal ob es sich um Ihre bevorzugte Eiscremesorte oder die Frage handelt, ob er das Verdeck seines Wagens aufmachen soll –, möchte er auf Ihre Wünsche eingehen und braucht Informationen. In solchen Situationen ist Schweigen nicht Gold, sondern falsch. Reden Sie, und zwar Klartext. Selbst wenn er Ihnen bereits zu verstehen gegeben hat, dass er gerne offen fahren würde, sollten Sie klipp und klar sagen, dass Ihnen das geschlossene Verdeck lieber ist. Ein Mann, der etwas auf sich hält, stellt seine eigenen Wünsche zurück, um Ihre zu erfüllen.

Wenn Sie Ihre Vorlieben klar äußern, wirken Sie deshalb nicht weniger sympathisch oder weiblich, sondern nur selbstsicherer und aufmerksamer. Ein Mann, der Ihnen gefallen und imponieren möchte, würde Sie nie bewusst einer negativen Erfahrung aussetzen. Wenn Sie sich durch einen Vorschlag gestresst fühlen, sagen Sie einfach »Nein«.

Sie sollten dabei aber Stress nicht mit mangelnder Begeisterung verwechseln. Angenommen, Ihr Partner möchte Sie zu einem Vortragsabend mitnehmen, an dem Gedichte aus dem achtzehnten Jahrhundert gelesen werden, was Sie furchtbar langweilig finden. Wenn er Ihnen keine Alternativen bietet, (beispielsweise ein Rockkonzert oder eine Hafenrundfahrt), sollten Sie ruhig Ihren Horizont erweitern und sich die Dichterlesung anhören. Schaden tut sie nicht.

Sagen Sie also nur Nein, um Situationen zu vermeiden, die Sie emotional oder physisch als (negativen) Stress empfinden. Ansonsten sollten Sie sich auf die Zunge beißen und sich auf ein Abenteuer einlassen.

Der Kuss beim ersten Rendezvous

> *Ein winziger Funken Hoffnung reicht*
> *aus, um Liebe zu wecken.*
> STENDHAL

Vielleicht haben Sie schon mal den Rat gehört, es sei besser, mit einem Mann erst platonisch befreundet zu sein, bevor man sich näher kommt. Vielleicht sind Sie auch der Meinung, wenn Sie sich schon beim ersten Rendezvous küssen lassen, könnte er denken, Sie wären leicht zu haben. Oder vielleicht haben Sie Angst, dass der Kuss nur der Anfang ist und Sie zu weit gehen könnten.

Zu Ihrer Beruhigung: Küssen ist nicht annähernd so »gefährlich«, wie Sie glauben. Natürlich ist nichts dagegen einzuwenden, zuerst mit einem Mann befreundet zu sein und sich dann zu verlieben, aber anders herum ist es genauso o. k.

Denken Sie daran, dass Sie bereits beim ersten Rendezvous die Weichen für die spätere Beziehung stellen. Wenn Sie ihn mit einem freundschaftlichen Handschlag oder einem »Bussi« auf die Wange abspeisen, signalisieren Sie, dass sie auf der romantischen Ebene nicht an ihm interessiert sind. Und warum sollten Sie sich um das Vergnügen bringen, von einem attraktiven Mann geküsst zu werden? Wozu soll das gut sein, wenn Sie sich selbst kasteien?

Daher mein Rat: *Wenn Sie an einer romantischen Beziehung interessiert sind, lassen Sie sich getrost von ihm küssen.*

Sie wollen ja nicht sofort mit ihm ins Bett, und das würde Ihr Urteilsvermögen auch ziemlich trüben; der Kuss besitzt nicht so viel Macht. Er löst vielleicht ein Schwindelgefühl aus, aber ihm fehlt die psychologische Tiefenwirkung der sexuellen Begegnung, die das Bewusstsein verändert. Auch wenn Sie einen Mann beim ersten Rendezvous stundenlang küssen, wird er nicht auf die Idee kommen, Sie wären leicht herumzukriegen – solange es beim Küssen bleibt. Die »Kussorgie« weckt in ihm höchstens das Verlangen nach mehr und ist ein Ansporn, Sie um ein Wiedersehen zu bitten.

Vielleicht haben Sie Angst, Sie selbst könnten schwach werden. Wenn Sie ihn am Ende des Abends mit nach Hause nehmen und schnurstracks ins Schlafzimmer lotsen, ist es natürlich schwer, sich mit Küssen zu begnügen. Aber einen Kuss in Ehren, zum Beispiel im Restaurant oder vor Ihrer Haustür, kann bekanntlich niemand verwehren. Er wird aber nur dann unverfänglich bleiben, wenn er in der Öffentlichkeit stattfindet und Sie sich vor der Haustür verabschieden.

Halten Sie still

Wenn Sie die Haustür erreicht haben und zu Ihrem Leidwesen noch nicht geküsst wurden, sollten Sie stehen bleiben und Blickkontakt halten. In einem solchen Augenblick ist die Versuchung groß, die Spannung durch Reden zu überspielen oder sich hastig zu verabschieden, aber Ihr Wunsch geht eher in Erfüllung, wenn Sie nicht davonlaufen, sondern schweigend ausharren, um ihm Gelegenheit zu geben, Sie zu küssen. Ich weiß, das stellt Ihre Geduld auf eine harte Probe, ist aber unumgänglich, wenn Sie einen Gutenachtkuss wollen, der mehr sagt als tausend Worte. Wenn er sich dann bloß mit einem flüchtigen Kuss auf die Wange verabschiedet, fühlen Sie sich frustriert und zurückgewiesen; aber trauern Sie ihm nicht nach: Bei einem Mann, der sich eine solche Chance entgehen lässt, ist ohnehin Hopfen und Malz verloren.

Jana tat sich mit diesem Teil des Verabredens schwer. Sie war oft so nervös, dass sie ins Haus flüchtete und den Mann am Fuß der Treppe stehen ließ, ohne ihm die Chance zu einem Abschiedskuss zu geben, obwohl sie sich danach sehnte. »Also dann, gute Nacht!«, rief sie, meistens schon auf der Türschwelle. Wenn Sie Ihr Rendezvous mit einem prickelnden Lippenbekenntnis krönen wollen, müssen Sie Ihren Fluchtimpuls unterdrücken und im entscheidenden Moment stillhalten. Sie werden garantiert bald jemanden finden, den Sie liebend gerne küssen würden, wenn Sie sich trauen, auch hier ganz Frau zu sein.

Ein Ende ohne Schrecken

Der Mann, mit dem Rita ausging, war ungehobelt und egoistisch. Nach dem Essen wollte sie nur noch eines: nichts wie weg. Doch als höflicher Mensch fühlte sie sich verpflichtet, mit ihm wenigstens noch einen Schaufensterbummel in der Nähe des Restaurants zu machen. »Er hatte eine ziemlich weite Fahrt auf sich genommen«, erklärte sie. »Ich wollte den Abend nicht sofort nach dem Essen beenden. Das wäre unhöflich gewesen.«

Aber sich zu verabschieden, wenn Ihnen danach zumute ist, hat nichts mit schlechter Kinderstube zu tun. Es erspart allen Beteiligten die Qual, leere Phrasen zu dreschen, zumal klar ist, dass sich das Stroh nicht zu Gold spinnen lässt. Und außerdem sind Sie es sich schuldig, auf Ihr eigenes Wohl zu achten.

Wenn Ihr Begleiter unhöflich oder unerträglich ist, sind Sie nicht verpflichtet, den Abend fortzusetzen. Wenn er Sie fragt, was Sie als Nächstes unternehmen möchten, sagen Sie ihm ohne Umschweife: »Ich möchte nach Hause.« Falls er nicht fragt, erklären Sie von sich aus, dass Sie startklar für die Heimfahrt sind.

Der Wunsch, das Treffen zu beenden, ist weder eine Beleidigung noch eine versteckte Kritik. Sie müssen nicht länger bleiben, nur weil er Ihretwegen eine weite Fahrt gehabt, viel Geld für das Abendessen auf den Tisch geblättert oder gesagt hat, dass Sie die Frau seiner Träume sind. Wenn die Chemie nicht stimmt, besteht keine Veranlassung, die Verabredung unnötig in die Länge zu ziehen.

Lassen Sie ihn wissen, was Sie erwarten

> *Am Anfang einer Liebe ist eine langsame Gangart geboten; über die Felder in die Arme des Geliebten zu laufen sollten Sie sich für später aufsparen, wenn Sie sicher sein können, dass er nicht lacht, falls Sie ins Stolpern geraten.*
>
> JONATHAN CAROLL

Da das erste Rendezvous ein Zweipersonenstück ist, in dem Sie Ihre Rolle nun kennen, besteht nur noch das Problem, dass *er* seinen Part beherrschen muss – worauf Sie natürlich keinen Einfluss haben. Als »bekennende« Frau, die nach den Prinzipien der Weiblichkeit lebt, können Sie ihm nicht vorschreiben, wie er sich bei der Premiere zu verhalten hat, sondern lediglich Ihre eigene Reaktion auf ihn steuern.

Sie können ihn aber wissen lassen, was Sie von ihm erwarten: dass er Sie so behandelt, wie es einer Frau gebührt. In den meisten Fällen braucht er dazu nicht viel Anleitung. So sehr sich die Rolle der Frau in den letzten vierzig Jahren gesellschaftlich auch gewandelt hat – die Rollenverteilung bei einem Rendezvous ist weitgehend gleich geblieben: Er bittet sie, mit ihm auszugehen, holt sie ab, lädt sie ein, spielt den Kavalier und bringt sie nach Hause.

Wenn Sie den Mann über eine Partnervermittlung kennen gelernt haben und nicht möchten, dass er erfährt, wo Sie wohnen, ist es natürlich besser, sich an einem neutralen Ort zu treffen. Aber wenn Sie sich sicher genug fühlen, ihm Ihre Adresse zu geben, sollten Sie ihn wissen lassen, dass Sie abgeholt werden möchten.

Es besteht keine Notwendigkeit, Ihren Wunsch zu erklären oder zu rechtfertigen. Sie teilen ihm einfach mit, was Ihnen lieber wäre. Die Entscheidung, darauf einzugehen, liegt bei ihm. Dieses Arrangement ist deshalb so wichtig, weil Sie damit von Anfang an die Rollen für eine potenzielle spätere Beziehung festlegen. Ein Mann, der anbietet, Sie abzuholen, wird automatisch den Part des Beschützers übernehmen und auf Ihre Bedürfnisse eingehen. (Auch wenn Sie ihm auf die Sprünge helfen müssen.)

Zögert er oder will er mit Ihnen darüber diskutieren, ob Ihr Wunsch vernünftig oder praktisch ist, sagen Sie einfach: »Falls es bei dir heute Abend nicht geht, sollten wir die Verabredung vielleicht verschieben.« Wenn er Sie sehen möchte, wird er gerne kommen und Sie abholen, auch wenn er eine Fahrzeit von einer Stunde auf sich nehmen, zu Fuß durch den Regen gehen oder einen großen Umweg machen muss.

Halt! Hieß es nicht vorhin, man sollte jedem Mann eine Chance geben?

Richtig, aber es gibt Ausnahmen: Ein Mann, der nicht bereit ist, sich die Mühe zu machen und Sie abzuholen, ist nicht der Richtige für Sie. Er hat offenbar vergessen, was es bedeutet, ein Mann zu sein, der stolz auf seine Fähigkeit ist, eine Frau (wenn auch nur symbolisch) »vor Ungemach« zu beschützen. Vielleicht wird er eines Tages Mann genug dafür sein, aber so lange können Sie nicht warten.

Iris musste diese Lektion auf dem harten Weg lernen. Sie freute sich darauf, mit Hans auszugehen, der sie zum Essen und anschließend ins Kino eingeladen hatte. Als der große Tag kam, rief er sie an und fragte, ob es ihr etwas ausmachen würde, ihn abzuholen. Iris war einverstanden und fuhr los, nachdem sie ihre Tochter bei der Babysitterin abgeliefert hatte.

Als sie bei Hans ankam, waren seine Augen glasig, und er wirkte geistesabwesend. Er hatte chinesisches Essen liefern lassen, und obwohl das nicht so vereinbart war, glaubte Iris keine andere Wahl zu haben, als bei ihm zu Hause zu essen. Kaum war das Essen beendet, nickte er auch schon auf der Couch ein. Iris sah sich das Ende einer Beatles-Sendung im Fernsehen an, während er schnarchte. Dann ging sie, frustriert und auf leisen Sohlen.

Hans gehörte zu der Sorte Männer, die nicht gekommen wären, um eine Frau abzuholen, auch wenn sie darum gebeten hätte. Wenn Iris gleich zu Anfang die Weichen richtig gestellt hätte, wäre ihr ein enttäuschender Abend mit einem Mann erspart geblieben, der alles andere als anziehend und obendrein betrunken war.

Jeder Mann sollte sich glücklich schätzen, dass Sie mit ihm ausgehen. Statt Ihre Zeit mit Freundinnen oder einem guten Buch zu verbringen, bieten Sie ihm die Möglichkeit, Ihr gewinnendes Lächeln und Ihre unvergleichliche Gesellschaft zu genießen. Er bekommt die Chance, sich von seiner besten Seite zu zeigen und Ihr Herz zu erobern. Er sollte es als Privileg empfinden, gebraucht und in seiner Männlichkeit bestätigt zu werden, indem er Sie abholt, Ihnen die Türen aufhält, die Rechnung begleicht, chauffiert und Sie wohlbehalten zu Hause abliefert.

15
Amüsieren Sie sich
nach Herzenslust

*Ein Lachen lässt die Distanz zwischen
zwei Menschen schrumpfen.*
VICTOR BORGE

*In einer Umfrage zum Thema Verabredungen, an der tausend
Männer teilnahmen, erklärten alle einhellig, dass ein Date ihrer
Begleiterin vor allem Spaß machen sollte – und dass sie dabei nach
Anzeichen für die Stimmung der Frau suchen.*

*Damit aus dem Rendezvous eine dauerhafte Romanze werden
kann, sollten Sie Ihren Begleiter also wissen lassen, dass er sein
Ziel, Sie glücklich zu machen, erreicht hat.*

*Eine Verabredung entspannt zu genießen sollte auf Ihrer To-do-
Liste oberste Priorität haben. Wenn Sie ständig unter Stress stehen
und meinen, Ausruhen könnten Sie noch zur Genüge, wenn Sie
in Rente gehen, ist es höchste Zeit zu lernen, abzuschalten und sich
ein paar schöne, sorglose Stunden zu gönnen.*

Werden Sie zur Göttin der Lebensfreude

Die Göttin der Lebensfreude und Leichtigkeit hat viel Sinn
für Humor und geht das Leben spielerisch an. Sie ist weder eine Langweilerin noch ein Trauerkloß, sondern heiter und in
Einklang mit sich und der Welt. Man fühlt sich zu ihr hingezogen, weil ihr Lächeln einlädt, sie kennen zu lernen und sich
mit ihr zu unterhalten. Die Männer, mit denen sie ausgeht,

fühlen sich geschmeichelt, weil sie das Zusammensein mit ihnen offensichtlich genießt. Sie suchen nicht zuletzt deshalb ihre Nähe, weil ihre gute Laune ansteckend wirkt.

Die Göttin der Lebensfreude und Leichtigkeit hat es nicht nötig, auf dem Tisch zu tanzen oder ständig witzig zu sein – sie kann die sorgenfreien Stunden entspannt genießen. Sie weiß, dass ihr Begleiter sich auf den Abend mit ihr freut und alles tun wird, was in seiner Macht steht, um zum Gelingen beizutragen. Sie nimmt die guten Dinge des Lebens mit allen Sinnen wahr – das Essen, die Musik, den Sand zwischen den Zehen. Sie verdirbt sich nicht den Spaß daran, indem sie sich den Kopf darüber zerbricht, wie sie ihn beeindrucken oder was sie als Nächstes sagen könnte. Sie ist weltläufig und glamourös, intelligent und erotisch, aber vor allem in der Lage, das Hier und Jetzt voll auszukosten. Sie fühlt sich wie eine Göttin – und er sich wie ein Held.

Natürlich möchten Sie den Mann fürs Leben kennen lernen, aber bei einem Rendezvous geht es zunächst nur darum, sich in der Gegenwart des anderen wohl zu fühlen. Das ist das Fundament jeder dauerhaften Liebe. Nur daraus kann der Wunsch nach einem Wiedersehen entstehen.

Das Leben kann immer und überall Spaß machen

Wie können Sie zur Göttin der Leichtigkeit und Lebensfreude werden? Indem Sie aufhören, sich zu beklagen.

Wenn Ihr Begleiter Sie zur Premiere eines Films einlädt und die Leute vor dem Kino Schlange stehen, meckern Sie nicht, sondern betrachten Sie das Ganze als Abenteuer und beobachten Sie, was er mit der Wartezeit anfängt. Wenn er mit Ihnen zum Rafting geht und Sie am Ende der Wildwasserfahrt patschnass sind, wärmen Sie sich mit einem heißen Flirt auf, statt einen Tobsuchtsanfall zu bekommen. Wenn er während der Autofahrt eine CD von Westernhagen spielt, der Ihnen absolut zuwider ist, sagen Sie nicht »Ich kann das Gedudel von diesem Kerl nicht ausstehen«, sondern »Du magst Westernhagen? Ich auch.«

Die Göttin äußert ihre Bedürfnisse, aber immer *piano*. Wenn Sie frieren, sollten Sie nicht damit hinter dem Berg halten. Wenn Sie Hunger haben, müde sind oder eine Verschnaufpause brauchen, reden Sie Klartext, aber ohne seine Entscheidungen, sein Urteilsvermögen oder seinen Sinn für Humor zu kritisieren. Sagen Sie »Mir ist kalt« statt »Findest du es nicht albern, bei diesem Wetter spazieren zu gehen?« Und »Ich habe einen Bärenhunger!« anstelle von »Können wir endlich Essen gehen?!« Der Unterschied besteht darin, dass Sie mit dem zweiten Satz seinen gesunden Menschenverstand anzweifeln und versuchen, die Führung zu übernehmen, während Sie im ersten Satz nur Fakten anführen. Kritik an den Aktivitäten oder am Essen könnte er persönlich nehmen, weil er das Gefühl hat, dass Sie seine Wahl nicht gutheißen. Statt zu sagen »Das finde ich langweilig«, »Das habe ich schon x-mal gemacht« oder »Das Essen schmeckt grässlich«, sollten Sie versuchen, der Situation einen positiven Aspekt abzugewinnen und sich darauf zu konzentrieren.

Eine Göttin würde ihren Begleiter nie beleidigen. Egal, ob sie sich von ihm angezogen oder abgestoßen fühlt – sie weiß, dass der Abend vorübergeht. Wenn sie sich in seiner Gesellschaft nicht wohl fühlt, wird sie ihn nicht wieder sehen, aber das ist für sie kein Grund, sein Selbstwertgefühl zu verletzen. Und sie kann jeder Situation eine gute Seite abgewinnen: Vielleicht isst sie etwas, was sie noch nie probiert hat, lernt ein neues Lokal kennen oder sieht sich den neuesten Film an. Sie hat sich zum Ziel gesetzt, den Abend – so weit wie möglich – zu genießen. Und sie schafft es auch.

Die Göttin der Lebensfreude und Leichtigkeit ist

- *umgänglich:* Sie sagt »Ja«, solange sie sich dadurch nicht emotional oder physisch gestresst fühlt;

- *klug:* Sie weiß, dass sie niemandem etwas beweisen muss. Sie stellt sich nicht dümmer, als sie ist, muss aber auch nicht immer das letzte Wort haben. Das würde ihr nur den Spaß verderben;

- *entspannt:* Sie schaut nicht dauernd auf die Uhr oder drängt ihren Begleiter zur Eile, weil der Kinofilm gleich beginnt. Sie geht davon aus, dass er die Lage im Griff hat. Sie verzichtet darauf, den Verlauf des Abends zu steuern;

- *unbeschwert:* Selbst wenn sie am Arbeitsplatz nichts als Ärger und Stress hatte, ist die Göttin in der Lage, abzuschalten und den Abend zu genießen;

- *optimistisch:* Sie erwartet nur Gutes vom Leben, weil sie weiß, dass sich dadurch die Chancen verbessern, dass es eintrifft;

- *diplomatisch:* Sie sagt ihrem Begleiter nicht, was er zu tun oder zu lassen hat. Sie will nicht die Führung übernehmen und damit ein Verhaltensmuster für den weiteren Verlauf der Beziehung prägen;

- *selbstbewusst:* Sie wertet sich nicht ab und hält nichts von falscher Bescheidenheit. Schließlich ist sie eine Göttin.

Zurückhaltung
ohne falsche Bescheidenheit

> *Sich selbst uneingeschränkt zu akzep-*
> *tieren ist ein Gedanke, der die größte*
> *Angst auslöst.*   C. G. JUNG

Es gibt zwei Gründe für das Bestreben, durch Bescheidenheit zu glänzen:

1. *Wir sind darauf aus, ein Kompliment zu hören – mit anderen Worten: Wir wollen die Reaktion der anderen Person beeinflussen.* Bemerkungen wie »Ich bin zu dick!« oder »Ich tanze furchtbar« sind getarnte Bitten um ein Kompliment oder eine Beschwichtigung unserer verborgenen Ängste. Wir hoffen, dass jemand darauf erwidert: »Was willst du – du hast doch eine tolle Figur!« oder »Das stimmt doch gar nicht, du tanzt wunderbar!« Statt sich in echter Bescheidenheit zu üben, gehen wir mit unseren Komplexen hausieren und fordern Sicherheiten ein – ein Verhalten, das nicht nur egoistisch ist, sondern auch auf Kontrolle abzielt.

2. *Wir haben Angst.* Bei einem Rendezvous mit dem Freund eines Bekannten beschloss ich, alle meine »Webfehler« sofort zu offenbaren. »Ich kann nicht mit Geld umgehen«, gestand ich. »Obwohl ich mein Konto bereits überzogen habe, kann ich es nicht lassen, meine Kreditkarten zu benutzen. Ich gerate immer tiefer ins Minus, bis sie mir irgendwann den Hahn zudrehen.« Das was ein Geständnis, das mir weder leicht fiel noch Spaß machte. Und es war genauso deplatziert, als wäre ich in der Kittelschürze zur Hochzeit erschienen.

Ich hatte damals wirklich Geldprobleme, aber das vertraute ich einem Mann an, den ich kaum kannte, aus Angst, er könnte sich ein falsches Bild von mir machen. Dabei hatte ich wesentlich mehr vorzuweisen als ein überzogenes Bankkonto. Ich war eine 1-A-Studentin mit einem ansteckenden Lachen und dem Ruf, eine köstliche Gemüse-Lasagne zuzubereiten. Aber diese Vorzüge ließ ich bewusst unter den Tisch fallen, denn Bescheidenheit ist bekanntlich »eine Zier«.

Falsche Bescheidenheit bedeutet, dass Sie Ihr Licht unter den Scheffel stellen. Das ist keine Tugend, sondern Augenwischerei. Sie schanzen Ihrem Gesprächspartner geschickt die schwierige Aufgabe zu, Sie vom Gegenteil zu überzeugen oder all Ihre Fähigkeiten und Eigenschaften auszuloben, die Sie kleingeredet haben. Wenn sich jemand kleiner macht, als er ist, besteht die erste Reaktion darin, zu widersprechen, der Person zu versichern, ihr Garten sei ein Paradies oder sie habe ihre Intelligenz doch hinlänglich bewiesen.

Solche Gespräche kosten viel Energie und machen keinen Spaß. Sie sind langweilig, ein steifer Austausch von Artigkeiten.

Echte Bescheidenheit setzt Aufrichtigkeit voraus, und wenn wir aufrichtig sind, sollten wir auch aufrichtig dankbar sein für das, was uns in die Wiege gelegt wurde. Man hat uns von Kindesbeinen an darauf konditioniert, unser Licht unter den Scheffel zu stellen. Auch wenn es widersprüchlich klingt: Bescheidenheit ohne Dankbarkeit für die eigenen Talente ist frommer Selbstbetrug und sich selbst für hässlich oder dumm zu halten eine glatte Lüge. Wir sollten lernen, die Gaben zu schätzen, die wir auf den Lebensweg mitbekommen haben.

Mit dieser Einstellung, die von Selbstachtung zeugt, ermutigen Sie andere, Sie genauso gut zu behandeln wie Sie sich selbst; wenn Sie sich dagegen kleiner machen, als Sie sind, werden andere – die Männer, die Sie kennen lernen inklusive – es ebenfalls an Respekt fehlen lassen. Wenn Sie jemanden aus falscher Bescheidenheit auf Ihre Unzulänglichkeiten und Fehler hinweisen, wird er Sie durch die gleiche Brille betrachten.

Wahre Demut kommt von innen

Ich bin vielleicht nicht vollkommen,
aber herausragend in einigen Aspekten.
ASHLEIGH BRILLIANT

Das Ziel ist wahre Demut und nicht falsche Bescheidenheit. Um diese Demut zu erlangen, müssen Sie Ihre eigenen Fähigkeiten und positiven Eigenschaften erkennen und anerkennen.

Machen Sie sich bewusst, dass Sie mit Sicherheit nicht perfekt oder etwas Besseres sind als andere, sich aber in vieler Hinsicht glücklich schätzen dürfen. Demut bedeutet zu verstehen, dass Sie viele gute Seiten haben und fähig sind, über sich selbst hinauszuwachsen. Sie wissen, dass es zahlreiche begabte Menschen auf der Welt gibt, und dass Sie einer von vielen sind, also keinen Grund haben, sich etwas einzubilden. Das Wissen, dass andere vielleicht besser nähen, weiter werfen oder höher singen können, verursacht keine Komplexe, sondern sorgt dafür, dass Sie Demut bewahren. Die eigenen Grenzen zu erkennen – ohne sich deshalb für minderwertig zu halten – ist eine positive, anziehende Eigenschaft.

Die Schriftstellerin Maya Angelou hat einmal gesagt: »Bescheidenheit ist anerzogene Heuchelei, die Bände spricht. Demut kommt von innen.« Demut bedeutet, die eigenen Fähigkeiten in die richtige Perspektive zu rücken.

Wollen Sie wissen, wie ich John auf mein Kreditkartenproblem aufmerksam gemacht habe? Gar nicht. Kurz nachdem unsere Beziehung begann, war er gerade bei mir, als der »Gerichtsvollzieher« vor der Tür stand, und bekam zwangsläufig einen Teil der Unterhaltung mit. Ich hätte mich am liebsten im nächsten Mauseloch verkrochen, aber dann geschah etwas Erstaunliches: John mochte mich danach nicht weniger. Vielleicht lag es daran, dass er bereits meine Lasagne probiert hatte oder mein herzhaftes Lachen genoss. Er kannte mein wahres Ich und sah genug positive Seiten in mir, um bei der Stange zu bleiben.

Authentisch sein

Wenn Sie das geworden sind, was die Natur ursprünglich mit Ihnen im Sinn hatte, werden Sie erfolgreich sein; wenn Sie etwas anderes aus sich gemacht haben, sind Sie zehntausend Mal schlechter als Nichts.

SIDNEY SMITH

Sie sagen sich vielleicht, dass Sie den Vorschlägen in diesem Kapitel nicht folgen können, weil die Göttin der Lebensfreude und Leichtigkeit beispielsweise nicht Ihrer Persönlichkeit entspricht, oder weil es nicht zu Ihnen passt, Ihre Vorzüge hervorzuheben. Oder weil Sie ein ernsthafter und pessimistischer Mensch sind, der nicht über seinen Schatten springen kann. Oder weil Sie der Überzeugung sind, das Leben sei hart, und es spielerisch anzugehen sei oberflächlich.

Wenn Sie sich nicht wie die Göttin der Lebensfreude und Leichtigkeit fühlen, liegt das unter Umständen bloß daran, dass Sie außer Übung sind. Leichtigkeit und Lebensfreude sind unter einem Berg von Entmutigungen, Enttäuschungen und Schutzmauern verschüttet. Wenn Sie tiefer graben, werden Sie einen ursprünglichen Teil Ihres Selbst ans Tageslicht befördern, das Kind in Ihnen, das gerne lacht, träumt und tanzt. Natürlich haben Sie Pflichten und tragen Verantwortung, und die Dinge laufen nicht immer so, wie Sie möchten, aber trotzdem bleibt der in jedem Menschen tief verwurzelte Wunsch, das Leben zu genießen.

Spielerische Leichtigkeit und Lachen *sind* authentisch, sie entsprechen unserer ursprünglichen, wahren Natur. Damit beginnt für die meisten von uns das Leben als neue Erdenbürger, und wenn wir lachen, fühlen wir uns unbestritten besser, als wenn wir uns sorgen. Wir sind nicht auf der Welt, um ständig ernst zu sein.

Dass Sie dieses Buch in der Hand halten, beweist, dass auch Sie lebensbejahend und optimistisch sind. Sie hätten sich gar nicht erst die Mühe gemacht, es zu lesen, wenn Sie nicht die Hoffnung hätten, das Glück der Zweisamkeit genießen zu können. Das allein wird Ihnen helfen, die Lebensfreude und Leichtigkeit in Ihrem Innern zu finden.

16
Flirten Sie mit jedem Mann,
der Ihren Weg kreuzt

Es ist ein Fehler, zu weit nach vorne zu schauen. Man kann jeweils nur ein Glied der Schicksalskette in den Griff bekommen.

SIR WINSTON CHURCHILL

Selbst wenn Sie das Gefühl haben, dass der Mann, mit dem Sie letztes Wochenende ausgegangen sind, Ihr Traumprinz sein könnte, sollten Sie mit jedem flirten, der Ihren Weg kreuzt. Damit versteifen Sie sich nicht auf einen bestimmten Kandidaten und widerstehen der Versuchung, ihm nachzulaufen oder sein Verhalten auf andere Weise zu beeinflussen. Wenn Sie noch andere Eisen im Feuer haben, halten Sie sich alle Optionen offen und verhindern, dass Ihre Gedanken fortwährend um die bange Frage kreisen, wann er sich wieder meldet.

Üben Sie sich in Geduld

Bettina hatte sich bis über beide Ohren in Tom verliebt. Nach dem ersten Rendezvous verbrachte sie fast die ganze Woche damit, zu Hause zu hocken, das Telefon anzustarren und vergebens darauf zu warten, dass es endlich läutete; aber er meldete sich nicht. Mitte der Woche schlug ihre Anspannung in Wut und Enttäuschung um.

Sie hätte sich gewünscht, dass er anrief, aber darauf hatte

sie natürlich keinen Einfluss. Deshalb beschloss Bettina, nicht länger Trübsal zu blasen. Sie ging mit Bernd aus und genoss den heißen Flirt mit einem Kollegen. Als Tom drei Wochen später anrief, war sie angenehm überrascht, aber weit davon entfernt, vor lauter Aufregung in Ohnmacht zu fallen.

Wie sich herausstellte, war er in den besagten drei Wochen auf Geschäftsreise gewesen. Er rief an, um zu fragen, ob sie nicht mit ihm ins Kino gehen wolle.

Nehmen Sie es so, wie es kommt

> *Wir können das Schicksal und die Unumgänglichkeiten im Leben nicht besiegen. Doch die Fähigkeit, uns in beides zu fügen, verleiht uns mehr Größe, als wären wir dazu imstande.*
> WALTER SAVAGE LANDOR

Natürlich hatte Bettina insgeheim den Wunsch, Toms Reaktion irgendwie beeinflussen zu können. Aber selbst wenn sie versucht hätte, ihm eine Nachricht auf dem Anrufbeantworter zu hinterlassen, ihm »rein zufällig« über den Weg zu laufen oder ihm durch gemeinsame Freunde ausrichten zu lassen, er möge sich melden, hätte ihr Telefon nicht geklingelt. Dadurch wäre nicht nur der Eindruck entstanden, dass sie es nötig hätte, ihm hinterherzulaufen, sondern sie hätte sich außerdem um die Möglichkeit gebracht, von ihm umworben zu werden. Als Frau, die den Mut hat, sich zu ihrer Weiblichkeit zu bekennen, blieb ihr nur eine Wahl: die Situation so zu akzeptieren.

Diese Akzeptanz kann eine große Herausforderung sein. Doch die Aufmerksamkeit, die ihre andere Männer zollten, half Bettina, sie zu meistern. Sie nutzte die Energie, die sie früher damit verschwendet hätte, ihren Auserwählten zu verfolgen, vor Wut zu schäumen oder Entscheidungen zu treffen, die sie hinterher bereute, lieber, um sich zu amüsieren. Sie dachte oft an Tom, der sie weit mehr als Bernd oder ihr Kollege interessierte. Trotzdem hielt sie sich alle Optionen offen, um sich zu entspannen und ihr Leben auch ohne ihn zu genießen.

Was könnte für einen potenziellen Bewerber reizvoller und für das Aussehen zuträglicher sein?

Wenn Bettinas Gedanken nach dem ersten Rendezvous nur noch um Tom gekreist wären, hätten ihr Selbstwertgefühl und ihr Seelenfrieden gelitten – auch wenn sie sich auf der gleichen Wellenlänge befanden. Wenn Sie sich immer wieder fragen »Warum ruft er nicht an?«, »Habe ich etwas Falsches gesagt?«, wollen Sie beeinflussen, wann er sich bei Ihnen meldet und wie er über Sie denkt. Wenn Sie sich den Kopf zerbrechen, was Sie gesagt haben könnten, um ihn zu vergraulen, verschwenden Sie bloß Ihre Energie und machen sich nur selbst verrückt. Und wenn Sie aus diesem falschen Impuls heraus handeln, laufen Sie Gefahr, genau das zu zerstören, was Sie aufzubauen versuchen. Akzeptieren Sie, dass Sie keinen Einfluss auf das Verhalten, die Reaktionen und die Pläne eines anderen Menschen haben.

Sich in Selbstmitleid zu suhlen, weil er sich nicht meldet – oder schlimmer noch, schonungslos Selbstkritik zu üben –, bringt auch nichts. Solche Selbstzweifel kosten Sie die Kraft, die Sie brauchen, um mit jedem Mann zu flirten, der Ihren Weg kreuzt, und mehrere Eisen im Feuer zu halten.

Versteifen Sie sich nicht auf einen bestimmten Mann, solange Sie keine feste Beziehung zu ihm haben. Genauso wenig, wie Sie Ihre Immobilie vom Markt nehmen würden, wenn kein sicheres Kaufangebot vorliegt, sollten Sie ein Rendezvous ausschlagen oder einen Flirt auslassen, nur weil Sie auf diesen einen Mann hoffen.

Mit dieser Philosophie im Hinterkopf erklärte sich Bettina einverstanden, mit Bernd auszugehen, obwohl Tom ihr Wunschkandidat war. Sie war der Panik nahe, als sie in dem Restaurant, das sie mit Bernd besuchte, einem Freund von Tom über den Weg lief. Sie befürchtete, dass Tom das Rendezvous am nächsten Tag absagen würde, wenn er erfuhr, dass sie mit anderen Männern ausging. Aber er kam, und wollte wissen, wie ihr das Essen in dem Restaurant geschmeckt hatte. »Wie du siehst, bin ich bestens informiert!«, fügte er scherzhaft hinzu.

Dass sie mit einem anderen Mann ausgegangen war, machte sie in seinen Augen nicht weniger begehrenswert. Ganz im Gegenteil: Toms Interesse wurde noch angestachelt durch das Wissen, dass es einen Nebenbuhler gab. Das ist ähnlich, als würde Ihnen eine andere ein Kleid vor der Nase wegschnappen: Hinterher ärgern Sie sich wahrscheinlich und wünschen, Sie hätten es genommen, als Sie noch die Chance hatten.

Ärgern ist kein gutes Hobby

Mit Alexander auszugehen war eine willkommene Ablenkung für Ellen. Sie kam aus dem Haus, genoss das Abendessen und badete in seiner Bewunderung, was ihrem Selbstwertgefühl enormen Auftrieb gab. Als Paul sich am nächsten Tag mit ihr traf, spürte er vielleicht ihr Selbstbewusstsein, und *allein das* machte sie reizvoll. Sie sollten aber nicht mit anderen Männern ausgehen und flirten, um jemanden eifersüchtig zu machen. Das wäre wieder ein Versuch, die Situation zu manipulieren. Es geht darum, das Leben mit allen seinen Facetten auszukosten und für alle Möglichkeiten offen zu bleiben, bis der Richtige auftaucht.

17
Leben Sie im Hier und Jetzt

> *Ein Abenteuer ist eine Unannehmlichkeit, aus der richtigen Warte betrachtet. Eine Unannehmlichkeit ist ein Abenteuer, aus der falschen Warte betrachtet.* G. K. CHESTERTON

Halten Sie keine »Reden zur Lage der Nation«.

Nehmen Sie Ihre Wünsche zur Kenntnis, aber lassen Sie zu, dass eine Beziehung ihren natürlichen Verlauf nimmt, ohne vorzugreifen oder sie zu manipulieren.

Wenn Sie ganz beiläufig fragen, was er von Grundsatzthemen hält, beispielsweise, ob eine Frau bei den Kindern zu Hause bleiben sollte, während der Mann die Brötchen verdient, haben Sie den aktuellen Rahmen der Beziehung gesprengt. Sie wandeln in einem Fantasieszenario Ihrer Zukunft, das nichts mit dem Mann vor Ihnen zu tun hat. Sie nötigen ihn zu einer Reaktion und versuchen dadurch, die Richtung, in der die Beziehung verläuft, vorzugeben.

Statt zu versuchen, Ihren Partner in den Mann zu verwandeln, den Sie gerne hätten, sollten Sie sich auf Ihre eigenen Gefühle und Wünsche konzentrieren und den Augenblick, das Hier und Jetzt, genießen.

Die Zukunft steht in den Sternen

Gisela fragte mich immer wieder, wie lange sie warten müsse, um mit Patrick über Themen zu reden, die ihr unter den Nägeln brannten, beispielsweise, wie oft sie sich seiner Ansicht nach sehen sollten, ob er meinte, dass daraus eine feste Beziehung entstehen könne, und ob er mal heiraten wolle. Sie hatte das ungute Gefühl, diese wichtigen Fragen auf die lange Bank zu schieben, und ihre Verunsicherung drängte sie, die Situation umgehend zu klären. »Es steht geschrieben, am sechsten Tag sollt du ihn in den Schwitzkasten nehmen, bis er sich einverstanden erklärt, dich jeden Tag anzurufen und das Aufgebot zu bestellen«, erwiderte ich im Scherz.

Stellen Sie sich vor, Sie würden nach einer gewissen Zeitspanne ein klärendes Gespräch mit ihm anberaumen, um alle Einzelheiten Ihrer Beziehung auszuarbeiten. Auf der Tagesordnung stünde eine Diskussion darüber, welche Feiertage Sie mit der angeheirateten Verwandtschaft verbringen, wie viele Kinder – Jungen und Mädchen – Sie sich zulegen und wo Sie Ihren Ruhestand verbringen wollen (im trauten Heim oder im sonnigen Süden). Wäre das nicht Klasse?

Vielleicht. Aber mit einer derart akribischen Planung wäre das Leben ziemlich langweilig und überschaubar. Sie könnten sich zwar die Angst vor der Zukunft ersparen, würden aber auch nicht mehr angenehm überrascht. Es bliebe kein Raum für Spontaneität, wie einen Spaziergang im Regen zum indischen Restaurant oder den Beschluss, Weihnachten einen Bogen um den gesamten Familienklüngel zu machen und sich in einer einsamen Berghütte zu verkriechen.

Zu warten, bis sich der Plan des Lebens nach und nach von

alleine enthüllt, ist eine Gleichung mit mehreren Unbekannten, aber auch eine Offenbarung.

Wir können die Zukunft nicht vorhersehen oder einem Mann auf Kommando Zusagen abringen, die wirklich von Herzen kommen. Schon der Versuch ist ein todsicheres Rezept, Schiffbruch zu erleiden.

Genießen Sie den Augenblick

> *Wir können die Vergangenheit nicht zurückholen, und die Zukunft wurde uns nicht versprochen, also sollten wir das Leben jetzt genießen.*
>
> KIMO PAKI

Der Kontakt zu einem anderen Menschen kann nur in der Gegenwart stattfinden, und nicht, während Sie an die Zukunft denken.

Dank der Fähigkeit, ganz im Hier und Jetzt zu leben, können Sie sich außerdem ein genaueres Bild von Ihrem Partner machen. Wenn Sie ihm auf den Zahn fühlen, um etwas über seine Zukunftspläne zu erfahren, testen Sie in Wahrheit heimlich, inwieweit er den Anforderungen auf Ihrer Checkliste entspricht. Das ist eine Zumutung, denn Sie setzen ihn unter Druck. Wenn Sie ihm gleich zu Anfang einen Fragebogen mit zwanzig Punkten vorlegen, um sich zu vergewissern, dass Ihre Wertvorstellungen übereinstimmen, geben Sie ihm das Gefühl, kein Individuum für Sie zu sein. Sie versuchen, ihn in die Schablone Ihres künftigen Ehemannes zu pressen, statt ihn so zu nehmen, wie er ist.

Eine Frau, die den Mut hat, sich zu ihrer Weiblichkeit und ihrem Partnerwunsch zu bekennen, konzentriert sich auf die Gegenwart und feiert sie. Sie erhofft und erwartet das Beste für die Zukunft, und sie ist dankbar für das Gute, das ihr bis heute widerfahren ist. Aber sie weiß, dass sie nirgendwo anders leben kann als im Hier und Jetzt.

Das heißt nicht, dass Sie keine Zukunftspläne schmieden sollen. Sie sind nicht dazu verurteilt, jahrelang zu warten, was sich tut, und sich mit einer lockeren Beziehung zufrieden zu geben, obwohl Sie in Wirklichkeit heiraten möchten. Gegenwartsbezogenheit bedeutet, dass Sie jede Station des Beziehungsweges genießen, statt in Ihren Gedanken auf die Schnellspur zu wechseln und zu Ihrem zehnten Hochzeitstag vorauszueilen.

Eine Liebe, die Bestand haben soll, muss auf einem unerschütterlichen Fundament ruhen. Dieses Fundament zu errichten braucht Zeit, aber es gibt keinen anderen Weg, die ersehnte Zweisamkeit zu schaffen.

Es gibt keine Gewähr

»Aber wie soll ich herausfinden, ob die Beziehung Zukunft hat?«, fragte mich Gisela. »Woher weiß ich, dass ich meine Zeit nicht vergeude?«

Leider kann niemand voraussagen, ob wir nicht doch »mit Zitronen gehandelt« haben. Es gibt Vorsichtsmaßnahmen, die wir bei jedem Schritt auf unserem Weg einbauen können, um das Risiko auf ein Mindestmaß zu verringern, aber es gibt keine Liebesgarantie.

Deshalb hat es auch keinen Sinn, von Ihrem Partner Sicherheiten zu fordern oder ihn unterschwellig festzunageln auf genau die Aussagen, die Sie über die Zukunft hören möchten: Dass Sie beide irgendwann vor den Traualtar treten, dass er viel von Familie hält, dass Sie Ihren Hausstand in der Nähe Ihrer Eltern gründen, usw. Der Untertitel solcher Gespräche lautet: »Ich will jetzt wissen, ob du mich bis in alle Ewigkeit liebst oder nicht, bevor ich weiterhin meine Zeit mit dir verplempere.« Das Problem ist, dass Zusagen, die unter Druck oder Zwang entstehen, vor Gericht bedeutungslos sind. Da wir das spüren, gehen wir verdeckt vor, manipulieren den anderen, um ihn zu Versprechungen zu bewegen, ohne dass es wie Nötigung wirkt.

Leider funktioniert das nicht.

Bei Heidi fanden die »Reden zur Lage der Nation« stets auf der olivgrünen Couch statt, wenn sie sich verunsichert fühlte und eine Bestätigung brauchte, dass er sie nie verlassen würde. »Ich wollte eine Garantie, dass wir immer zusammenbleiben würden und dass wir eine gemeinsame Zukunft hätten«, gestand sie später. »Diese Diskussionen waren ein Graus. Ich glaube, sogar die Couch war froh, als ich endlich damit aufhörte.«

Nannis Ziele bei der Aussprache mit ihrem Freund Kai waren alles andere als verdeckt. Nach einem Streit wollte sie in ihrer Wut (und Angst) von ihm auf der Stelle wissen, ob er überhaupt vorhabe, sie jemals zu heiraten. Sie können sich vorstellen, wie seine Antwort auf diese Frage in dem selbstzerstörerischen Kreuzverhör lautete.

Hinter dem Drängen auf eine klärende Aussprache steht fast immer die Angst. Statt ihm die Daumenschrauben anzulegen, lassen Sie lieber sein bisheriges Verhalten Revue passieren, das oft Bände spricht.

Vielleicht wurzelt Ihre Unsicherheit in dem untrüglichen Gefühl, dass er das Interesse an Ihnen verliert. Wenn er sich nicht mehr so oft meldet, keine Pläne für ein Wiedersehen macht oder physisch auf Distanz geht, kann das ein Frühwarnsignal für eine bevorstehende Trennung sein.

Wenn Sie allerdings befürchten, dass sein Interesse abflaut, nur weil er einen Abend mit seiner Männerrunde verbracht hat, beim Essen schweigsam war und nicht an sein Handy gegangen ist, als Sie angerufen haben, hat Ihre Angst mehr mit Ihnen selbst als mit ihm zu tun. Hier kann eine Freundin gute Dienste leisten, die Ihre Perspektive wieder gerade rückt.

Sie sind schließlich auch nur ein Mensch, und es ist ganz natürlich, dass Sie nervös werden, wenn die Zukunft der Beziehung einen hohen Stellenwert für Sie hat. Sie sind jedoch besser beraten, Ihrem Sicherheitsbedürfnis auf andere Weise zu frönen, als *ihm* Zusicherungen abzuringen.

Sie könnten dagegenhalten, dass es letztlich doch egal ist, wenn die Beziehung ohnehin zu nichts führt, wie bei Nanni, die herausfand, dass in Kais Zukunft kein Platz für sie vorgesehen war. Es besteht aber die Möglichkeit, dass der Zeitpunkt, an dem sie ihrem Freund die entscheidende Frage stellte, das Ergebnis beeinflusste. Die Forderung nach einer »Absichtserklärung«, als beide in Rage waren, machte eine sensible Reaktion schwer, wenn nicht sogar unmöglich. Vielleicht liebte Kai Nanni und hätte sie gerne geheiratet, konnte es aber unter diesen Umständen nicht zugeben.

Alles zu seiner Zeit

Der gegenwärtige Augenblick ist ein Samenkorn, aus dem die Blumen unseres künftigen Glücks erwachsen.

MARGARET LINDSEY

Der Wunsch Zukunftspläne zu schmieden, ist natürlich. Das A und O besteht darin, den richtigen Moment abzupassen und sich nicht selbst davonzugaloppieren. Hier sind einige hochexplosive Themen, die Singles oft viel zu früh anschneiden:

EHE

Fragen: »Kannst du dir vorstellen, jemals zu heiraten?«, »Machen dir deine Eltern Druck, eine Familie zu gründen?«, »Wann wäre es für dich an der Zeit, zu heiraten?«

Zeitpunkt: Wenn Sie schon nach dem zweiten Treffen überzeugt sind, dass Sie mit diesem Mann vor den Traualtar treten möchten, geht Ihr Wunsch unter Umständen sogar in Erfüllung. Doch Sie sollten sich mindestens ein halbes Jahr kennen, um eine wohl überlegte Entscheidung zu treffen. Konzentrieren Sie sich lieber auf Ihre Empfindungen, um sich beizeiten Klarheit zu verschaffen, ob Sie seinen Antrag überhaupt annehmen würden, wenn er ihn macht.

Wenn Sie nach einem halben Jahr die nächste Runde in der Beziehung einläuten möchten, er aber von sich aus keinerlei Anstalten in dieser Richtung macht, besteht Klärungsbedarf. Sie können Ihren Wunsch, irgendwann zu heiraten, auch schon nach drei Monaten äußern (mehr darüber in Kapitel 27). Ihm jedoch mit List und Tücke ein Heiratsversprechen abzunötigen, ist unproduktiv, unfair und unweiblich.

KINDER

Fragen: »Magst du Kinder?«, »Willst du später Kinder haben?«, »Findest du, dass eine Frau zu Hause bei den Kindern bleiben sollte?«

Zeitpunkt: Wenn Sie solche Fragen stellen, bevor die Rede von Heiraten ist, sind Sie der Zeit weit vorausgeeilt. Wenn er Kinder nicht ausstehen kann, werden Sie das bald genug in einer normalen Unterhaltung herausfinden, auch ohne ihn auszuquetschen. Ansonsten gilt: Wenn Sie entschlossen sind, schon beim zweiten Treffen seine Einstellung zu Kindern zu testen, geht es Ihnen im Grunde nicht darum, ihn besser kennen zu lernen, sondern den weiteren Verlauf Ihres Lebens vorauszusehen und zu planen.

Erst wenn Sie mit ihm verlobt sind, ist es ratsam, ernsthaft mit ihm über seine Vorstellungen in puncto Familienplanung zu diskutieren oder ihm zu sagen, wie Sie darüber denken. Vorher sollten Sie sich lieber vergewissern, dass er der Mann ist, mit dem Sie den Rest Ihres Lebens verbringen wollen. Das Thema Kinder kann warten.

Denise kann ein Lied davon singen. Als sie Paul kennen lernte und schon nach kurzer Zeit von ihm wissen wollte, was er von Kindern hielt, mauerte er. »Ich bin mir nicht sicher, ob ich welche will,« lautete seine Antwort. Da sie befürchtete, dass sich ihr Kinderwunsch mit einem Mann wie Paul nicht erfüllen würde, trennte sich Denise von ihm. Jahre später erfuhr sie, dass er verheiratet und stolzer Vater von zwei Söhnen war.

Pauls Reaktion zeigt die Bedeutung des richtigen Timings bei so existenziellen Entscheidungen, die durchdacht sein wollen. Mit zunehmender Reife und der Heirat wurde Paul vielleicht klar, dass er Kinder wollte. Oder er ging von sich aus auf den Kinderwunsch seiner Frau ein.

Ich schlage nicht vor, dass Sie einen Mann heiraten, der Kinder ablehnt, und dann versuchen, ihn zu einem Sinneswandel zu bewegen. Aber viele Männer überwinden mit der Zeit ihre Abneigung oder zögerliche Haltung und lassen sich ihrer Frau zuliebe auf eine Vaterschaft ein. Deshalb sollten Sie vor allem ergründen, was er für Sie empfindet, und nicht, ob seine Lebensplanung – falls er überhaupt eine hat – in allen Punkten mit Ihrer übereinstimmt. Menschen ändern sich. Also: Alles zu seiner Zeit. Als Allererstes wollen Sie einen Mann finden, den Sie heiß und innig lieben, und dann vielleicht Kinder mit ihm haben – aber suchen Sie nicht schon jetzt nach einem Vater für Ihre ungeborenen Kinder.

Der Mann, dem Sie Ihr Jawort geben, wird Gefährte, Partner und Geliebter sein, bevor Sie Nachwuchs haben und nachdem die Sprösslinge aus dem Haus sind. *Er* ist derjenige, mit dem Sie Ihr ganzes Leben verbringen möchten, auch ohne Kinder, weil er Sie vermutlich länger auf Ihrem Weg begleiten wird als sie. Sehen Sie Kinder daher nicht als primäres Ziel einer Ehe, sondern als Sahnehäubchen.

Ihre künftigen Kinder verdienen Eltern, die sich über alles lieben. Sie können ihnen kein größeres Geschenk machen. Auch deshalb sollten Sie die Zeit des Kennenlernens nutzen, um zu entscheiden, ob er der Richtige ist. Verlieren Sie Ihr Ziel nicht aus den Augen, indem Sie blind darauf losstürmen.

GELD

Fragen oder Kommentare: »Sieht so aus, als wärst du beruflich sehr erfolgreich.«, »Du musst ein Vermögen machen.«, »Es ist hart, in der Branche sein Auskommen zu finden.«, »Stimmt es, dass man in deinem Job sechsstellige Summen verdient?«, »Es war schon immer mein Traum, in einer Villa zu leben. Hast du nie daran gedacht umzuziehen?«

Zeitpunkt: Missbrauchen Sie Ihre ersten Gespräche nicht dazu, sich auszumalen, wie gut betucht Sie sein werden, wenn Sie ihn heiraten. Das ist ziemlich durchsichtig und lässt Sie die Gegenwart verpassen, und vielleicht sogar die Chance, die Beziehung zu ihm zu festigen.

Sich auf den Kontostand Ihres Partners zu konzentrieren lenkt Sie außerdem von seinen dauerhaften Qualitäten ab; Geld kommt und geht. Ist er großzügig und hilfsbereit? Bringt er Sie zum Lachen? Fühlen Sie sich in seiner Gegenwart gut und begehrenswert? Fühlen Sie sich zu ihm hingezogen?

Sie werden mehr über ihn erfahren – einschließlich seiner Beziehung zum Geld –, wenn Sie in seiner Gegenwart hundertprozentig präsent sind.

Bevor wir uns kennen lernten, war John mit einer Frau zusammen, die schon beim zweiten Treffen Broschüren von Häusern in einem exklusiven Wohnviertel anschleppte. Ihre Begeisterung für teure Immobilien verriet, dass sie weniger an ihm als vielmehr an einem Leben im Luxus interessiert war. Sie war so auf ihren Traum von der Zukunft fixiert, dass sie John aus den Augen verlor. Vollauf damit beschäftigt, sich ihr künftiges Zuhause auszumalen, hatte sie kein Ohr für seine Scherze, seine Komplimente und verpasste die Gelegenheit, einen romantischen Abend zu genießen. Sie hätte mit ihren Hochglanzbroschüren genauso gut zu Hause bleiben können, was ihre Offenheit für andere Menschen anging. John ging nie wieder mit ihr aus.

SEX

Fragen oder Kommentare: »Ich halte nichts von Sex vor der Ehe.«, »Ich gehe grundsätzlich nicht beim ersten Rendezvous mit jemandem ins Bett.«

Zeitpunkt: Ohne Umschweife zu sagen, dass Sie nichts von Sex vor der Ehe halten, ist vernünftig, wenn Sie alle Hände voll zu tun haben, seine Annäherungsversuche abzuwehren – aber nicht während des Abendessens, bevor er überhaupt einen Vorstoß in diese Richtung unternommen hat.

Vivian gab eine solche Verlautbarung gleich zu Beginn der Beziehung ab, in der Hoffnung, Tobias würde dann gar nicht erst auf die Idee kommen, sie zu verführen. Als sie aber doch im Bett landeten, hatte sie Scham- und Schuldgefühle. »Ich frage mich, ob er meine Worte jemals wieder ernst nehmen kann«, sagte sie.

Obwohl es Vivian ernst mit dem Wunsch gewesen war, vor der Ehe auf Sex zu verzichten, hatte sie ihn nicht mit dem nötigen Nachdruck geäußert. Tobias nahm ihre völlig unvermittelte Aussage auf die leichte Schulter, wie den Wunsch eines Kindes, das behauptet, es wolle Feuerwehrmann werden, wenn es groß ist.

Die Versuchung ist groß, Positionen mit Worten wie »nie« oder »immer« zu untermauern, aber eine Beziehung unter erwachsenen, reifen Menschen wird immer wieder neu ausgehandelt. Eine engagierte Partnerschaft beinhaltet die Bereitschaft, jedes Mal eine Wahl zu treffen, wenn ein Thema aufs Tapet gebracht wird – und sich nicht ein für alle Mal mit einem »Erlass« festzulegen. Hätte Vivian ihre Überzeugung in dem Moment mit Nachdruck geäußert, als die Entscheidung anstand, hätte Tobias sie auch ernst genommen.

18
Trennen Sie die Spreu vom Weizen

Der einzige Tyrann, den ich auf dieser Welt akzeptiere, ist die leise innere Stimme. MAHATMA GANDHI

Ob Sie auf der Suche sind oder eine Auswahl treffen müssen, hören Sie auf Ihre Intuition.

Sie ist wie die Stimme eines schüchternen kleinen Mädchens, das Ihnen etwas ins Ohr flüstert. Sie können die Botschaft nicht hören, wenn Sie das Mädchen nicht nahe genug an sich heranlassen und es ermutigen, zu Ihnen zu sprechen. Sollte etwas nicht stimmen in der Beziehung zu einem Mann, werden Sie es merken, wenn Sie Ihrer inneren Stimme vertrauen.

Sie wird Ihnen sagen, ob er der Richtige ist.

Männer, um die Sie
einen Bogen machen sollten

Sie wissen nicht auf Anhieb, ob es für Ihr Seelenheil besser wäre, einen großen Bogen um einen Mann zu machen. Sie können sich aber davor schützen, zu viel Gefühl in eine Beziehung zu investieren, die von vornherein zum Scheitern verurteilt ist. Geben Sie einem Mann einen Korb, wenn er:
↝ unter Alkohol-, Drogen- oder Spielsucht leidet;
↝ vor körperlicher Gewalt nicht zurückschreckt;
↝ unfähig ist, treu zu sein.

Vielleicht denken Sie, dass die Liste länger sein sollte, aber nach meiner Erfahrung umfasst sie die ganze Gruppe der Männer, bei denen Vorsicht geboten ist.

Suchtverhalten, Gewaltbereitschaft und notorische Untreue – wenn Sie sich auf diese drei Kategorien konzentrieren, schützen Sie sich vor unzähligen anderen Unliebsamkeiten.

Lassen Sie sich nicht abspeisen

Liebe zeigt sich in Taten, nicht in Worten.
FR. JEROME CUMMINGS

Eine Frau erzählte, dass sie sich darauf freute, wenn ihr Freund leicht »angeheitert« war, weil er sich dann emotional aufgeschlossener zeigte. Eine andere war so oft von ihrem Partner betrogen worden, dass sie glaubte, alle Männer seien untreu und man müsse das in Kauf nehmen. Diese Frauen waren daran gewöhnt, sich mit den Krumen zufrieden zu geben, die vom Tisch fallen, statt ein Festmahl zu erwarten, wie sie es verdienen.

Der Mann, der für Sie der Richtige ist, würde niemals handgreiflich werden, sondern vielmehr alles tun, um Sie zu beschützen. Er würde Ihnen, auch ohne sich Mut anzutrinken, Witze erzählen oder Liebeserklärungen ins Ohr flüstern. Er ist vielleicht kein Kostverächter, würde aber nicht fremdgehen, wenn er eine feste Beziehung zu Ihnen hat.

Wenn Sie auch nur eine Minute länger als nötig an einer Beziehung festhalten, die unter Ihrem Niveau ist, gehen Sie zwei Risiken ein:

∾ Sie verlieren Ihr Selbstwertgefühl und stumpfen gegen sein Fehlverhalten ab.

∾ Sie sind blockiert für einen Mann, der etwas taugt. Zum einen fehlt Ihnen die Energie, jemanden kennen zu lernen, und zum anderen würde ein Mann, der etwas taugt, sich Ihnen gar nicht erst nähern, wenn er weiß, dass er in einem fremden Revier wildert. Ihr Radarsystem signalisiert ihm – fälschlicherweise –, dass Sie »vergeben« sind.

Lesen Sie zwischen den Zeilen

Aber woher wissen Sie, wenn Sie einen Mann gerade erst kennen gelernt haben, ob er in eine dieser Problemkategorien fällt? Sie merken es vielleicht nicht in den ersten Wochen; aber irgendwann sagt Ihnen Ihre innere Stimme, dass etwas faul ist. Sie müssen nur genau hinhören.

Viele Frauen, die mit süchtigen, untreuen und gewalttätigen Männern verheiratet sind, haben erklärt, dass sie schon vor der Ehe das vage Gefühl hatten, irgendetwas liege im Argen. Eine Frau, deren Mann in dreiundzwanzig Ehejahren ständig fremdgegangen war, vertraute mir beispielsweise an, er habe sie schon vorher betrogen – was sie wusste. Eine andere gestand, ihr Mann habe, als sie sich erst kurze Zeit kannten, im Streit eine Topfpflanze nach ihr geworfen. Und eine Dritte beschrieb, dass sich ihr Ex-Mann schon wenige Wochen nach Beginn ihrer Beziehung jeden Abend voll laufen ließ.

Die roten Flaggen, die signalisieren, dass Gefahr im Verzug ist, waren gehisst. Vielleicht hatten diese Frauen Angst vor dem Alleinsein und haben deshalb die Warnzeichen ignoriert, in der Hoffnung, den Auserwählten durch ihre Liebe zu verändern. Ihnen war nicht klar, dass man niemanden außer sich selbst ändern kann, und schon gar nicht solche Männer. *Der Punkt ist, dass sie von vornherein wussten, worauf sie sich einließen.*

Sie sollten es auch wissen.

Und woher? Lernen Sie, zwischen den Zeilen zu lesen: Menschen verraten auch ohne Worte viel über sich selbst, zum Beispiel durch ihren Gang, ihre Kleidung und ihre Vorlieben in puncto Essen oder Musik. Unsere kleinen Laster, Freunde, bevorzugte Orte, Freizeitbeschäftigungen und Gewohnheiten sagen eine Menge über uns aus. Der Mann, mit dem Sie ausgehen, ist da keine Ausnahme. Lange bevor er Ihr Partner wird, verrät er Ihnen, wer er wirklich ist, und was Sie in Zukunft von ihm erwarten können.

Vertrauen Sie Ihrer Intuition

> *Wer sich selbst vertraut, weiß, wie er leben sollte.*
> JOHANN WOLFGANG VON GOETHE

Natürlich ist nicht jeder Mann auf Anhieb zu durchschauen. Daher ist es wichtig, der eigenen Intuition zu vertrauen. Das gilt besonders, wenn Sie unsicher sind. Wenn Sie sich insgeheim fragen, ob er ein Spieler sein könnte, aber keine schlüssigen Beweise haben, horchen Sie in sich hinein. Vielleicht haben Sie sich nichts dabei gedacht, dass er ständig ein Päckchen Spielkarten bei sich trägt oder seine Stereoanlage in die

Pfandleihe bringen musste, weil er eine Wette verloren hat. Ihre Intuition hat diese Indizien jedoch verarbeitet und den Alarm ausgelöst. Sie müssen nur hinhören.

Sie müssen nicht einmal den genauen Grund kennen, so-lange Sie die Warnung beachten.

Manche Frauen wagen es nicht mehr, ihrer Intuition zu vertrauen, weil sie schon öfter Fehlentscheidungen getroffen haben. Aber sie ist ungebrochen und verlässt Sie nicht. Viel-leicht haben Sie schon lange nicht mehr auf sie gehört, aber sie ist noch da und sagt Ihnen, was in Ihrem Interesse ist.

Die Intuition meldet sich zu Wort, wenn Sie mit Ihren Ge-danken alleine sind. Vielleicht spricht sie zu Ihnen, wenn Sie joggen oder Wäsche waschen. Sie kommt in Ihrem Tagebuch zum Ausdruck oder wenn Sie meditieren. Sie hören sie nur dann, wenn Sie die Stille suchen, in sich gehen. Schalten Sie Radio, Fernseher, Telefon und alles aus, was Sie ablenken könnte. Warten Sie auf die Botschaft.

Achten Sie auf »das Gefühl im Bauch«. Verspüren Sie ein leises Unbehagen, wenn Sie an ihn denken? Rufen Sie eine Freundin an, um Ihre Wahrnehmung zu überprüfen. Wenn Sie mit niemandem über Ihren Verdacht reden können, soll-ten Sie zumindest einen Dialog mit sich selbst führen. Die plötzliche Erkenntnis, dass man den eigenen Gefühlen schon seit Wochen keine Beachtung mehr geschenkt hat, kann ein Zeichen dafür sein, dass man die Augen vor etwas verschließt, was man längst weiß, aber nicht anzuschauen wagt.

Oft wissen wir etwas rein intuitiv, verdrängen es aber. Viel-leicht ist Ihnen längst aufgefallen, dass er jedes Mal ziemlich viel trinkt, aber Sie rechtfertigen es mit dem geselligen Abend, statt sich die Wahrheit einzugestehen: Er hat ein Alkoholproblem. Oder Sie denken, dass Sie nur neidisch sind auf eine Kollegin, deren Anblick Sie kribbelig macht – bis Sie herausfinden, dass noch drei andere Frauen in Ihrer Firma ebenfalls ein Techtelmechtel mit ihm haben. Wenn Sie merken, dass Sie Rechtfertigungen für sein Verhalten suchen, will Ihnen Ihre Intuition etwas sagen.

Warnsignale

Sie handeln sich mit ziemlicher Sicherheit Schwierigkeiten ein, wenn Sie den Kontakt zu Ihrer inneren Stimme vernachlässigen oder nicht auf das hören, was sie Ihnen zu sagen hat.

Wenn Sie die Augen von Anfang an offen halten, sind Sie vor bösen Überraschungen in der Ehe gefeit. Wenn er verspricht anzurufen, es aber nicht tut, ist das ein Warnsignal. Das gilt auch, wenn Sie ihn bei einer Unwahrheit ertappen. Sollten sich solche Vorfälle schon zu Beginn der Beziehung ereignen, sollten Sie ihm keine Gelegenheit bieten, Sie noch einmal zu enttäuschen oder zu betrügen. Ein Ende mit Schrecken ist bekanntlich besser als ein Schrecken ohne Ende: Schreiben Sie ihn ab.

Leider trägt er kein Schild um den Hals, das ihn als Mogelpackung ausweist. Sie müssen schon selbst herausfinden, ob der Inhalt das hält, was das Äußere verspricht, indem Sie auf unterschwellige Warnsignale achten. Anzeichen für Suchtverhalten sind:

∾ Er nimmt Drogen.

∾ Er nimmt Aufputschmittel.

∾ Er ist wie ausgewechselt, wenn er trinkt.

∾ Er findet, dass es niemanden etwas angeht, wie viel er trinkt.

∾ Er erscheint nicht zur Arbeit, weil er getrunken hat.

∾ Ihm wurde wegen Alkohol am Steuer der Führerschein entzogen.

∾ Er spricht bei jeder Verabredung reichlich dem Alkohol zu.

∾ Er trinkt jeden Tag.

Folgende Anzeichen könnten darauf hinweisen, dass er gewalttätig ist:

∾ Seine Ex-Freundin beschuldigt ihn, sie geschlagen zu haben.

∾ Wenn ein Mann eine Frau schlägt, fragt er sich, was sie getan haben mag, um ihn zu provozieren.

∾ Er leidet unter extremen Stimmungsschwankungen.

∾ Er ist grausam zu Tieren.

∾ Er ist cholerisch und neigt zu Zerstörungswut.

∾ Er setzt Sie sexuell unter Druck.

Folgende Merkmale spiegeln eine Neigung zur Untreue wider:

∾ Er hat schon seine Ex-Freundin oder Ex-Frau betrogen.

∾ Sein Vater oder ein anderes männliches Vorbild war ein Frauenheld.

∾ Er ist der Meinung, Männer seien nicht dafür geschaffen, ihr Leben lang einer einzigen Frau treu zu bleiben.

∾ Er flirtet auch in Ihrem Beisein hemmungslos mit anderen Frauen.

∾ Er besitzt eine umfangreiche Sammlung von Pornofilmen oder Pornoheften, oder er klickt oft Porno-Websites im Internet an.

- Seine Erklärungen, warum er zu spät gekommen ist, wo er am Abend zuvor war, womit er seinen Lebensunterhalt verdient, usw. leuchten Ihnen nicht ganz ein.
- Er weigert sich, Kondome zu benutzen oder einen Aids-Test zu machen.
- Er trifft sich mit Ihnen, obwohl er noch verheiratet ist – auch wenn er getrennt oder in Scheidung lebt.

Schärfen Sie Ihre Intuition

> *Intuition ist eine spirituelle Wahrnehmung; sie erklärt nicht, sondern weist nur den Weg.*
>
> FLORENCE SCOVEL SHINN

Denken Sie an Situationen, in denen Sie gespürt haben, dass irgendetwas nicht stimmt, ohne zu wissen was. Ihr Unterbewusstsein hat einzelne Informationen zu einem Bild zusammengefügt, auf das Ihr Bewusstsein keinen Zugriff hatte, und folglich haben Sie den Hinweisen auch keine Beachtung geschenkt. Diese »Puzzlearbeit« ist die Aufgabe des Unterbewusstseins. Deshalb ist es ein unschätzbar wertvolles Werkzeug bei der Partnersuche, wenn wir unser Herz riskieren und oft gerne wüssten, was uns erwartet. Wir erfahren zwar nicht, was die Zukunft im Einzelnen für uns bereithält, aber wir können mit Hilfe unseres gesunden Menschenverstandes eine einigermaßen schlüssige Prognose stellen.

Melanie konnte beispielsweise nicht genau sagen, warum sie ein ungutes Gefühl bei Dennis hatte. Er war gut angezogen und ein Kavalier vom Scheitel bis zur Sohle, als sie sich bei einer beruflichen Veranstaltung kennen lernten. Als er sie um ihre Telefonnummer bat, fiel ihr kein vernünftiger Grund ein, sie geheim zu halten, also gab sie ihm ihre Handynummer. Später hatte sie Zeit, über das Treffen nachzudenken, und kam zu dem Schluss, dass sie ihn nicht wieder sehen wollte. Obwohl sie nicht wusste, woran es lag, fühlte sie sich in seiner Gesellschaft nicht wohl.

Dennis meldete sich nie bei Melanie, aber zwei Wochen später erhielt sie einen Anruf von einer Frau, die behauptete, mit ihm verheiratet zu sein; sie wollte herausfinden, ob Melanie mit ihrem Mann geschlafen hatte.

Hatte Melanie geahnt, dass Dennis verheiratet war? Mehr oder weniger. Hatte sie gespürt, dass etwas nicht stimmte? Ja, mit absoluter Sicherheit. Woher sie diese Sicherheit nahm, war unerheblich, aber sie tat gut daran, ihrer Intuition zu folgen.

Wenn Sie sich die Zeit nehmen, auf Ihre innere Stimme zu hören, und wenn Sie wissen, welche Probleme Sie ernst nehmen sollten, werden Sie nicht völlig blauäugig dem Falschen in die Arme laufen. Selbst wenn Sie bisher keine glückliche Hand bei der Wahl Ihrer Partner hatten, sollten Sie Ihrer Intuition vertrauen und sich an die Tipps in diesem Buch halten, wenn es um Männer geht, um die Sie einen großen Bogen machen sollten.

Indem Sie Ihrer Intuition folgen, ersparen Sie sich den Kummer, Ihre Gefühle in einen Mann zu investieren, der Sie letztlich enttäuschen wird. Außerdem können Sie aufhören, sich den Kopf darüber zu zerbrechen, ob Sie blindlings in die nächste Katastrophe stolpern, und stattdessen den Partnertanz genießen.

Um Ihre Intuition nicht zu beeinträchtigen, sollten Sie Alkohol beim ersten Rendezvous meiden. Es ist natürlich verlockend zu trinken, um locker zu werden oder weil es bei gesellschaftlichen Anlässen nun mal dazu gehört, aber der Alkohol trübt das Urteilsvermögen. Versuchen Sie, einen klaren Kopf zu behalten, um mehr über Ihren Begleiter zu erfahren.

Jede Veränderung im Bewusstseinszustand eines Menschen – dazu gehört auch Sex – untergräbt Ihre Intuition. Deshalb sollten Sie sich die Zeit nehmen, ihn besser kennen zu lernen, bevor Sie sich auf eine sexuelle Beziehung mit ihm einlassen. Anita fiel es schwer, auf das zu hören, was ihre innere Stimme sagte, da sie schon beim ersten Rendezvous mit Patrick im Bett gelandet war. Sie sah ihn danach durch die rosarote Brille und war nicht mehr imstande, objektiv zu sein.

Schon bald lernte sie Patrick jedoch von einer Seite kennen, die sie nicht ignorieren konnte. Er beklagte sich, dass einige »Miststücke« in seiner Firma das Gerücht verbreiteten, er sei hinter jedem Weiberrock her. Er machte abwertende Bemerkungen über die Frauen im Allgemeinen, und als Anita protestierte, regte er sich tierisch auf. Allmählich dämmerte ihr, dass er ein Schürzenjäger und Macho war. Sie kam sich dumm vor, auf ihn hereingefallen zu sein.

»Ich wollte es anfangs nicht wahrhaben, weil die Bindung zu ihm so stark war«, gestand sie. »Aber irgendwann musste ich mir eingestehen, dass ich einen Fehler gemacht hatte.«

Doch aus Schaden wird man klug.

Trauen Sie auch Ihrem guten Gefühl

*Einen anderen Menschen zu lieben be-
deutet, Gottes Antlitz zu schauen.*
VICTOR HUGO

Lauschen und folgen Sie Ihrer inneren Stimme nicht nur,
wenn sie warnt, sondern auch dann, wenn sie Ihnen sagt, dass
Sie auf dem richtigen Weg sind. Vielleicht haben Sie schon
nach dem ersten Rendezvous das Gefühl: Das ist er, der Mann
meines Lebens! Hören Sie auf Ihre Intuition, denn sie könnte Recht haben. Viele Frauen haben mir erzählt, dass sie
schon bei der ersten Begegnung wussten: »Wir zwei haben
uns gesucht und gefunden.« Das passiert immerzu. Hören Sie
nicht nur auf die Warnungen Ihrer inneren Stimme, sondern
glauben Sie ihr auch, wenn sie sagt, dass Sie Ihr Glück gefunden haben.

Als meine Schwägerin ihren Mann kennen lernte, wusste
sie auf Anhieb: »Den werde ich heiraten.« Mein Agent spürte in dem Moment, als er seiner Frau zum ersten Mal begegnete, dass er mit ihr vor den Traualtar treten würde. Fallen Sie
also nicht aus allen Wolken, wenn Sie etwas »wissen«, was
niemand sonst wissen kann – zum Beispiel, mit wem Sie alt
werden möchten.

Trödeln ist kein Kapitalverbrechen

Was ist, wenn der Mann, auf den Sie ein Auge geworfen haben, ständig zu spät kommt, ein Hungerleider ist oder die Angewohnheit hat, Geschirrberge in der Spüle zu stapeln? Sol-

che Eigenschaften sind lästig, aber sie sind keine tickenden Zeitbomben, die Ihre Beziehung irgendwann zerstören werden. Verbuchen Sie diese Unarten unter »lässliche Sünden«, über die Sie sich keine grauen Haare wachsen lassen sollten. Wenn Sie das Gefühl haben, dass Sie den Richtigen heiraten, lassen sich alle anderen kleinen Probleme beheben.

Wenn Sie einen Mann gut genug kennen, um zu wissen, dass er nicht zu der Sorte gehört, die Frauen benutzt, betrügt oder misshandelt, können Sie sich entspannt auf die Beziehung einlassen. Vertrauen Sie einfach darauf, dass Sie den Richtigen gewählt haben – keinen perfekten Mann, aber einen, mit dem Sie eine rundum erfüllende Verbindung eingehen. Sie können nicht alle Risiken ausklammern, zum Beispiel, dass irgendwann der graue Alltag Einzug hält, aber Sie schließen, so weit es in Ihrer Macht steht, aus, dass er Ihnen das Herz bricht. Die Chancen stehen gut, auf diesem Fundament eine leidenschaftliche, harmonische, langfristige Beziehung aufzubauen.

19
Sie werden den Richtigen erkennen

Jeder kann leidenschaftlich sein, aber
es bedarf wahrhaft Liebender, um aus-
gelassen zu sein. ROSE FRANKEN

Ein zuverlässiger Mann wirkt oft langweilig im Vergleich zu ei-
nem Draufgänger, mit dem Sie zwar viel erleben, aber nicht rech-
nen können, wenn Sie ihn brauchen.

Deshalb sollten Sie auch auf die leisen Töne und unterschwelli-
gen Merkmale achten, die Sie anziehend finden, statt jemanden
von Ihrer Liste zu streichen, nur weil er Sie nicht ständig in Eu-
phorie versetzt.

Sie werden bald feststellen, was Sie an einem Mann haben, der
wie ein Fels in der Brandung ist.

Woran Sie ihn erkennen

Ein Kandidat, der nicht in eine der drei »Minusmann-Kate-
gorien« fällt (drogensüchtig, gewalttätig oder untreu), hat
sich für die nächste Runde qualifiziert. Er mag nicht perfekt
sein, kann aber einige Pluspunkte in die Waagschale werfen:
Er ist absolut zuverlässig, treu und liegt Ihnen zu Füßen.

Natürlich bedeutet das nicht zwangsläufig, dass er der
Mann fürs Leben ist. Diese Rolle ist *nicht jedem* auf den Leib
geschrieben.

Wie gelingt es Ihnen also, den Richtigen in der Menge der annehmbaren Bewerber zu erkennen? Dazu müssen Sie sich noch über zwei weitere Dinge Gewissheit verschaffen:

∾ dass Sie sich zu ihm hingezogen fühlen, und

∾ dass er Sie so behandelt, wie Sie es verdienen.

Wenn Sie einem Mann begegnen, der auch diese beiden Kriterien erfüllt, könnte er der Richtige sein.

Das A und O der Anziehungskraft

> *In einer großen Romanze spielt jede Person eine Rolle, die der anderen gefällt.*
> ELIZABETH ASHLEY

Manchmal merken Sie auf Anhieb, dass Sie sich zu einem Mann hingezogen fühlen. Sie haben Schmetterlinge im Bauch, Herzklopfen und das Gefühl, im siebten Himmel zu sein, weil er Ihnen den Hof macht. Das alles gehört dazu, wenn Sie den Richtigen vor sich haben.

Aber Anziehungskraft bedeutet nicht, dass der Himmel immer voller Geigen hängt. Es wird Momente geben, wo Sie irgendetwas an dem Mann, zu dem Sie sich hingezogen fühlen, regelrecht abstößt. Lassen Sie sich nicht vom Auf und Ab Ihrer Empfindungen aus der Bahn werfen. Der Trick besteht darin, sich das Gesamtbild vor Augen zu halten. Fragen Sie sich: »Fühle ich mich gut, wenn ich mit ihm zusammen bin? Mag ich seine Nähe? Macht er mich glücklich? Vermisse ich ihn, wenn ich ihn ein paar Tage nicht gesehen habe? Fin-

de ich ihn intelligent und attraktiv? Bringt er mich zum Lachen?«

Wenn ja, hat die Beziehung trotz kleiner Irritationen Zukunft.

Hände weg vom Draufgänger

Ein absolut zuverlässiger Partner, bei dem Sie nicht ständig einen Salto ohne Netz machen müssen, ist eine gute Wahl, vor
allem, wenn Sie bisher einen Hang zu Draufgängern hatten.
Ich glaube, jede Frau wünscht sich einen Mann, der kommt
oder anruft, wenn er es versprochen hat. Bedauerlicherweise
hat der Draufgänger bei vielen Frauen leichtes Spiel, weil sein
unberechenbares Verhalten und seine willkürlich zugeteilte
Gunst die Spannung erhöhen.

Eine Ratte im Labor lernt, einen Hebel zu betätigen, um an
Futter heranzukommen, zunächst nur dann, wenn sie hungrig
ist. Wenn sie nicht jedes Mal, sondern in unregelmäßigen Ab-
ständen Futter erhält, fühlt sie sich gezwungen, ständig auf den
Hebel zu drücken. Das gleiche Prinzip gilt beim Glücksspiel
am Einarmigen Banditen: Die Hand am Hebel zu haben ist ein
Nervenkitzel und bietet die Hoffnung, den Jackpot zu gewinnen. Diese so genannte »positive Verstärkung« nach dem Zu-
fallsprinzip schafft ein Gefühl der Spannung, das sich aus der
Unvorhersehbarkeit herleitet und die Menschen in Euphorie
versetzt, wenn sie endlich die ersehnte Belohnung erhalten.

So ist es auch bei der Partnersuche. Wenn der Mann, zu
dem Sie sich hingezogen fühlen, sagt, dass er anruft oder
kommt, es aber oft beim Versprechen bleibt, ist die Beziehung
frustrierend und aufregend zugleich. Sie verwechseln viel-

leicht das Verliebtsein mit der Hochstimmung, die Sie empfinden, wenn der Draufgänger wirklich mal zu seinem Wort
steht und Sie meinen, das große Los gezogen zu haben.

Deshalb ist ein Mann, auf den wenig Verlass ist, aufregender als einer, nach dem Sie die Uhr stellen können. Wenn Sie
sich zwischen zwei Männern entscheiden müssen, könnte der
Fels in der Brandung deshalb zu Unrecht den Kürzeren ziehen. Der »Kick« ist geringer bei dem Mann, von dem Sie wissen, dass er immer für Sie da sein wird.

Denken Sie nicht, dass Ihre Gefühle weniger *intensiv* sind
bei jemandem, auf den Sie bauen und dem Sie vertrauen können, dass die Beziehung langweilig und leidenschaftslos sein
muss. Das ist ein Trugschluss.

Für Esther bedeutete Lars Nervenkitzel pur. Nach dem Be-
ziehungsdrama – in dem sie am Boden zerstört war, wenn Lars
nicht kam, und euphorisch, wenn er auftauchte – kam es ihr
sterbenslangweilig vor, zur Abwechslung einmal mit einem
zuverlässigen Mann auszugehen. Aber sich verlieben ist nicht
langweilig. Das Gefühl ist bloß subtiler als der Kick, den Esther in Lars' Gegenwart empfand.

Wenn der Funke nicht überspringt

> *Liebe ist Freundschaft, bei der es funkt.*
> JEREMY TAYLOR

Wenn Sie an Partner gewöhnt sind, die Frauen »Zuckerbrot
und Peitsche« geben, werden Sie bei einem grundanständi-
gen Mann vielleicht nicht die gleichen intensiven Gefühle
empfinden. Schreiben Sie ihn deshalb nicht gleich ab. Lassen

Sie sich Zeit und geben Sie sich die Chance, eine angstfreie Beziehung aufzubauen, die von Zuneigung und Vertrauen getragen wird. Erst wenn Sie dreimal mit ihm ausgegangen sind und immer noch nicht den Wunsch verspüren, ihn zu küssen, sollten Sie einen Schlussstrich ziehen. Dann ist er einfach nicht der Richtige.

Erinnern Sie sich an Iris? Bei ihr war es nicht Liebe auf den ersten Blick, als sie Karl begegnete, aber das änderte sich, als sie ihn besser kannte. Er war nicht ihr »Typ«, aber seine Wärme und Männlichkeit machten solche Äußerlichkeiten mehr als wett. Manchmal ist es aber auch genau umgekehrt: Sie finden jemanden sehr attraktiv, doch bei näherem Hinsehen verliert er seine Anziehungskraft. Das liegt daran, dass auch der schönste Mann der Welt Ihr Interesse nicht auf Dauer fesseln kann, wenn die Chemie zwischen Ihnen nicht stimmt.

So erging es Ariane mit Peter. Sie fand ihn gut aussehend, und sie wusste von Freunden, dass er zuverlässig, rücksichtsvoll und treu war. Er behandelte sie wie eine Prinzessin und lag ihr zu Füßen.

Aber irgendetwas stimmte nicht. Schon nach dem ersten Rendezvous merkte Ariane, dass sie Peter nicht mehr ganz so anziehend fand. Sie trafen sich auch weiterhin, aber mit der Zeit fiel ihr auf, dass sie es vermied, ihn zu berühren oder zu küssen. Drei Monate später musste sie sich eingestehen, dass sie nicht in ihn verliebt war und es auch nie sein würde. Sie fragte sich, ob sie eine Beziehung sabotierte, die ein großes Potenzial hatte.

Wenn Ariane schon früher den Hang gehabt hätte, sich die falschen Männer auszusuchen, hätte man ihr Desinteresse an Peter darauf zurückführen können, dass ihr der »Kick«

bei einem derart zuverlässigen Mann fehlte. Aber sie hatte keinerlei Erfahrungen in dieser Richtung gemacht. Sie hatte ihren Gefühlen für Peter genug Zeit gegeben zu wachsen. Aber aus der zarten Pflanze der Freundschaft wurde keine Liebe.

Trotz der Enttäuschung, dass Peter nicht der Richtige war, fühlte sich Ariane erleichtert, dass sie damit aufhören konnte, etwas zu erzwingen, was nicht da war.

Fällen Sie kein vorschnelles Urteil

Wir suchen Trost beim anderen. Wir suchen jemanden, mit dem wir das Leben teilen können, das wir gewählt haben. Jemanden, der uns in dem endlosen Bemühen unterstützt, uns selbst zu verstehen. Und letztlich jemanden, der uns auf diesem Weg tröstet.

MARLIN FINCH LUPUS

Die Anziehungskraft kann schwanken, deshalb sollte man kein vorschnelles Urteil fällen. Simone war wahnsinnig verliebt in Tim, bis zum dritten Rendezvous, als er den ganzen Abend mürrisch und gereizt wirkte. Zum Glück entschuldigte er sich beim nächsten Treffen für seine schlechte Laune. Dabei wurde ihr klar, dass auch sie an besagtem Abend ziemlich schroff gewesen war. Sie versöhnten sich, und sie fand Tims Reife beeindruckend. Sie lernten schon am Anfang, dass sie alltägliche Beziehungsprobleme gemeinsam lösen konnten.

Zum Glück erinnerte sich Simone an die beiden ersten Verabredungen und beschloss, Tim noch eine Chance zu geben. Der misslungene Abend blieb eine Ausnahme. Beenden Sie eine vielversprechende Beziehung nicht voreilig, nur weil einer von beiden schlecht drauf ist.

Die Prinzen-Probe

Die gegenseitige Anziehungskraft ist der erste Teil der Probe für den Mann Ihres Lebens. Der zweite Teil besteht darin, zu testen, ob Ihr Traumprinz Sie auch wie eine Prinzessin behandelt. Der Mann, der Sie auf Händen trägt, sollte

- Pläne machen, Sie wiederzusehen;
- Sie mit Komplimenten, kleinen Aufmerksamkeiten und einem erinnerungswürdigen Abend verwöhnen (was nicht bedeutet, dass er ein Vermögen für Sie ausgibt, sondern auch auf der nicht-materiellen Ebene etwas zu bieten hat);
- sein Bestes tun, um Sie glücklich zu machen, indem er Sie zum Lachen bringt, sich an Ihr Lieblingsdessert erinnert oder als Kavalier für Ihre Bequemlichkeit sorgt.

Sie werden *nicht* so behandelt, wie Sie es verdient haben, wenn er

- sich keine Mühe gibt, Sie wiederzusehen, nur dann Zeit für Sie findet, wenn er mit Ihnen ins Bett gehen will, oder wenn er Sie häufig versetzt;
- erwartet, dass sie immer für sich selbst zahlen;
- anderen Frauen mehr Aufmerksamkeit schenkt als Ihnen.

Zeit für Sie zu finden ist eine wesentliche Voraussetzung für eine harmonische Beziehung, aber es kann nach dem ersten Date vielleicht eine Woche oder zwei vergehen, bis er Sie anruft und um ein Wiedersehen bittet. Das bedeutet nicht, dass er Sie schlecht behandelt, sondern dass eine Beziehung Zeit braucht, um zu reifen. Wenn Sie eine feste Beziehung haben, wird ein Prinz die Zeit erübrigen, Sie mehrmals in der Woche zu sehen.

Wenn Sie sich zu einem Mann hingezogen fühlen, der Sie wie eine Prinzessin behandelt, können Sie sich voll auf die Beziehung einlassen. Ob Ihr Prinz in anderer Hinsicht seine kleinen Macken hat, ist zweitrangig. Was macht es schon, wenn er sich bei einer Sportübertragung im Fernsehen die Seele aus dem Leib brüllt, solange er darauf achtet, dass es Ihnen gut geht, wenn Sie miteinander ausgehen? Wen interessiert es, dass er mit offenem Mund kaut, solange er Ihnen nach einem stressigen Arbeitstag Ihre Lieblingsblumen schickt? Sie können sich Hals über Kopf in einen Mann verlieben, der meint, PC-Spiele seien die höchste Form der Unterhaltung, solange Sie bei seinem Anblick dahinschmelzen. Er besitzt die Fähigkeit, Sie glücklich zu machen, wenn Sie ihn lassen, also: Warum sollten Sie ihm wegen kleiner Schönheitsfehler den Laufpass geben?

Sie haben die Macht,
Ja oder Nein zu sagen

*Wenn wir einen anderen Menschen
kritisieren, sagt das nichts über die
Person aus, sondern nur über unser eigenes Bedürfnis, Kritik zu üben.*

RICHARD CARLSON

Einen Mann, der Sie schlecht behandelt, können Sie nicht
ändern, auch wenn Sie es noch so sehr möchten. Eine Frau,
die den Mut hat, sich zu ihrer Weiblichkeit zu bekennen, lebt
nicht in der Illusion, ihr Partner sei ein Mensch, der bloß ein
wenig Erziehung und Schliff braucht.

Ganz Frau zu sein bedeutet, dass Sie das Bedürfnis loslassen, einen Mann so hinzubiegen, wie es Ihren Vorstellungen
entspricht. Es bedeutet aber auch, zu akzeptieren und dankbar
zu sein, wenn alles so ist, wie es sein sollte.

Verschwenden Sie also Ihre Zeit und Energie nicht mit einem Mann, der nicht die Zeit und Energie aufbringt, Sie auf
Händen zu tragen und glücklich zu machen – auch wenn er
noch so toll aussieht und eine vielversprechende Karriere vor
sich hat.

Er ist nicht der Mann fürs Leben, denn Sie verdienen eine
leidenschaftliche und liebevolle Zweisamkeit.

Leider ist es nicht einfach, jemandem den Laufpass zu geben, der vieles hat, was Sie sich bei einem Mann wünschen,
außer, dass er für Sie da ist. Vielleicht reden Sie sich ein, dass
Sie sich bestimmt öfter sehen, wenn er beruflich weniger
Stress hat, seine Kinder aus erster Ehe wieder bei der Mutter
sind oder die Fußballsaison zu Ende ist. Aber damit machen

Sie sich selbst etwas vor und klammern sich an jemanden, der nicht gut genug für Sie ist. Sie werden bei ihm immer wieder in Versuchung geraten, ihn zu ändern, durch Manipulieren, Betteln oder Bestechen, weil Sie nicht genug Aufmerksamkeit bekommen.

Wenn Sie einsam sind, denken Sie vielleicht, dass der Spatz in der Hand besser als die Taube auf dem Dach ist, oder: »So schlecht geht es mir mit ihm nun auch wieder nicht«. Wenn Sie solche Kompromisse machen, programmieren Sie Enttäuschungen vor. Dass es an den grundlegenden Dingen in einer Beziehung hapert, ist durch nichts aufzuwiegen. Und wenn Sie an einem Mann »kleben«, der Sie schlecht behandelt oder nicht wirklich interessiert, bleibt kein Raum in Ihrem Leben, um den Richtigen kennen zu lernen.

20
Sex ist keine Waffe der Frauen

Beim Sex geht es meistens um mehr als bloß Sex. SHIRLEY MACLAINE

Schützen Sie sich, indem Sie dafür sorgen, dass Sie sich physisch und emotional sicher fühlen, bevor Sie mit einem Mann schlafen.

Um das Risiko einer Enttäuschung zu mindern, sollten Sie ihn wenigstens einen Monat kennen oder mindestens sechsmal mit ihm ausgegangen sein, bevor Sie sich mit ihm einlassen. Vergewissern Sie sich, dass es keine andere in seinem Leben gibt. Sagen Sie, was Sie an sich selbst nicht mögen, damit Sie sicher sein können, dass er sich kein falsches Bild macht, sondern Sie so mag, wie Sie sind.

Sie bestimmen, wann Sie das erste Mal Sex haben

Das Bekenntnis zur Weiblichkeit bedeutet nicht, dass Sie sich an verstaubte Anstandsregeln halten sollen. Es geht aber auch hier darum, das zu akzeptieren, was sich Ihrem Einfluss entzieht, und sich auf das zu konzentrieren, was in Ihrer Macht steht.

Die Entscheidung, wann Sie zum ersten Mal Sex haben wollen, liegt ganz allein bei Ihnen. Eine Frau, die ihre weibliche Seite auslebt, geht erst dann mit einem Mann ins Bett, wenn sie weiß, dass er gut für sie ist. Und je länger Sie ihn kennen, desto sicherer können Sie sich fühlen.

Da es mindestens einen Monat dauert, um etwas über den wahren Charakter eines Mannes herauszufinden, sollten Sie ihn *mindestens* so lange kennen; auf diese Weise lassen sich unnötige Risiken vermeiden. »Mindestens« deshalb, weil manche Frauen lieber ihrer Intuition folgen und länger warten. Einige lassen sich sogar bis zur Hochzeit Zeit. Der springende Punkt ist, auf Ihre innere Stimme zu hören, die Ihnen sagen wird, wann der richtige Zeitpunkt da ist.

Eine kluge Frau setzt weder ihre physische Gesundheit noch ihr emotionales Wohlbefinden aufs Spiel, um eine Trophäe von vielen in seiner Sammlung zu werden; sie verständigt sich mit dem Partner darauf, dass es sich um eine feste, ausschließliche Beziehung handelt, bevor sie sich mit ihm einlässt.

Freie Liebe kann teuer werden

Es gab einmal eine Zeit, als ich dachte, wenn ich mit einem Mann ins Bett gehen würde, wären wir automatisch ein Paar. Heute ist es mir peinlich, dass ich jemals so naiv sein konnte zu glauben, die physische Intimität könne emotionale Nähe schaffen. Natürlich funktionierte die Methode nicht, Sex als Bindemittel für eine dauerhafte Beziehung zu benutzen.

Hinter meiner naiven Vorstellung stand der Wunsch, den Verlauf der Beziehung auf eine überschaubare Bahn zu lenken und zu steuern. Sex war ein unausgesprochener, aber nachhaltiger Versuch, den Mann dazu zu bringen, den Handel zu besiegeln.

Wenn die Liebesnacht vorbei ist, denken viele Frauen »Er mag mich! Vielleicht wird doch mehr daraus!«, während der

Mann für eine Nacht kein Interesse daran hat, die Beziehung fortzusetzen, oder nur auf der sexuellen Ebene, wenn es sich gerade ergibt. Die Katastrophe ist unausweichlich.

Die gute Nachricht ist: Wenn Sie einen Mann besser kennen, sind Sie mehr für ihn als ein Sexualobjekt. Die Chancen auf eine dauerhafte Beziehung erhöhen sich beträchtlich, weil er nicht das Gefühl hat, eingewickelt und eingefangen worden zu sein, was oft nach dem Sex beim ersten oder zweiten Rendezvous der Fall ist. Wenn Sie sich vorher häufiger getroffen haben, ist die Wahrscheinlichkeit größer, dass sich mehr daraus entwickelt. Wenn Sie dagegen gleich beim ersten Mal im Bett landen, fühlen Sie sich verletzlich und haben keinerlei Einfluss darauf, wie der Mann danach reagiert. Eine kluge Frau setzt vorab Grenzen.

Wie aus einer lockeren eine feste Beziehung wird

Es gehört zu Ihrem Geburtsrecht als Frau, einen Mann zu haben, der um Sie wirbt, Ihre Liebe gewinnt und sich das Recht erkämpft, der Einzige zu sein, dem Sie Ihre Gunst schenken. Wenn er seit der ersten Begegnung ein Auge auf Sie geworfen hat, stehen die Chancen gut, dass es auch so bleibt. Genauso, wie er den Anfang gemacht und Sie um ein Rendezvous gebeten hat, wird er auch die Initiative ergreifen, wenn er:

- den Wunsch hat, der einzige Mann in Ihrem Leben zu sein;
- sich in Sie verliebt hat;
- mit Ihnen schlafen möchte;
- Sie heiraten möchte.

Deshalb besteht keine Notwendigkeit, ihm die Zügel aus der Hand zu nehmen, um diese »Eckdaten« einer Beziehung zu steuern, indem Sie diese Themen zur Sprache bringen. Sie sollten vor allem niemals sagen: »Wir müssen miteinander reden«, um ihm mit dieser Einleitung die Daumenschrauben anzulegen, damit er Ihnen seine Liebe gesteht oder einen Heiratsantrag macht. Lassen Sie dem Übergang von einer lockeren zu einer festen Beziehung seinen natürlichen Lauf. Wenn Sie die Führung abgeben, werden Sie das Vergnügen haben, dass er *Sie* umgarnt, damit Sie nur noch ihn wollen. Das stärkt wiederum das Vertrauen, das Sie in ihn und in die Beziehung setzen.

Als ich John kennen lernte, verschwendete ich zum Glück keinen Gedanken daran, ob wir eine feste Beziehung haben sollten oder wann. Ich fühlte mich einfach wohl in seiner Gesellschaft. Eines Abends, als wir aus dem Kino kamen, sagte er plötzlich: »Du bist die einzige Frau, die mir etwas bedeutet.« Ich gestand, dass es mir mit ihm nicht anders erging. Genauso, wie er mich gebeten hatte, mit ihm auszugehen, hatte er den nächsten Schritt in unserer Beziehung eingeleitet, auch ohne Starthilfe von meiner Seite.

Rückblickend glaube ich, dass das Fehlen von Angst oder Unsicherheit über den Status unsere Beziehung – in Kombination mit der anhaltenden Begeisterung, die ich für John empfand – ihm die Aufgabe erleichterte, das Thema feste Beziehung zur Sprache zu bringen.

Wenn Sie bewusst darauf verzichten, zu manipulieren, die Initiative zu ergreifen oder Druck zu machen, kommt er ganz von selbst auf die Idee. Wenn Sie aber Druck machen, erzeugen Sie Gegendruck und verhindern genau das, was Sie erreichen wollen, da niemand Lust hat, sich manipulieren zu lassen.

Bis dahin sollten Sie auch weiterhin jeden Mann anlächeln und Verabredungen wahrnehmen, auch wenn Ihr Interesse eigentlich nur dem Einen gilt.

Da Sie mit anderen Männern flirten und ausgehen, kreisen Ihre Gedanken nicht ständig um die Frage, wann er Sie bitten wird, sich auf ihn allein zu konzentrieren. Sie haben noch andere Optionen oder Eisen im Feuer. Sich daran zu erinnern, wenn Sie Ihre ganze Hoffnung auf einen bestimmten Mann setzen, ist schwer.

Setzen Sie Ihre Grenzen

Spitzen Sie die Ohren und hören Sie,
was Ihnen Ihre Seele zu sagen hat.
ANNE SEXTON

Und was ist, wenn er nicht daran denkt, Klartext zu reden? Wenn Sie Woche für Woche mit dem Mann Ihrer Träume ausgehen und er kein Wort darüber sagt, wie es weitergehen soll?

Lassen Sie ihn – bis er das Thema Sex aufs Tapet bringt.

Wenn er den Wunsch, mit Ihnen zu schlafen, vor dem Wunsch nach einer festen Beziehung äußert, wird Ihnen nichts anderes übrig bleiben, als eine Grundsatzerklärung abzugeben: Kein Sex ohne feste Beziehung. Damit nageln Sie ihn nicht fest oder erpressen ihn. Sie weisen ihn lediglich auf Ihre Grenzen hin und überlassen ihm die Entscheidung, wie es weitergehen soll. Es mag verlockend sein, zu sagen »Du solltest mir zuerst beweisen, dass du es ernst meinst«, aber das wäre wieder Manipulation. Eine kluge Frau spricht nur für sich selbst: »Ich muss zuerst wissen, dass zwischen uns eine feste Beziehung besteht.«

Dieser Einwand wird ihn motivieren, Ihre Bedenken sofort zu zerstreuen, etwa mit den Worten »Du bist die einzige Frau in meinem Leben. Und das sage ich nicht nur, um dich ins Bett zu kriegen.«

Wenn er der einzige Mann in Ihrem Leben ist, stellt sich die Frage, ob Sie ihm Glauben schenken. Gehen Sie auf der Stelle mit ihm ins Bett, wenn er sagt, was Sie hören wollten?

Manche Männer sagen alles, was eine Frau hören will, um ihr Ziel zu erreichen. Ein Mann, der etwas taugt, wird Ihren Wunsch nach einer festen Beziehung akzeptieren und sich zurückziehen, wenn er ihn – aus welchen Gründen auch immer – nicht erfüllen kann. Da Sie ihn mindestens einen Monat kennen, bevor Sie in Erwägung ziehen, intim mit ihm zu werden, können Sie sich ein ziemlich genaues Bild machen, ob er die Wahrheit sagt. In dieser Zeit hatte Ihre Intuition genug Gelegenheit, sich zu Wort zu melden.

Wenn Sie sich immer noch nicht schlüssig sind, wie Sie den Mann einschätzen sollen, ist es keine gute Idee, mit ihm zu schlafen. Nehmen Sie sich dafür so viel Zeit, wie Sie brauchen.

Sex macht blind

*Einige Dinge sind besser als Sex und
einige schlechter, aber es gibt nichts,
was genauso wäre.*   W. C. FIELDS

Einer der Gründe, warum Sie mit dem Sex am Anfang warten
sollten, auch wenn Sie beide lichterloh in Flammen stehen,
ist die Tatsache, dass Sex genau wie Alkohol oder Drogen das
Urteilsvermögen beeinträchtigt.

Da es an Ihnen als Frau ist, klar Ja oder Nein zu sagen, falls
ein Mann nicht der Richtige ist, sollten Sie diese Klarheit
nicht trüben. Sex macht Objektivität unmöglich. Sex schafft
nicht nur eine intime Verbindung zwischen zwei Menschen,
sondern verändert auch den Bewusstseinszustand. Die körperliche Nähe und die seelische Verwundbarkeit, die damit einhergehen, erschweren ein unvoreingenommenes Urteil und
lassen Sie Warnsignale leicht ignorieren.

Deshalb birgt Sex mit einem Mann, der noch nicht bewiesen hat, dass er etwas taugt und Sie auf Händen trägt, ein hohes Risiko, bitter enttäuscht zu werden.

Sex ist kein Mittel, um ihn zu halten

*Kein Mann lässt sich am Tag durch
das halten, was in der Nacht geschieht.*
SALLY STANFORD

Körperliche Anziehungskraft und Leidenschaft sind eine große Versuchung, und eine Wartezeit von einem Monat kann
einem wie eine Ewigkeit vorkommen.

Noch größer ist oft die Angst, seine Leidenschaft könnte abkühlen, wenn sich nicht bald etwas tut; dann wären wir wieder Single. Und wieder auf der Suche.

In diesem Fall würden Sie den Sex benutzen, um den Mann dorthin zu bekommen, wo Sie ihn gerne hätten: am Gängelband. Das Problem mit solchen Manipulationen ist, dass die Methode nicht funktioniert und wir uns selbst um die Möglichkeit bringen, eine Beziehung aufrechtzuerhalten, in der wir aufrichtig begehrt und umworben werden. Wenn Sie Sex einsetzen, um ihn zu halten, wissen Sie nie, ob er Sie um Ihrer selbst willen mag.

Sicherheit ist eine Grundvoraussetzung

Selbst wenn Sie überzeugt sind, dass ein Mann die Wahrheit sagt, sollten Sie eines fordern, bevor Sie mit ihm ins Bett gehen: einen Sicherheitsnachweis.

Es ist eine reine Selbstschutzmaßnahme zu verlangen, dass er einen HIV-Test macht. Da es eine Weile dauert, bis die Ergebnisse vorliegen (eine Zeit, die er nutzen kann, um sich über die Art der Beziehung klar zu werden), werden Sie feststellen, ob er die Wahrheit sagt, wenn Sie keinen Zweifel daran lassen, dass dieser Test eine Grundvoraussetzung für physische Intimität ist. Sie können dieses heikle Thema so anschneiden, dass er sich nicht verdächtigt oder unter Druck gesetzt fühlt, indem Sie beispielsweise vorschlagen: »Lass uns gemeinsam einen HIV-Test machen, damit wir beide Sicherheit haben.«

Ich weiß, dass solche Gespräche unangenehm sind, aber sie stellen einen weiteren Baustein im Fundament einer vertrauensvollen, engen Beziehung dar. Seine Bereitschaft, Ihrem Wunsch nachzukommen, ist ein weiterer Beweis, dass er sich ernsthaft in die Beziehung einbringt. Umgekehrt gilt: Wenn er zögert, sich auf diese Sicherheitsmaßnahme einzulassen – die nicht nur in Ihrem, sondern auch in seinem eigenen Interesse ist –, sollten Sie hellhörig werden.

Legen Sie Ihre Karten auf den Tisch

> *Endlich weiß ich, was wahre Liebe bedeutet.* VERGIL

Jeder Mensch hat schon mal Dinge getan, die ihm peinlich sind oder derer er sich schämt. Vielleicht wäre es Ihnen lieber, er wüsste nichts von Ihren regelmäßigen Besuchen bei den Anonymen Alkoholikern oder von Ihrer Abtreibung. Oder es ist Ihnen unangenehm, dass Sie bereits zwei gescheiterte Ehen hinter sich oder die Schule vorzeitig abgebrochen haben. Was Sie auch belastet – es wird im Lauf einer engagierten Beziehung sowieso ans Tageslicht kommen, und deshalb können Sie ihm genauso gut reinen Wein einschenken, *bevor* Sie körperlich intim werden.

Wenn er Sie so akzeptiert, wie Sie sind, nachdem er Dinge von Ihnen erfahren hat, auf die Sie nicht gerade stolz sind, müssen Sie nicht befürchten, dass er Sie verlässt, wenn er Sie erst besser kennt. Wenn Sie ihn mit Ihrem Eingeständnis, aus welchen Gründen auch immer, in die Flucht schlagen, können Sie sich freuen, dass Sie *noch nicht* mit ihm geschlafen haben.

Ein weiterer Vorteil eines Spiels mit offenen Karten ist, dass die emotionale Bindung durch diese Offenheit enger wird. Es ist ein wunderbares Gefühl zu wissen, dass er Sie liebt, obwohl er alles von Ihnen weiß, und nur Sie alleine will.

Um eine dauerhafte Beziehung zu entwickeln, die auf Vertrauen basiert, müssen Sie den Mut haben, Nähe zuzulassen und verletzlich zu sein. Wenn Sie physisch intim werden, bevor Sie ihm Ihre dunklen Geheimnisse anvertraut haben, tragen Sie immer noch Ihren Schutzpanzer. Ich schlage nicht vor, dass Sie ihm beim ersten Mal sämtliche Sünden beichten. Aber bevor Sie miteinander ins Bett gehen, sollten Sie sich vergewissern, dass er Sie um Ihrer selbst willen mag – mit allen Ecken und Kanten.

Werden Sie keine Haremsdame

Eine Frau, die sich zu ihrer Weiblichkeit bekennt, ist bereit, ihr Herz auf Spiel zu setzen, um die ersehnte Romantik und Zweisamkeit zu finden, aber sie rennt nicht blind in ihr Verderben. Sie erkennt die Risikofaktoren, die mit jeder Phase einer Liebesbeziehung verbunden sind, und verhält sich entsprechend.

Sex mit einem Mann zu haben birgt jedoch immer ein großes Risiko. Auch wenn Sie sich einreden, dass Sie nicht klammern und einen One-Night-Stand als willkommene Abwechslung betrachten, werden Sie die Situation unbefriedigend finden, wenn Sie eigentlich an einer festen Beziehung interessiert sind. Deshalb sollten Sie alles tun, um sich sicher in einer Beziehung zu fühlen, bevor Sie zu viel von sich selbst investieren. Dazu gehört die Sicherheit, dass Sie die einzige Frau in seinem Leben sind.

Ohne diesen wichtigen Baustein im Fundament einer Beziehung ist die Gefahr groß, dass sie zerbricht.

21
Sie haben nichts
zu befürchten

Sich vor der Liebe fürchten bedeutet,
sich vor dem Leben zu fürchten.
BERTRAND RUSSELL

$\mathcal{E}$s ist nie ohne Risiko, sich auf eine Beziehung mit einem anderen Menschen einzulassen, weil Sie keinen Einfluss darauf haben, ob er sich an seinen Part der Abmachung hält. Wenn Sie merken, dass Sie Garantieerklärungen von Ihrem Partner einfordern, beißen Sie sich lieber auf die Zunge. Öffnen Sie Ihr Herz und Ihre Augen, damit Sie seine Bemühungen, Sie glücklich zu machen, sehen, wie subtil sie auch sein mögen. Er ist genau wie Sie an einem harmonischen Miteinander interessiert und wird alles tun, um seinen Teil beizutragen.

Wenn es irgendetwas in der Beziehung gibt, das Sie stört, ist die Versuchung groß, den Partner zu manipulieren, das heißt, ihn zu maßregeln, zu kritisieren oder zu »erziehen«. Richten Sie den Blick stattdessen nach innen und fragen Sie sich, was Sie selbst empfinden und sich wünschen. Und bringen Sie Ihre Bedürfnisse in einer Weise zum Ausdruck, die effektiv ist, von ihm aber nicht als Bedrohung empfunden wird, und die Ihnen beiden die Möglichkeit gibt, das Gesicht zu wahren. Beginnen Sie mit den Worten »Ich habe das Gefühl ...« oder »Ich möchte ...«, wenn Sie ein Problem zur Sprache bringen. Der Trick besteht darin, sich selbst zu kontrollieren und ihm die Gelegenheit zu geben, Ihren Wünschen und Bedürfnissen zu entsprechen, ohne dass Sie Druck ausüben.

Wenn Sie darauf verzichten, ihn zu manipulieren, können Sie

sich die Sorge ersparen, dass die Beziehung zerbricht oder eine Scheidung droht.

Versuchen Sie also, nicht ihn, sondern etwas bei sich selbst zu verändern; das kann eine große Herausforderung sein, die Sie aber nicht alleine bewältigen müssen. Suchen Sie sich eine Freundin, die eine harmonische Ehe führt, als Mentorin und bauen Sie auf ihre Unterstützung, um neue positive Gewohnheiten zu entwickeln.

Stellen Sie keine Fragen, bei denen keiner gewinnt

Der Hauptgrund, warum wir so oft versuchen, den Freund oder Partner zu manipulieren, ist das Bedürfnis, sich Sicherheit über wichtige Fragen zu verschaffen:

- Liebt er mich?
- Hat die Beziehung Zukunft?
- Findet er mich attraktiv?
- Ist er bereit, eine Bindung einzugehen?

Wir fühlen uns verwundbar in einer neuen Beziehung, weil wir nicht genau wissen, woran wir sind. Dem Partner solche Fragen zu stellen ist jedoch pure Nötigung. Selbst wenn Sie die erhoffte Antwort bekommen, klingt sie hohl, weil sie erzwungen wurde. Und damit setzen Sie eine Beziehung, die gerade erst begonnen hat, einer völlig überflüssigen Belastung aus. Die Zukunftserwartungen zu diesem Zeitpunkt in die Waagschale zu werfen ist so, als würde man ein Kind beim Eintritt in den Kindergarten dazu verpflichten, Arzt zu werden.

Sie wollen hören, dass er Sie liebt, Sie schön findet und bis ans Ende aller Tage mit Ihnen zusammenbleiben möchte. Dieses Geständnis bekommen Sie aber nur, wenn Sie sich gedulden, bis er das Gefühl hat, der Zeitpunkt sei richtig. Und darauf haben Sie keinen Einfluss. Sie können die Situation nur so akzeptieren, wie sie ist.

Wenn Sie verunsichert sind, sollten Sie nicht auf seine Worte, sondern auf seine Taten achten. Wenn er Sie umarmt, küsst, Händchen hält, mit Ihnen ausgeht, ein offenes Ohr für Ihre Probleme hat, Ihnen hilft, die Gartenmöbel zusammenzubauen, Ihnen das Tanken abnimmt oder Ihnen fürsorglich seine Jacke umlegt, wenn Sie frieren, demonstriert er seine Zuneigung in einer Weise, die mehr sagt als tausend Worte.

Etwas anderes ist es, wenn Sie feststellen, dass er weder durch Worte noch durch Taten zeigt, dass ihm die Beziehung wichtig ist. Vielleicht spüren Sie unbewusst schon länger, dass er sich nie dazu bekennen wird und folglich auch nicht der Richtige für Sie ist.

Wie auch immer: Sie können ihn nicht zwingen zu sagen, dass er Sie liebt. Sie haben nur die Möglichkeit, Ihr Leben zu leben und Ihr Glück nicht von seinen Worten abhängig zu machen, sondern es in sich selbst zu suchen. Je geringer Ihr Bedürfnis ist, ihm Garantieerklärungen abzuringen, desto anziehender werden Sie für ihn und desto größer wird die Chance, dass er Ihnen Ihre Fragen von sich aus beantwortet.

Holen Sie eine zweite Meinung ein

> *Was hat es mit der Freundschaft auf sich? Wie kommt es, dass wir es unvergleichlich erfüllender finden, unter Freunden zu sein, als in Gesellschaft der erfolgreichsten und interessantesten Fremden?* SANDY SHEEHY

Statt Fragen zu stellen und ihm die Antworten in den Mund zu legen, sollten Sie sich mit einer Freundin beraten – am besten einer glücklich verheirateten Frau –, wenn Sie Zweifel plagen; als Außenstehende kann Sie die Dinge oft besser beurteilen. Fragen Sie nach Anzeichen, die dafür sprechen, dass ein Mann sich ernsthaft für Sie interessiert. Sprechen Sie offen mit ihr über Ihre Hoffnungen und Ängste, und lassen Sie sich von ihr ermutigen oder trösten, falls nötig.

Obwohl es auch Ihrer Freundin nicht gelingen wird, Ihre heimlichen Befürchtungen in seiner Gegenwart völlig auszuräumen, ist dieser Realitätscheck von jemandem, der aufmerksam zuhört und aufrichtig sagt, was er sieht, eine Beruhigung. Die Versuchung, ihn zu Bekenntnissen zu nötigen, nimmt ab.

Mit der Bereitschaft, dem »Fluss des Lebens« zu folgen, geben Sie einer aufkeimenden Beziehung die besten Chancen, zu wachsen und zu gedeihen. Wählen Sie Nähe statt Kontrolle, und Sie werden die leidenschaftliche Zweisamkeit erleben, von der Sie immer geträumt haben.

Was ich lernen musste,
um meine Ehe zu retten

Als Single sind Sie daran gewöhnt, Ihr Leben alleine zu meistern, und das ist gut. Wenn Sie die Zweisamkeit suchen und eine Beziehung eingehen, ist es schwer, die Zügel aus der Hand zu geben, zumindest manchmal. Ironischerweise ist der Schlüssel zu einer stabilen, harmonischen Beziehung, genau das zu tun, was Sie schon getan haben, bevor Sie dem Mann Ihrer Träume begegnet sind: Ihr Augenmerk auf sich selbst richten.

Ich weiß, wie schwer es ist, sich mit gut gemeinten Ratschlägen zurückzuhalten, wenn sich die Aktivitäten eines anderen Menschen auch auf Sie auswirken: zum Beispiel, wenn Sie seinetwegen zu spät kommen, ihm ständig hinterherräumen oder morgens die angeschnittene Wurst wegwerfen müssen, weil er nachts den Kühlschrank geplündert und sie auf dem Küchentisch liegen gelassen hat. Natürlich sollen Sie in solchen Situation nicht mit Ihren Gefühlen hinter dem Berg halten, aber verzichten Sie darauf, ihn zu maßregeln, zu meckern oder ihn herabzusetzen, wenn er sich nicht bessert. Sie kennen vielleicht eine schnellere Methode, Bilder aufzuhängen, aber wenn Sie nicht selbst zum Hammer greifen wollen, sollten Sie ihn gewähren lassen. Es ist gut, Recht zu haben, aber jemanden zum Kuscheln und Lachen zu haben ist besser.

Leider war mir das noch nicht klar, als ich John heiratete. Deshalb beanstandete ich beispielsweise, wie er die Betten machte, statt mich zu freuen, dass er im Haushalt half. Diese engstirnige, kurzsichtige Perspektive kostete mich beinahe meine Ehe.

Als ich einsah, dass ich nur mich selbst ändern konnte, verstand ich auch, dass mein Mann alles daran setzte, mich glücklich zu machen. Da ich inzwischen gelernt habe, diese Bemühungen zu respektieren, ist er heute wieder – genau wie zu Beginn unserer Beziehung – stolz auf seine Fähigkeit, mich zu beschützen, zu verwöhnen und zu unterstützen. Er ist bereit, zu wachsen und sich weiterzuentwickeln, und das empfinde ich als großes Geschenk.

Wenn Ihre Romanze gerade erst beginnt, müssen Sie wahrscheinlich keine Klimmzüge machen, um zu erkennen, dass er Sie glücklich machen möchte und diese Absicht Respekt verdient. Sie haben noch die richtige Perspektive: Die kleinen geschlechtsspezifischen Unterschiede machen die Beziehung erst spannend. Wenn Ihnen dieses Bekenntnis zu Ihrer Weiblichkeit und seiner Männlichkeit in Fleisch und Blut übergeht, trägt es dazu bei, die Leidenschaft und Romantik in einer Beziehung zu bewahren, lange nachdem aus dem Partner ein Ehemann geworden ist. Und er wird auch weiterhin alles tun, um Sie glücklich zu machen.

Nicht nur mein Mann reagiert liebevoll und großzügig, wenn ich ihn respektiere und aufhöre, sein Leben steuern zu wollen. Denken Sie an das Sprichwort: Wie man in den Wald hineinruft, so schallt es heraus. Seit ich aus eigener Erfahrung weiß, wie viel Macht eine Frau besitzt, die ihre Weiblichkeit lebt, ist mir klar, dass sie es ist, die über das Gelingen oder Scheitern einer Beziehung entscheidet.

Der Unterschied zwischen
Arbeit und Liebe

*Nichts verdirbt einem den Geschmack
an Erdnussbutter so sehr wie unerwi-
derte Liebe.* CHARLIE BROWN

Sie sind daran gewöhnt, am Arbeitsplatz die Führung zu übernehmen, Anweisungen zu erteilen und andere auf den richtigen Kurs zu bringen. Aber da sich Ihre beruflichen Ziele (Ef-
fizienz, Beförderung, finanzieller Gewinn) fundamental von
denen der Partnersuche unterscheiden (Zweisamkeit, Bindung, Liebe), gilt es, das Privatleben anders anzugehen als das
Berufsleben.

Mein Mann hatte vor meiner Zeit eine Freundin, die Leh-
rerin war, eine dritte Klasse unterrichtete und Schwierigkeiten hatte, umzuschalten, wenn sie sich mit John traf. Sie maß-
regelte ihn, als wäre er ein Schulbub, und dauernd hieß es
»Mach schon, setz dich«, oder »Räum das weg«. Für eine romantische Beziehung, die sich beide wünschten, waren diese
Erziehungsversuche alles andere als förderlich.

Brigitte erinnerte sich an das gemeinsame Mittagessen bei
der ersten Verabredung, bei dem sie umgehend die Ober auf
Trab brachte, bevor Ihr Begleiter auch nur den Mund aufmachen konnte. »Er hatte mich eingeladen, und trotzdem führte ich mich auf, als hätte ich das Sagen. Das nächste Mal warte ich eine Weile, bevor ich demonstriere, wie das Personal
spurt, wenn ich ein Restaurant betrete.«

Kompetenz ist natürlich eine wünschenswerte Eigenschaft,
aber Ihr Begleiter hat sicher keine Lust, den Part des Hand-
langers zu spielen, während Sie alles im Alleingang »mana-

gen«. Wenn Sie ihn abqualifizieren und den Boss spielen, werden Sie nie eine echte Partnerschaft aufbauen.

Der Aufbau einer echten Beziehung setzt das Eingeständnis voraus, dass man nicht alles alleine bewerkstelligen möchte, nicht alle Antworten parat hat und manchmal Unterstützung braucht. Das heißt nicht, dass Sie hilflos tun oder sich ungeschickt anstellen sollen, sondern dass Sie in Gesellschaft Ihres Freundes oder Partners darauf verzichten, immer und überall das Ruder zu übernehmen.

Er ist kein Hellseher

Wie beruhigend wäre es, die Geheimnisse des anderen zu kennen.
JOHN CHURTON COLLINS

Sandra bemühte sich nach besten Kräften, ihren Freund nicht zu manipulieren, fand es aber frustrierend, dass er eineinhalb Stunden brauchte, um sich in einem Sportgeschäft »umzuschauen«. »Ich war einverstanden, ihn zu begleiten, aber ich hatte mehr Rücksichtnahme erwartet«, beklagte sie sich. Er konnte nicht wissen, dass es ihr reichte, weil sie keinen Ton sagte und selber stöberte, um sich die Zeit zu vertreiben. »Warum sollte ich ihm das sagen, schließlich ist das eine Frage der Höflichkeit!«, meinte sie.

Sandra erwartete im Grunde, dass er ihre Gedanken lesen konnte, aber er war leider – wie die meisten Männer – kein Hellseher. Sie hätte es als unhöflich empfunden, ihre Wünsche klar zu äußern, aber eine Aussage wie »Ich würde gerne gehen« hat nichts mit Rücksichtslosigkeit zu tun. Die Fähigkeit, den eigenen Wünschen und Bedürfnissen angemessen Ausdruck zu verleihen, ist Teil jeder Beziehung.

Manche von uns haben von klein auf gelernt, die eigenen Wünsche und Bedürfnisse zu unterdrücken. Man hat uns eingebläut, dass wir selbstsüchtig sind, wenn wir nur an uns denken, und dass man nicht alles haben kann. Aber zu wissen, was Sie wollen, und es deutlich zu sagen ist eine positive Eigenschaft. Sie zeigen damit, dass Sie Selbstachtung, Herz und Verstand besitzen. Und das ist allemal besser, als von vornherein zu verzichten und mit dem Schicksal zu hadern, weil wir nicht das bekommen, was uns glücklich macht.

Sandra befürchtete, ihren Freund zu bevormunden, wenn sie ihren Wunsch äußerte. »Vielleicht hätte er das Gefühl gehabt, dass er nach meiner Pfeife tanzen muss«, sagte sie. Aber Wünsche äußern ist nicht das Gleiche wie bevormunden, weil Sie von niemandem etwas verlangen. Sie sprechen nur für sich selbst. Bevormundung wäre es, wenn Sie Forderungen stellen, sich beklagen oder bestimmte Erwartungen haben. In Sandras Fall hätte das dann so geklungen:

Forderung: »Bring mich hier raus, bevor ich knatschig werde.«
Beschwerde: »Ich halte es in diesem blöden Laden keine Minute länger aus.«
Erwartung: »Bist du endlich fertig?«
Wunsch: »Ich möchte bald gehen.«

Natürlich wäre der Wunsch der beste Weg für Sandra gewesen, ihr Ziel zu erreichen und die Nähe zu ihrem Freund zu bewahren. Diese Gewohnheit sollten auch Sie sich zu Eigen machen. In einer romantischen Beziehung ist die Äußerung der eigenen Wünsche und Bedürfnisse ein besonders wichtiger Punkt, denn Ihr Partner braucht die Information, um Sie glücklich zu machen.

Er möchte Ihnen jeden Wunsch von den Augen ablesen

> *Eine gute Ehe ist wie ein gutes Geschäft: Jeder glaubt, den besseren Handel abgeschlossen zu haben.*
>
> IVERN BALL

Aber was wäre, wenn es Sandras Freund vorgezogen hätte, noch eine Weile in dem Sportgeschäft zu bleiben?

Das kann passieren, aber da Ihr Glück für Ihren Freund oder Partner an erster Stelle steht, wird Ihr Wunsch bei seiner Entscheidung großes Gewicht haben. Immer wieder wurde mir von Männern bestätigt, wie wichtig es für sie ist, dass sich ihre Partnerin wohl fühlt.

Das heißt nicht automatisch, dass Ihr Wunsch in Erfüllung geht, sondern nur, dass Ihr Begleiter eine Möglichkeit suchen wird, es Ihnen recht zu machen.

Wenn Sandras Freund beispielsweise gewusst hätte, dass sie glücklich gewesen wäre, den Laden endlich zu verlassen, wäre er vielleicht auf der Stelle gegangen. Da er aber kein Hellseher war, konnte er ihrem Wunsch nicht entsprechen. Vielleicht hätte er nicht auf dem Absatz kehrtgemacht, aber eine andere Lösung gefunden. Er hätte ihr zum Beispiel den Wagenschlüssel geben und ihr anbieten können, im Auto zu warten oder sie in einer nahe gelegenen Boutique abzuholen, wenn er fertig war. Machen Sie sich also bewusst, dass er auf Ihre Wünsche und Bedürfnisse nur dann eingehen kann, wenn er sie kennt.

Als Helen Roger traf, konnte sie aufgrund ihrer schlechten Erfahrungen kaum glauben, dass ein Mann wirklich auf ihr Glück bedacht war. Eines Abends, als er sie zum Essen ausführte, erwähnte sie, dass sie etwas in einer Boutique umtauschen müsse, die in einer halben Stunde schloss. Sie sagte nicht: »Ich möchte, dass du mich begleitest« oder »Ich muss die Sachen heute zurückbringen.« Roger bat sofort um die Rechnung, zahlte in aller Eile und fuhr mit ihr so schnell er konnte zu dem Geschäft. Sie kam sich seltsam dabei vor, dass er sie in eine Damenboutique begleitete – nur ihr zuliebe. »Ich habe mir immer wieder gesagt: ›annehmen, annehmen, annehmen‹. Ich konnte es nicht fassen, dass er mich dorthin begleitete, weil das noch niemand für mich getan hat«, meinte sie. »Aber ich gewöhne mich wohl besser daran, denn es sieht ganz so aus, als bliebe er mir erhalten.«

Wie »harmlose« Bemerkungen verletzen können

> *Es gibt einen Anstand des Herzens; er ist verbündet mit der Liebe. Ihm entspringt der reine Anstand im äußeren Verhalten.*
> JOHANN WOLFGANG VON GOETHE

Wenn Sie sich dabei ertappen, wie Sie ihm vorschreiben, dass er besser vor dem Essen Mittagsschlaf halten, sein Aktienportfolio breiter streuen oder das Geschirr unter fließendem

Wasser abwaschen sollte, bevor er es in die Spülmaschine räumt, verhalten Sie sich nicht wie seine Partnerin, sondern wie sein Boss. Wenn Sie ihn an seinen Zahnarzttermin erinnern, ihm zeigen, wie man Hemden richtig bügelt oder ihm nahe legen, auf seinen Cholesterinspiegel zu achten, versuchen Sie, *sein* Leben in die Hand zu nehmen.

Viele Bemerkungen mögen auf den ersten Blick harmlos oder wie gut gemeinte Ratschläge klingen, aber sie enthalten in Wirklichkeit eine verdeckte Kritik:

Bemerkung: »Warum legst du dich nicht vor dem Essen hin?«
Versteckte Kritik: Ich weiß besser als du, was dein Körper braucht.

Bemerkung: »Du solltest das Geschirr kurz unter fließendes Wasser halten, bevor du es in die Spülmaschine stellst.«
Versteckte Kritik: Du hast keine Ahnung von den einfachsten Dingen.

Bemerkung: »Du solltest dein Anlagenportfolio breiter auffächern.«
Angedeutete Kritik: Du investierst dein Geld nicht verantwortungsbewusst.

Da ein Mensch überfordert ist, das Leben von zwei Erwachsenen zu führen, werden Sie mit Ihrer Beziehung irgendwann Schiffbruch erleiden. Entweder sind Sie frustriert, weil Sie alles alleine deichseln müssen, und verlieren die Achtung vor ihm, oder er hat es irgendwann satt, dass Sie ihn bevormunden, und lässt Sie fallen wie eine heiße Kartoffel – oder beides. Wie auch immer – Sie setzen ihn herab und bürden sich selbst zu viel auf. Und damit verspielen Sie jede Chance auf Nähe und Leidenschaft. Wer hat schon Lust, zu einem Mutterersatz oder einem Mannweib unter die Decke zu kriechen?

Eine Therapeutin erzählte mir von einer Patientin, die überlegte, ob sie ihren Freund heiraten sollte, den sie als Trottel beschrieb. Die Therapeutin wies die Frau darauf hin, dass es ihr offensichtlich an Respekt gegenüber ihrem Partner mangele und sie sich daher nicht vorstellen könne, dass die Ehe gut gehen könne, wenn beide schon jetzt derart unglücklich waren. Die Frau hatte wiederholt geäußert, dass ihr Freund völlig anders sei als sie und sie sich im Grunde jemanden wünschte, der sich mehr auf ihrer Wellenlänge befände. Erst als sie ernsthaft darüber nachdachte, die Beziehung zu beenden, fielen ihr plötzlich Eigenschaften auf, die sie an ihm bewunderte, zum Beispiel seinen Sinn für Humor, seine Abenteuerlust und seine absolute Loyalität. Mit dem Gedanken konfrontiert, ihn zu verlieren, wurde ihr erstmals bewusst, dass sie einander gut ergänzten.

Dennoch konnte sie der Versuchung nicht widerstehen, ihrem Freund zu sagen, dass er zu schnell fuhr, zu viel Milch auf sein Müsli goss und sein Geld mit dem gelegentlichen Kauf von Lotterielosen verschwendete. Da er das Gefühl hatte, ihr nichts recht machen zu können, resignierte er schließlich. Frustriert und in die Defensive gedrängt, begann er sich in sein Schneckenhaus zurückzuziehen, bis von einer Beziehung kaum noch die Rede sein konnte.

Statt die Flamme der Leidenschaft zu entfachen, indem sie seine Entscheidungen respektierte, gewöhnte die Frau sich an, ihm zu sagen, was er zu tun und zu lassen hatte. Vielleicht wollte sie ihm nur helfen, der Mann zu werden, den sie gerne gehabt hätte, aber damit brachte sie die Glut der Liebe zum Erlöschen. Sie verhinderte, dass die Beziehung sich überhaupt weiterentwickelte.

Wenn Sie sich mit der Frau in dieser Geschichte identifizieren können, wurzeln Ihre Bemühungen möglicherweise in aufrichtig gemeinter Fürsorge. Aber wahrscheinlicher ist, dass Sie dabei an Ihre eigenen Wünsche und Bedürfnisse denken – wogegen nichts einzuwenden ist, solange Sie nur *für sich selbst und über sich selbst sprechen.*

Vielleicht möchten Sie, dass Ihr Partner vor dem Mittagessen schläft, weil Sie noch keinen Hunger haben und mit ihm gemeinsam essen möchten. Aus dieser Perspektive erscheint der Vorschlag, mit dem Essen zu warten, völlig logisch. Aber statt ihm Vorschriften zu machen und die Harmonie in Ihrer Beziehung aufs Spiel zu setzen, gelangen Sie eher an Ihr Ziel, wenn Sie nur über sich sprechen. Äußern Sie Ihre Wünsche und Gefühle, indem Sie sagen: »Ich habe noch keinen Hunger, aber ich würde gerne später mir dir zusammen essen.« Statt Ihren Befehlen Folge leisten zu müssen, kann er entscheiden, ob er eine Kleinigkeit vorab essen, warten und mit Ihnen gemeinsam essen, oder den Mittagsschlaf vorziehen will.

Ihn daran zu erinnern, das Geschirr vorher unter fließendem Wasser abzuspülen, verhindert vielleicht, dass Sie nachher festgebackene Speisereste abkratzen müssen, aber die Kränkung, die damit verbunden ist, fordert ihren Tribut: den Verlust von Nähe. Der Untertext »Du hast keine Ahnung!« ist weder ein Pluspunkt für Sie noch eine nette Geste. Wenn Sie es sich nicht verkneifen können, ihm ständig zu sagen, wo's langgeht, opfern Sie auf Dauer Ihre Liebe.

Sagen Sie also einfach, was *Sie* empfinden, zum Beispiel: »Ich kratze nicht gerne die Essensreste vom Geschirr ab.« Sie können ihn nicht zwingen, seine Gewohnheiten zu ändern, aber da er Sie glücklich machen will, gibt er sich gewiss Mühe, das Problem zu beheben, das Sie haben.

Vielleicht juckt es Ihnen in den Fingern, seine Anlageberaterin zu spielen, weil eine romantische Hochzeitsreise mit allem Drum und Dran zu Ihrer Vorstellung von einer gemeinsamen Zukunft gehört. Statt insgeheim an seinen Entscheidungen herumzumäkeln, sollten Sie sich sagen, dass er weiß, was er tut. Reden Sie also lieber nur von Ihren Wünschen: »Ich wünsche mir eine Hochzeit mit allem Drum und Dran, einschließlich Hochzeitsreise.«

Aber was ist, wenn er keine Ahnung von Investitionen hat und sein ganzes Geld auf das falsche Pferd setzt? Sollen Sie ihn blindlings in sein Verderben rennen und die Traumhochzeit den Bach runtergehen lassen? Die Versuchung, sich einzumischen, ist mit Sicherheit groß, aber ich rate dringend ab. Es ist *sein* Geld, auf das Sie keinen Anspruch haben. Wenn er Geld verliert, weil er schlechte Anlageentscheidungen getroffen hat, wird er fürs nächste Mal daraus lernen.

Der wichtigste Grund, Zurückhaltung zu üben, ist die Tatsache, dass es respektlos wäre, ihm zu sagen, dass er keine Ahnung hat. Und Respektlosigkeit ist der Feind der Zuneigung. Eine Beziehung ist nicht dazu da, jemanden vor Fehlern zu bewahren, sondern sich gegenseitig beim Lernen zu unterstützen. Wenn Sie also lieber Händchen halten und kuscheln statt sich über die besten Renditemöglichkeiten zu streiten, konzentrieren Sie sich auf Ihr eigenes Leben.

Männer reichen selten
die Scheidung ein

Wenn es in einer Ehe nicht mehr stimmt, reicht fast immer die Frau die Scheidung ein. Die gute Nachricht ist, dass Sie dadurch eine größere Chance haben, zum Gelingen der Ehe beizutragen, ungeachtet der Höhen und Tiefen, weil er vermutlich an ihr festhalten wird. Die meisten Frauen sind überrascht, wenn ich sie darauf aufmerksam mache, weil man es angesichts des grassierenden Scheidungsfiebers kaum für möglich hält, dass zu neunzig Prozent die Frauen den Schlussstrich ziehen. Da das Bekenntnis zur Weiblichkeit und die damit verbundene Hingabe eine Ehe stark machen, ist die Wahrscheinlichkeit gering, dass sie vor dem Scheidungsrichter endet.

Bei meinen Gesprächen mit Frauen, die Eheprobleme haben, sind interessante Dinge über diese Statistiken zum Vorschein gekommen. Viele, die zum zweiten Mal verheiratet waren, mussten in der ersten Ehe alles alleine machen – einschließlich die Scheidung einreichen. Mit dem Bekenntnis zur Weiblichkeit kam jedoch die Erkenntnis, dass sie damals das Bedürfnis gehabt haben, die Beziehung von A bis Z zu steuern, einschließlich des Endes.

Obwohl ich selbst schon mal an Scheidung gedacht habe, war das für meinen Mann offenbar nie ein Thema. Als Freunde ihn fragten, warum er noch mit einer so dominanten Frau wie mir verheiratet sei, zuckte er die Achseln und meinte: »Das ist maßlos übertrieben.« Seine Loyalität ließ ihn über meine Fehler hinwegsehen, während ich seine an den Pranger stellte.

Es gibt ein todsicheres Rezept, selbst die größte Einsamkeit in der Ehe in echte Zweisamkeit zu verwandeln: Heiraten Sie den Richtigen, dann ist die Wahrscheinlichkeit groß, dass Sie zusammenbleiben, bis dass der Tod Sie scheidet.

Die Macht liegt allein bei Ihnen – und die Verantwortung.

Fragen Sie nur glücklich verheiratete Frauen

> *Es gibt nichts, was edler oder bewundernswerter wäre, als wenn zwei Menschen Auge in Auge einen Hausstand als Mann und Frau führen, ihre Feinde verwirren und ihre Freunde beglücken.*
> HOMER

Wie eignen Sie sich Gewohnheiten an, die Ihnen die Gewissheit geben, dass Sie und der Mann Ihres Lebens miteinander alt werden und Ihr Glück bewahren? Es ist dabei eine große Hilfe, eine Mentorin zu haben, von der Sie Ermutigung und Rückmeldungen bekommen.

Bei einigen Frauen ist die Mutter in der Lage, diese Rolle zu übernehmen, aber wenn Sie miterlebt haben, wie sich Ihre Eltern getrennt oder einander entfremdet haben, wird sie Ihnen kaum mit guten Ratschlägen dienen können. Und selbst wenn die Ehe Ihrer Eltern harmonisch war, muss ihr Rezept nicht auch zu Ihnen oder in die heutige Zeit passen.

Es ist nicht leicht, im Freundes- und Bekanntenkreis die Spreu vom Weizen zu trennen. Andere Single-Frauen können Ihnen nicht aus eigener Anschauung sagen, wie Sie Frieden und Freude im Ehestand finden, und Freundinnen, die unglücklich verheiratet sind, erst recht nicht. Da die Ehen in Filmen und Büchern nicht an die Grenzen der Realität gebunden sind, stellen sie ebenfalls keine Hilfe dar.

Aus den Fehlern anderer zu lernen ist auch nicht der Weisheit letzter Schluss. Zum einen sind unglückliche Paare keine Inspiration, sondern schüren nur die eigenen Ängste. Und da es zum anderen viele Möglichkeiten gibt, eine Ehe zu verpfuschen, aber nur wenige, für echte Harmonie zu sorgen, ist es leichter, sich die kürzere Liste einzuprägen.

Die beste Methode ist, sich eine verheiratete Frau als »Eheberaterin« zu suchen, die genau die Beziehung führt, die Ihnen vorschwebt.

Sie kennen wahrscheinlich die eine oder andere, die eine bewundernswerte Ehe hat – mit viel Fröhlichkeit, gegenseitigem Respekt und offen bekundeter Zuneigung. Das sind die äußeren Zeichen einer intakten Beziehung. Diese Frauen können Ihnen am ehesten gute Tipps geben, angefangen beim ersten Rendezvous bis zum »Ich will«. Wenn Sie verunsichert sind und das Bedürfnis haben, ihn zu manipulieren, sprechen Sie mit Ihrer persönlichen Eheberaterin. Sie kann Ihr Bild der Realität überprüfen, Ihre Ängste beschwichtigen und Ihnen die Freuden schildern, die Sie erwarten.

Um auf dem richtigen Kurs zu bleiben, sollten Sie die glücklichste Frau, die Sie kennen, um Unterstützung bitten.

22

Trauen Sie ihm etwas zu

Jeder Mensch, dem ich begegne, ist mir in der einen oder anderen Weise überlegen. RALPH WALDO EMERSON

Der Mann Ihres Lebens möchte spüren, dass Sie seine Entscheidungen, Ideen und Vorlieben respektieren, selbst wenn sie nicht Ihre ungeteilte Zustimmung finden. Das bedeutet, dass Sie aufhören müssen, ihn ständig zu kritisieren, abzulehnen oder abzuwerten. Machen Sie gar nicht erst den Versuch, ihn zu belehren, auch wenn Sie meinen, es besser zu wissen, weil das eine Form der Kontrolle und Manipulation wäre. Trauen Sie ihm etwas zu, nämlich Köpfchen und Kompetenz.

Der Mann, der für Sie der Richtige ist, braucht keine Retterin in der Not: Er braucht keine Frau, die ihm die Ausbildung finanziert, seine Kinder versorgt, ihm ein Dach über dem Kopf verschafft. Er hat sich für Sie entschieden, weil er eine Partnerin und Geliebte sucht, keine Therapeutin und keinen Mutterersatz. Je mehr Sie ihm zutrauen, desto mehr wird er bemüht sein, die in ihn gesetzten Erwartungen nicht zu enttäuschen.

Zerbrechen Sie sich nicht seinen Kopf

In dem Comic *Mother Goose & Grimm* hatte Grimm (der Hund) einmal ein Date mit einem Pudel, der ihn ständig vor Gefahren wie Parkbuchten, Pfosten und Feuerhydranten warnte. Am Ende verdrehte Grimm entnervt die Augen und sagte: »Das ist das letzte Mal, dass ich mit einem Blindenhund ausgehe!«

Die meisten Männer brauchen keine Frau, die sich für sie den Kopf zerbricht und ihnen andauernd in den Ohren liegt, vorsichtig zu sein. Nick gefiel es mit Sicherheit nicht, als er seiner Freundin Barbara freudestrahlend erzählte, dass er sich ein Motorrad gekauft habe, und sie erwiderte: »Oh Gott, hoffentlich passiert dir nichts!«

Motorräder können gefährlich sein, aber mit der Unterstellung, er könne einen Unfall bauen und dabei verletzt werden oder sterben, verriet Barbara, dass sie Nick nicht zutraute, auf sich selbst aufzupassen. Sie verpasste die Chance, sich mit ihm über das neue »Spielzeug« zu freuen.

Je vertrauter eine Beziehung wird, desto größer wird auch die Gefahr, zum Blindenhund des Partners zu werden.

Pessimismus, mangelndes Vertrauen, falsch verstandene Fürsorge und Druck sind Formen der Manipulation, die dazu führen, dass Sie sich am Ende ausgelaugt fühlen und die Leidenschaft erkaltet. Es ist an der Zeit, darauf zu vertrauen, dass er gut auf sich selbst aufpassen kann, und die Entscheidungen, die er für sein Leben trifft, zu respektieren.

Sie müssen sich nicht
unentbehrlich machen

*Das höchste Glück im Leben ist die
Überzeugung, dass wir geliebt werden –
um unserer selbst willen geliebt werden,
oder vielmehr, unserer selbst zum Trotz.*
VICTOR HUGO

Eva beklagte sich, weil sie nur notorische Verlierer kennen
lernte, Männer, die einen Mutterersatz suchten. Das lag nicht
zuletzt daran, dass sie diese Rolle von sich aus übernahm, indem sie sich unentbehrlich machte. Einer hatte gerade einen
Karriereknick, und sie erbot sich, ihm bei der Eröffnung einer
Immobilienfirma zu helfen. Ein anderer hatte vor Weihnachten keine Zeit, Geschenke zu kaufen, also erledigte sie die Besorgungen. Und bei einem dritten, der unter Depressionen
litt, spielte sie die Krankenschwester. Am Ende hatte sie stets
das Gefühl, ausgenutzt zu werden, obwohl sie die Hilfe von
sich aus angeboten hatte. In Wirklichkeit versuchte sie, die
Männer, bei denen sie sich unentbehrlich machte, in eine
Schablone zu pressen, die ihren Vorstellungen entsprach.

»Ich versuche doch bloß zu helfen und hoffe, dass sie für
mich genauso da sind, wenn ich sie mal brauche. Aber das ist
ein Fass ohne Boden, sie nutzen mich nur aus!« Und ließen
sich außerdem nicht so hinbiegen, wie es ihr vorschwebte.

Zum Glück gibt es viele Männer, die sich für Sie nicht deshalb interessieren, weil Sie einen Lebenslauf tippen oder die
Kinder aus erster Ehe beaufsichtigen können. Um den Zu-
strom emotional oder finanziell bedürftiger Männer zu stop-
pen, sollten Sie nicht mehr anbieten, sich zu »kümmern«.

Wenn Sie sich unentbehrlich machen, ist das ermüdend, denn Sie managen nicht nur Ihr eigenes Leben – was Herausforderung genug ist –, sondern muten sich zu, zwei zu meistern. Sie laufen Gefahr, die Fürsorgepflicht gegenüber sich selbst zu vernachlässigen, und sind irgendwann frustriert, weil Sie Ihre eigenen Aktivitäten und Ihr eigenes Glück für einen Mann hintanstellen. Wenn Sie darauf verzichten, eine halbe Stunde mit einem guten Buch auf der Couch zu entspannen, um seine Sachen aus der Reinigung zu holen, wird Ihnen die Verschnaufpause abgehen und sehr bald der Stress spürbar werden.

Der Drang, sich unentbehrlich zu machen – selbst wenn es scheint, als ginge es nicht ohne Sie – tötet jede Intimität. Stellen Sie sich vor, wie es Ihnen ginge, wenn Ihre Mutter ständig anrücken und das ganze Haus auf Hochglanz bringen würde, während Sie weg sind. Gewiss wären Sie ihr dankbar, aber gleichzeitig hätten Sie auch das Gefühl, dass sie in Ihre Intimsphäre eindringt und Sie entmündigt, als wären Sie ein Wickelkind. Männer empfinden das Gleiche, wenn wir ihr Leben in die Hand nehmen, einen Bereich finden, in dem es hapert, und ihn in Angriff nehmen, als gelte es, Unkraut im Garten zu jäten.

Wenn Sie Ihre Zeit und Energie darauf verwenden, sein Leben »zu verbessern«, stellen Sie ihm im Grunde ein Armutszeugnis aus. Wie subtil auch immer, das vernichtende Urteil ist spürbar. »Wir könnten dir doch gemeinsam etwas zum Anziehen kaufen«, heißt im Klartext »Dein Geschmack lässt auch zu wünschen übrig«. Hinter der Fassade der Hilfsbereitschaft verbirgt sich nur schlecht Ihre Kritik.

Abgesehen davon, dass Sie ihn entmündigen, könnte ein Mann noch aus einem anderen Grund abwehrend auf das Angebot reagieren, in seiner Wohnung Staub zu wischen, seinen Kühlschrank aufzufüllen oder für ihn zur Post zu gehen. Vielleicht befürchtet er, dass Ihre Hilfe ihren Preis hat. Ilona verwöhnte Christian mit Selbstgebackenem, kaufte ihm neue Badehandtücher und brachte seinen Wagen in die Waschanlage. Sie war großzügig und genoss es, ihm kleine Aufmerksamkeiten zu erweisen, aber irgendwann wurde es Christian zu viel. »Hör bitte auf, mich zu betütern, ja?«, sagte er. Ilona fühlte sich verletzt. »So bin ich nun mal. Ich verstehe gar nicht, was er hat: Jeder andere mag das an mir.«

Als Ilona in sich ging, erkannte sie, dass sich hinter ihrer Großzügigkeit ein nicht ganz so selbstloses Motiv verbarg: »Wenn ich ehrlich bin, muss ich zugeben, dass ich mich unentbehrlich machen wollte, um ihn damit zu halten«, sagte sie traurig. »Er sollte das Gefühl haben, mir etwas schuldig zu sein.«

Christian trennte sich trotzdem von Ilona, und obwohl sie am Boden zerstört war, lernte sie eine wichtige Lektion. »Ich wünschte, Frauen wie ich würden endlich damit aufhören, sich unentbehrlich zu machen«, sagte sie. Sie merkte, dass sie Liebe nicht erzwingen konnte, indem sie einen Mann mit Geschenken überhäufte und ihm jeden Wunsch von den Augen ablas. »Ich dachte, niemand würde mich lieben, wenn ich nicht bereit wäre, alles für einen Mann zu tun. Traurig, aber wahr.«

Gabi verwöhnte ihren Freund Matthias zu Beginn ebenfalls nach Strich und Faden, was ihr wenig Spaß machte. Aber *ihm* gefiel es. Als sie beschloss, wieder mehr für sich selbst zu tun, ging die Beziehung bald in die Brüche. »Er suchte einen mütterlichen Typ, und das wollte ich nicht sein. Als ich anfing, auf mein eigenes Wohl zu achten, wurde mit einem Mal deutlich, dass wir beide nicht zusammenpassten, und deshalb haben wir uns getrennt. Heute fühle ich mich erleichtert.«

Manipulation bleibt Manipulation

> *Wachstum erfordert die zeitweilige Aufgabe des eigenen Sicherheitsbedürfnisses.* GAIL SHEEHY

Ilona ist kein Einzelfall. Viele Frauen sind mit Feuereifer dabei, wenn es gilt, Geburtstagspartys für ihren Partner zu organisieren, kaufen Weihnachtsgeschenke für ihn, die sie sich eigentlich nicht leisten können, und bringen seine Wohnung auf Hochglanz, obwohl sie eine hektische Arbeitswoche hinter sich haben. Es ist schwer, ihnen aus so viel Altruismus einen Vorwurf zu machen – oder zu verstehen, warum der Partner gereizt reagiert oder sich immer mehr in sein Schneckenhaus zurückzieht. Bis man sich klar macht, dass es sich hier um eine Form der Manipulation handelt.

Wenn das wahre Motiv hinter der Großzügigkeit einer Frau darin liegt, sich unentbehrlich zu machen oder das Gefühl in ihm zu wecken, ihr etwas schuldig zu sein, werden seine Empfindungen irgendwann abkühlen, weil er merkt, dass er manipuliert wird.

Statt Zeit und Geld für solche Manipulationsversuche zu opfern, sollten Sie Ihren Partner und seine Entscheidungen so nehmen, wie sie sind – ob er Schokoriegel zum Frühstück isst, in seinem Zimmer das reinste Chaos anrichtet oder immer drei Aspirin nimmt statt zwei, wie auf dem Beipackzettel angeben. Nur so entwickeln Sie eine für alle Beteiligten befriedigende Beziehung.

Ihm etwas Nahrhaftes zum Frühstück zu kaufen, seine Wohnung aufzuräumen oder seinen Verbrauch an Schmerzmitteln zu überwachen ist sowohl überflüssig als auch frustrierend für Sie beide.

Echte Freundschaftsdienste

Der Mann, den Sie bewundern und der für Sie der Richtige ist, braucht Ihren Respekt mehr als Ihre Verhaltensmaßregeln oder Ihre Hilfe bei Besorgungen. Und Respekt erweisen Sie ihm, wenn Sie ihm zutrauen, dass er seine Probleme selbst lösen kann.

Ich sage nicht, dass Sie einem Mann keinesfalls helfen sollten, wenn er Sie um einen Gefallen bittet – aber nur bis zu einem bestimmten Punkt. Wenn er beispielsweise fragt, ob Sie ihn abholen können, weil sein Auto streikt, sollte das selbstverständlich sein. Wenn er krank ist und Sie bittet, für ihn einzukaufen, sollten Sie die Gelegenheit nutzen, Ihre Zuneigung zu zeigen. Der Unterschied ist:

༰ *Er* bittet Sie um eine Gefälligkeit – Sie bieten Ihre Hilfe nicht wie Sauerbier an.

༰ Sie springen gerne ein, ohne später das Gefühl zu haben, ausgenutzt zu werden.

༰ Es handelt sich um einen einmaligen Freundschaftsdienst,

keine dauerhafte Verpflichtung, wie einmal in der Woche seine Wäsche zu waschen oder ihn durch das Medizinstudium zu bringen.

Wenn Sie sich zu derartigen Dauer-Gefälligkeiten verpflichten, können Sie Ihr Energiereservoir im Einzelfall nicht mehr überprüfen, um festzustellen, ob Sie die Aufgabe wirklich übernehmen können, ohne sich überfordert und ausgenutzt zu fühlen. Außerdem setzen Sie sich selber in ein schlechtes Licht, denn Sie kommen nur dann aus der eingegangenen Verpflichtung wieder heraus, wenn Sie Ihr Angebot rückgängig machen. Statt Lob zu ernten, wenn Sie ihm einen Freundschaftsdienst erweisen, enttäuschen Sie ihn, wenn Sie plötzlich mit einer Gewohnheit brechen und einen Rückzieher machen. Und dann haben Sie obendrein ein schlechtes Gewissen, weil Sie ihm diesen Gefallen *nicht* tun, und das ist wirklich absurd.

Aber was ist, wenn sich Ihr Partner in einer schwierigen Übergangssituation befindet, wieder die Schulbank drückt oder finanziell zu kämpfen hat? Sie sind vielleicht geneigt, ihm die Bürde zu erleichtern, aber damit wechseln Sie von der Rolle der Geliebten in die Rolle der Wohltäterin, was sich negativ auf eine romantische Beziehung auswirkt. Wenn Sie ihn sponsern, um ihm die Miete zu finanzieren, oder arbeiten gehen, damit er studieren kann, werden Sie sich irgendwann wie seine Mutter vorkommen. Und welcher Mann fühlt sich auf Dauer zu einer Frau hingezogen, die ihn ständig an seine Mutter erinnert? Dazu kommt, dass Sie sich noch nicht lange kennen und keine Garantie haben, ob Sie irgendwann die Früchte Ihres Opfers ernten können. Viele Paare haben sich getrennt, nachdem sie ihn durchs Studium gebracht hatte. Ein warnendes Beispiel, das Sie sich zu Herzen nehmen sollten.

Und schließlich ist er nicht auf Ihre Hilfe angewiesen, um seine Ziele zu erreichen – er ist auch vor Ihrer Begegnung zurechtgekommen.

Liebe braucht Respekt

Des einen Freud ist des anderen Leid, auch in einer Beziehung. Michael konnte es beispielsweise kaum erwarten, Ellen seine Bilder vom Unabhängigkeitstag zu zeigen, den er mit seiner Familie gefeiert hatte. Aufgeregt erzählte er ihr, dass sein Cousin verbotene, unter der Hand gekaufte Feuerwerkskörper mitgebracht hatte; Michael hatte sie angezündet und um ein Haar das ganze Wohnviertel in Brand gesteckt. Das Beweisfoto war ein Schnappschuss seiner betagten Großmutter – die zu alt und gebrechlich war, um die Flucht zu ergreifen – in einem Sessel mit Brandlöchern an beiden Seiten.

»Ich fand das unmöglich«, erklärte Ellen. »Ich konnte nicht heucheln und so tun, als würde ich sein Verhalten gutheißen. Aber ich sah, wie sehr er darauf brannte, mir die Geschichte zu erzählen, und wollte ihm keinen Dämpfer verpassen, also hielt ich meinen Mund.«

Dabei war Michael gar nicht auf Ellens Zustimmung aus. Er wollte ihr lediglich von seinem Pech erzählen, das er im Nachhinein komisch fand. Ellen dachte irrtümlicherweise, sie könne durch ihre passive Missbilligung sein Verhalten verändern – mit dem Ergebnis, dass sie die Chance verpasste, sein Herz zu gewinnen und mit ihm gemeinsam über sein Missgeschick zu lachen.

Sobald eine feste Beziehung besteht, tappt man leicht in die Falle, höhere Maßstäbe an den Partner anzulegen als an enge Freunde. Um die Dinge wieder in die richtige Perspektive zu rücken, sollten Sie sich fragen, ob sie mit einem guten Freund in der gleichen Situation genauso hart ins Gericht gehen würden, und die Messlatte entsprechend korrigieren.

Als Ellen darüber nachdachte, wie sie reagiert hätte, wenn jemand aus ihrem Freundeskreis ihr die Fotos gezeigt hätte, musste sie zugeben, dass sie vermutlich gelacht und gesagt hätte: »Aha, du bist also Hobby-Brandstifter!« Einen Freund hätte sie nicht umerziehen wollen.

Erhalten Sie die Anziehungskraft

> *Wenn diese Welt wahres Glück birgt, dann findet man es in einem Heim, in dem Liebe und Vertrauen mit den Jahren wachsen.*
>
> A. EDWARD NEWTON

Wenn Sie sich von dem Bedürfnis befreien, einen Mann zu manipulieren, ständig zu kritisieren, ihn zu retten oder zu umsorgen, tritt eine erstaunliche Veränderung ein: Sie spüren wieder die Vertrautheit und Nähe, die Sie ganz am Anfang der Beziehung empfunden haben, als Sie Ihre gegenseitige Anziehungskraft entdeckten. Das liegt daran, dass er seine Energie wieder darauf konzentrieren kann, Sie glücklich zu machen, statt sich gegen Sie zur Wehr zu setzen. Und Sie kön-

nen Ihre Kraft darauf verwenden, achtsam mit sich selbst umzugehen, statt ihn zu manipulieren. Wenn Sie Ihrem Freund
oder Partner mit Respekt begegnen, gibt es weniger Differen-
zen, sodass Sie sich Nörgeleien und Streitereien weitgehend
ersparen können. Ihr Partner wird dankbar für das in ihn ge-
setzte Vertrauen sein, und diese Dankbarkeit wird sich darin
ausdrücken, dass Sie häufiger Händchen halten, romantische
Abendessen zu zweit genießen und mehr zusammen lachen.

23
»Autsch« – verletzte Gefühle

*Wir fühlen uns häufiger ängstlich als
verletzt; und wir leiden in stärkerem
Maße unter den eigenen Fantasievor-
stellungen als unter der Wirklichkeit.*
LUCIUS ANNAEUS SENECA

*Bevor Sie Ihrem Freund oder Partner sagen, dass Sie sich ver-
letzt fühlen, weil er etwas getan oder unterlassen hat, sollten Sie
Ihre eigenen Erwartungen überdenken. Wenn Sie es als Kränkung empfinden, dass er nicht von sich aus angeboten hat, zu fahren, am Freitagabend lieber fernsehen als mit Ihnen ausgehen wollte oder sich seit Dienstag nicht mehr gemeldet hat, versuchen Sie
bloß, der Beziehung Ihre eigenen, zumeist verdeckten Ziele aufzu-
zwingen.*

*Falls Sie jedoch verletzt sind, weil Sie das Gefühl haben, zu Un-
recht kritisiert worden zu sein, auch indirekt, reagieren Sie am Besten, indem Sie laut »Autsch!« sagen.*

*Widerstehen Sie dem Drang, Ihre spitze Zunge einzusetzen, um
ihn unter Druck zu setzen oder Gleiches mit Gleichem zu vergel-
ten.*

Lassen Sie Ihre heimlichen Ziele los

Jede von uns hat sich ein Bild entworfen, wie eine dauerhafte Beziehung beginnen sollte, und alles, was diesen Vorstellungen nicht entspricht, macht uns nervös. Sobald wir diese

innere Unruhe spüren, setzt automatisch unser Kontrollbedürfnis ein.

Eine Methode, Männer ganz subtil zu manipulieren, besteht darin, in die Opferrolle zu schlüpfen, wenn ihr Verhalten nicht mit unseren Wünschen übereinstimmt. Die Herzsaiten zum Klingen bringen und auf die Tränendrüse drücken ist ein erprobtes weibliches Mittel, um einen Mann zu einer Veränderung zu nötigen. Aber damit erreichen wir nur eines: dass sich der andere innerlich »ausklinkt«.

In Ihrer Idealvorstellung von der Welt weiß Ihr Partner von sich aus, wie er sich zu verhalten hat. Seine Worte und Taten stimmen mit Ihren Wünschen überein. Sein Sinn für das richtige *Timing* ist unübertroffen. In der Realität sind sein Verhalten, sein Tonfall und sein mangelndes Gefühl für den richtigen Zeitpunkt bisweilen anstrengend. Um echte Nähe zu entwickeln, müssen Sie Ihre eigenen Erwartungen loslassen und akzeptieren, dass er mit seinem Verhalten nicht zwangsläufig falsch liegt oder Sie verletzen will. Sie können ihn nicht wie einen Roboter programmieren – aber einen Roboter wollen Sie ja auch nicht. Er ist ein Mensch aus Fleisch und Blut, der alles andere als perfekt ist, und deshalb enttäuscht er Sie dann und wann.

Ihr Kummer mag durchaus real sein, aber er basiert auf dem Anspruch, dass Ihr Partner sich nach Drehbuch verhält, nach dem Drehbuch, das Sie in Ihrem Kopf haben. Unter dieser Voraussetzung bleibt es nicht aus, dass Sie ständig enttäuscht werden. Die Frustration Ihres Partners wächst immer mehr, wenn er erkennen muss, dass er Ihren unausgesprochenen Erwartungen nie genügen wird und sein wahres Ich nicht gut genug für Sie ist.

»Unterlassungssünden«
sollten Sie übersehen

*Wenn man jemanden liebt, kommen
alle aufgestauten Wünsche ans Tageslicht.* ELIZABETH BOWEN

Sie sind verletzt, weil er es noch nicht für nötig gehalten hat, Sie seinen Eltern vorzustellen, oder weil er Sie nicht so oft anruft, wie Sie es sich wünschen. Sie sind versucht, zu sagen: »Ich finde es kränkend, dass du mich nicht zu deinen Eltern mitnimmst.« Oder Sie bringen Ihre Enttäuschung dadurch zum Ausdruck, dass Sie sich demonstrativ in Schweigen hüllen oder die beleidigte Leberwurst spielen.

Vorher sollten Sie aber mal darüber nachdenken, ob Sie nicht zu viel erwarten.

Beispielsweise kann es für Sie völlig logisch sein, dass Sie seine Eltern nach spätestens sechs Wochen kennen lernen. Das können Sie ihm natürlich sagen. Aber als hingebungsvolle Frau und Partnerin sollten Sie *ihm* die Wahl des Zeitpunkts überlassen.

Ihm »Unterlassungssünden« vorzuwerfen – zum Beispiel, dass er sich zum Antrittsbesuch bei Ihren Eltern nicht in Schale geworfen hat oder sein Auto nicht ausgeräumt hat, bevor er Sie abholen kam – ist ebenfalls ein Versuch, ihn zu erziehen. Sie mögen verletzt sein, aber was Sie in Wirklichkeit zum Ausdruck bringen – und was er heraushört –, ist der Wunsch, ihn zu ändern, damit sich die Beziehung nach Ihren Vorstellungen entwickelt.

Ina fühlte sich zu Jörg hingezogen, den sie vor zwei Monaten getroffen hatte, und deshalb wurde sie unruhig, als er sich nicht mehr so oft bei ihr meldete. »Er ruft nur noch ein oder zwei Mal am Tag an«, sagte sie. »Flaut sein Interesse ab? Kann ich ihn das nicht ganz unverblümt fragen?«

Sie wollte von Jörg hören »Ich bin noch interessiert. Tut mir Leid, dass ich mich nicht so oft gemeldet habe. Ich verspreche, mich zu bessern und dich von jetzt an dreimal täglich anzurufen.« Und wenn sein Interesse erloschen war, wollte sie es lieber gleich wissen, um nicht noch mehr verletzt zu werden. Sie wollte ihn im Grunde zu einer Entscheidung über die Zukunft ihrer Beziehung zwingen, um ihre Angst, verlassen zu werden, zu beschwichtigen.

Das Problem ist, dass sich niemand gerne zu einer solchen Aussage nötigen lässt.

Ina musste schließlich zugeben, dass Jörg in den letzten Wochen eine Menge beruflichen Stress gehabt hatte. Und dass er sich ehrlich darauf zu freuen schien, mit ihr zu reden, wenn er anrief. Am Ende erkannte sie, dass sie derart auf ihn und die Frage fixiert gewesen war, wann er sich wieder meldete, dass sie ihre eigenen Interessen darüber vernachlässigt hatte. Statt morgens zu meditieren, hatte sie immer wieder seine Nachrichten auf dem Anrufbeantworter abgehört, auf der Suche nach Hinweisen auf seine wahren Gefühle. Statt mit Freundinnen Mittagessen zu gehen, sagte sie alles ab, für den Fall, dass er sich mit ihr treffen wollte. Der Verzicht auf Aktivitäten, aus denen sie Kraft und Spaß schöpfte, führte dazu, dass sich Ina ausgelaugt und unglücklich fühlte. Es war ein Teufelskreis, denn je schlechter es ihr ging, desto mehr machte sie ihr Glück von Jörg und seinem Anruf abhängig.

Bei genauerer Betrachtung merkte Ina, dass es um mehr ging als um verletzte Gefühle, weil er sich »seltener meldete«.

Sie vermisste Jörg, aber sie hatte Angst, ihm das offen zu sagen.

Mit den Worten »Du fehlst mir« hätte sie jedoch ihre Gefühle klar zum Ausdruck gebracht, ohne Jörg zu kritisieren oder ihn zu einer Verhaltensänderung zu nötigen.

Manchmal haben Frauen Angst, diese Worte auszusprechen, weil er dann in Panik geraten könnte. Aber »Du fehlst mir« ist eine Aussage, die keinerlei Forderungen enthält. Sie drückt lediglich aus, was Sie empfinden, und nicht, was Sie von ihm erwarten. Jeder findet es schön, wenn es einen Menschen gibt, der ihn vermisst, aber diese Worte kommen einem oft nur schwer über die Lippen, wenn man lässig wirken will.

Situation	Manipulation	Diplomatie
Sie möchte ofter mit ihm zusammen sein	»Ich bin dir nicht wichtig.«	»Du fehlst mir.«
Er macht sich darüber lustig, wie Sie tanzen.	»Du bist ein ungehobelter Klotz!«	»Autsch!«
Er hat Sie nicht zur Betriebsfeier eingeladen.	»Ich finde es verletzend, dass du mich nicht mitnehmen willst.«	Überprüfen Sie Ihre Erwartungen und nutzen Sie die Zeit, um es sich gut gehen zu lassen.

Sagen Sie »Autsch«,
wenn er Sie verletzt

Es kann vorkommen, dass Ihr Freund oder Partner Ihre Gefühle verletzt, wenn er Sie anblafft, kritisiert oder Ihnen Vorschriften macht.

In solchen Situationen möchten Sie es ihm am liebsten heimzahlen oder eine Diskussion anfangen, die wahrscheinlich eskalieren und mit einem Streit enden wird.

Besser ist es, Haltung zu bewahren und »Autsch!« zu sagen, um ihn wissen zu lassen, dass er Sie verletzt hat, ohne einen verbalen Schlagabtausch vom Zaun zu brechen oder »schmutzige Wäsche« zu waschen.

Ich weiß, dass es seltsam klingt, die andere Wange hinzuhalten. Mit einem deutlichen »Autsch!« können Sie ihm klar machen, dass er bei Ihnen einen neuralgischen Punkt getroffen hat, ohne in die Offensive zu gehen. Sie fühlen sich vielleicht doppelt verletzlich, wenn Sie nur »Autsch!« sagen, weil Sie dem Feind Ihre Achillesferse zeigen, obwohl Sie lieber unbesiegbar wirken möchten. Aber er ist nicht Ihr Feind, und die eigene Verletzlichkeit zum Ausdruck zu bringen erinnert Sie beide daran, dass Sie zum selben Team gehören. Einzugestehen, dass der Schlag gesessen hat, lässt Sie nicht überempfindlich erscheinen, gibt ihm aber die Chance, sich zu entschuldigen.

Sie denken vielleicht, dass Sie es ihm zu leicht machen, wenn er Sie beleidigt und Sie auf »Satisfaktion« verzichten. Aber wenn Sie Wert darauf legen, eine harmonische Beziehung zu führen, starten Sie keinen Gegenangriff. Der hätte nur zur Folge, dass Sie beide verletzt, ständig auf der Hut und unfähig sind, entspannt miteinander umzugehen. Wenn solche Scharmützel stattfinden, ohne dass sich bereits eine widerstandsfähige emotionale Beziehung entwickelt hat, sind sie eine todsichere Methode, die Romanze zu beenden, bevor sie überhaupt beginnt. Außerdem schadet so eine Kriegsführung Ihrer Attraktivität. Es ist schwer, sich begehrenswert und weiblich zu fühlen, wenn man gerade den Dragoner gespielt und jemanden niedergemacht hat.

Wenn Sie bei Ihrem Partner ständig das Wort »Autsch!« im Munde führen, ist das ein Warnsignal: Es sagt Ihnen, dass dieser Mann wahrscheinlich nicht der Richtige ist. Auf einen Mann, der so unsensibel ist, Sie fortwährend zu kränken – auch unabsichtlich –, können Sie gut und gerne verzichten.

Unterlassung oder Absicht?

> *Auf die Bereitschaft müssen Bereitwilligkeit und Hingabe folgen. Meisterschaft muss dem Mysterium Platz machen.*
> GERALD G. MAY

Ist das Bedürfnis, Ihre verletzten Gefühle zum Ausdruck zu bringen, Manipulation? Sie können es herausfinden, wenn Sie sich fragen, ob Sie sich verletzt fühlen, weil er etwas *getan* oder weil er etwas *unterlassen* hat. Auf eine spitze oder unfreundliche Bemerkung gekränkt zu reagieren ist angemessen. »Autsch!« zu sagen, weil er Ihnen keine Blumen mitgebracht hat, wäre dagegen der Versuch, Ihre eigenen verdeckten Ziele durchzusetzen.

Vielleicht glauben Sie, es sei albern, »Autsch« zu sagen,

und würden ihm lieber klipp und klar zu verstehen geben, dass Sie sich verletzt fühlen und warum. Zum Beispiel:

»Ich fand es kränkend, dass du mir den Pfannenwender aus der Hand genommen hast, um mir zu demonstrieren, dass ich keine Ahnung habe, wie man Pfannkuchen macht.«

»Ich war verletzt, als du mich angeblafft hast; ich mag diesen Tonfall nicht.«

»Es war gemein von dir, zu behaupten, ich würde dich nie das tun lassen, was du möchtest.«

Sie können diese Einwände vorbringen, und völlig zu Recht. Doch jeder Satz enthält eine versteckte Anschuldigung oder Kritik:

»Du glaubst, du wärst etwas Besseres als ich.«

»Wie kommst du dazu, mich anzubrüllen.«

»Deine Perspektive entbehrt jeder Logik.«

Im Vergleich dazu geht es beim »Autsch« ausschließlich um Sie. Wenn Sie jemanden kritisieren, ist es völlig normal, dass er sich zur Wehr setzt. Und im Eifer des Verteidigungsgefechts fällt es ihm schwerer, die Stimme des eigenen Gewissens zu hören. Sobald Ihr Partner in Abwehrstellung geht, versucht er, sein Verhalten zu rechtfertigen. Das ist weder richtig noch fair, aber menschlich. Und prompt entbrennt ein Streit darüber, ob das, was er gesagt oder getan hat, in Ordnung war. Ihr Gefühl, gekränkt worden zu sein, ist plötzlich nicht mehr Thema der Diskussion, und niemand ist glücklich über die Eskalation des Konflikts. Im Gegensatz dazu bewirkt das kleine Wörtchen »Autsch«, dass Ihr Gespräch sachlich bleibt, ohne dass eine Schlammschlacht folgt.

Auch wenn die Versuchung groß ist: Sie müssen Ihren Standpunkt nicht lang und breit erklären, weil das eine Wort ausreicht, um Ihre Gefühle zu beschreiben. Der Gedanke, sich mit einem »Autsch« zu begnügen, kann Angst machen, aber es ist eine ungemein wirkungsvolle Methode, Ihrem Partner klar zu machen, dass Sie eine rücksichtsvolle Behandlung verdienen.

Das »Autsch« funktioniert allerdings nur bei Dingen, die er getan hat – und nicht bei Unterlassungssünden.

Schließen Sie einen Pakt mit sich selbst

> *Das Konzept des Gewaltverzichts lernte ich erstmals in meiner Ehe kennen.*
> MAHATMA GANDHI

Sie haben Angst, fühlen sich verletzlich und möchten manchmal am liebsten davonlaufen. Sie überlegen ernsthaft, ob sie die Beziehung ein für alle Mal abschreiben sollten, nach dem Motto: neues Spiel, neues Glück. Schließen Sie einen Pakt mit sich selbst, der besagt, dass Sie mindestens eine Woche lang ununterbrochen den Wunsch haben müssen, sich von Ihrem Partner zu trennen, bevor Sie zur Tat schreiten. Wenn Sie ihm am Mittwoch am liebsten den Laufpass geben würden und am Sonntag erkennen, dass Sie ihn doch lieben, nur um ihn am folgenden Mittwoch erneut zum Teufel zu wünschen, zählt das nicht. Ihre Gefühle müssen eine Woche lang beständig sein. Eine Woche ist nicht zu lang, wenn es um eine Liebesbeziehung geht, aber sie kann unendlich erscheinen, wenn Sie Angst haben und weglaufen möchten.

Das heißt nicht, dass Sie ihm eine Woche lang aus dem Weg gehen und in der Zeit entscheiden, wie es weitergehen soll. Setzen Sie die Beziehung fort und nutzen Sie die Gelegenheit, sich den eigenen Ängsten zu stellen. Vielen Frauen entgeht, dass eine *angedrohte* Trennung, die nicht ernst gemeint ist, als schwere seelische Verletzung empfunden wird. Sie sollten nur dann »ich gehe« sagen, wenn Sie wirklich vorhaben, die Beziehung zu beenden. Ein für alle Mal.

Wenn Sie auf dem Kurs der Weiblichkeit bleiben, werden Sie automatisch vermeiden, ihn mit dem Wechselbad Ihrer Gefühle zu manipulieren.

24

Leben Sie Ihr Leben

Es gibt einen wichtigen Unterschied zwischen Liebe und Freundschaft. Während erstere Extreme und Gegensätze schätzt, verlangt letztere Gleichheit.

FRANÇOISE D'AUBIGNÉ DE MAINTENON

Wenn Sie frisch verliebt sind, haben Sie wenig Lust, Zeit mit Freunden oder Aktivitäten zu verbringen, die ein wichtiger Bestandteil Ihres Lebens waren, bevor Sie ihn trafen. Statt alles zu opfern, was Ihnen Spaß gemacht hat, um die Zeit ausschließlich mit ihm zu verbringen, sollten Sie sich vor Augen halten, dass ein einziger Mensch niemals alle emotionalen Bedürfnisse befriedigen kann. Freunde und Hobbys für einen Mann ad acta zu legen kann dazu führen, dass Sie sich am Ende frustriert und unzufrieden fühlen, was wenig reizvoll ist.

Die kleinen Freuden aus Ihrer unbemannten Zeit schaffen einen Ausgleich in Ihrem Leben und machen Sie zufriedener. Und je glücklicher und ausgewogener Sie sind, desto stabiler ist auch die Beziehung.

Sich verlieben kostet Zeit

In dem Moment, wo wir dieses sonderbare Gefühl namens Liebe im Herzen verspüren und ihre Tiefe, Freude und Glut empfinden, entdecken wir, dass sich die Welt für uns von Grund auf verwandelt hat. I. KRISHNAMURTI

Am Anfang einer Beziehung ist es natürlich, sich von allen Aktivitäten und Menschen zurückzuziehen, die nicht unmittelbar mit der neuen Liebe zu tun haben. Sie wollen jede wache Minute mit ihm verbringen, und so landen die beste Freundin, Ihre Schwester und der Yogakurs für eine Weile auf den hintersten Plätzen Ihrer Prioritätenliste. Nichts lässt sich mit der Aufregung und Spannung vergleichen, die Sie in seiner Gegenwart empfinden.

Doch bevor Sie alles streichen, was in Ihrem Kalender stand, sich die Nächte um die Ohren schlagen, weil Sie sich nicht vom ihm trennen können, und Sie nur noch den Himmel sehen, der voller Geigen hängt, sollten Sie sich daran erinnern, dass Ausgewogenheit und innere Zufriedenheit unentbehrlich für den Erfolg einer Beziehung sind. Wenn die Aktivitäten in Ihrem Kalender zu Ihrem Wohlbefinden beitragen, sollten Sie nicht völlig darauf verzichten. Dinge zu opfern, die Ihnen am Herzen liegen, ist kein tragfähiges Fundament für eine große, dauerhafte Liebe.

Wenn Yoga Ihnen geholfen hat, Heiterkeit und Gelassenheit in einem stressigen Beruf zu bewahren, programmieren Sie den Absturz geradezu vor, wenn Sie den Kurs nicht mehr besuchen. Wenn Sie nicht genug Schlaf bekommen, werden

Sie bald erschöpft und schlecht gelaunt sein. Wenn Sie sich von Zeit zu Zeit abgeschottet haben, um einen klaren Kopf zu bekommen, und nun rund um die Uhr mit ihm zusammen sind, werden Sie bald nicht mehr Sie selbst sein.

Um Ihr ganzes Potenzial in die Beziehung einzubringen, sollten Sie sich das gönnen, was Sie im Alltag brauchen.

Er wird Ihr Eigenleben unterstützen

Natürlich stecken Sie nicht mehr so oft wie früher die Köpfe mit Ihren Freundinnen zusammen, aber vergessen Sie trotzdem nicht, dass es sie gibt. Nehmen Sie weiterhin am Karate-Unterricht teil, fahren Sie ohne ihn in den geplanten Urlaub, und gönnen Sie sich die Ruhe, die Sie brauchen, auch wenn das bedeutet, dass Sie sich einen Abend nicht sehen. Ein Mann mit Format wird Sie bei allem unterstützen, was Sie glücklich macht.

Beate hatte damit große Probleme, obwohl sie erst zwei Monate mit Andreas zusammen war. Sie war am Freitagabend mit zwei Freundinnen zum Essen verabredet, als er auf den letzten Drücker anrief und sie zu einem Stevie-Nicks-Konzert einlud. Natürlich war die Versuchung groß, ihren Freundinnen abzusagen und mit ihrem Freund auszugehen, vor allem, weil sie befürchtete, sein Interesse könne nachlassen, wenn sie absagte. Aber sie schaffte es, standhaft zu bleiben – auch um ihre alten Freundinnen nicht zu verlieren. Unbewusst hatte Beate vielleicht erkannt, dass die unbeschwerte Unterhaltung und der Spaß in der Frauenrunde genau das war, was sie im Moment brauchte.

Beate wollte den Kontakt zu ihren Freundinnen nicht verlieren. Sie brauchte einen sicheren Hafen, in dem sie sich über das Liebesleben austauschen und sich Tipps für die Kleiderordnung bei der bevorstehenden Betriebsfeier holen konnte. Beate hätte über diese Themen natürlich auch mit Andreas reden können, aber der Schulterschluss mit anderen Frauen verleiht unserem Leben mehr Vielfalt und eröffnet uns eine weitere Dimension. Das Zusammensein mit Frauen erinnert uns daran, dass wir Frauen sind.

Die Entscheidung, Zeit mit ihren Freundinnen zu verbringen, statt Andreas Einladung anzunehmen, war keine Abwertung und setzte seinem Interesse auch keinen Dämpfer auf. Beate war erleichtert, als er verständnisvoll reagierte und sie sogar ermutigte, ihre Freundinnen nicht zu enttäuschen. »Das bedeutet, dass du mich auch nicht im letzten Moment versetzen würdest. Das ist gut zu wissen!«, meinte er.

Und da er an diesem Abend keine Gelegenheit hatte, Beate zu sehen, freute er sich noch mehr auf das nächste Mal.

Ihr Freund oder Partner wird Ihre Entscheidung unterstützen – selbst wenn Sie einen Abend getrennt verbringen –, wenn er weiß, dass Sie einen Weiberabend machen, früh schlafen gehen oder irgendetwas anderes tun möchten, das Sie glücklich macht.

25
Zeigen Sie ihm Ihre Schokoladenseite

Nur wenige Dinge sind schwerer zu verkraften als der Ärger, ein gutes Beispiel vor Augen zu haben.

MARK TWAIN

*D*a Sie niemanden außer sich selbst ändern können, ist es an Ihnen, ein positives Klima für eine Beziehung zu schaffen. Halten Sie seinen Stärken den Spiegel vor, statt ihn auf seine Schwächen hinzuweisen.

Sie gehen ihm mit gutem Beispiel voran, wenn Sie es wagen, als Erste Ihre Zuneigung und Verwundbarkeit zu zeigen. Genauso, wie wir uns bemüßigt fühlen, mehr Sport zu treiben, wenn wir eine sportliche Freundin haben, oder im Beisein einer Partynudel mehr trinken, bringt die Gesellschaft eines Menschen, der großzügig, tolerant und dankbar ist, diese Eigenschaften auch bei uns zum Vorschein.

Wie man Freunde gewinnt

Dankbarkeit ist der Schlüssel zur Fülle des Lebens. Sie verwandelt das, was wir haben, in genug, und mehr als genug. Sie verwandelt Leugnen in Hingabe, Chaos in Ordnung, Verwirrung in Klarheit. Sie kann ein einfaches Mahl in ein Festessen, ein Haus in ein Zuhause, einen Fremden in einen Freund verwandeln. MELODY BEATTIE

Michelle grollte ihrem Freund Moritz, mit dem sie zusammenlebte, weil er ihre Anstrengungen, die Wohnung in Schuss zu halten und mehr im Kühlschrank zu haben als Ketchup, nicht genug würdigte. Das Thema kam in meinem Workshop zur Sprache, als ihre Hausaufgabe lautete, sich dreimal in der Woche dafür zu bedanken, dass es Moritz in ihrem Leben gab. »Warum sollte ich so tun, als sei ich ihm dankbar für das, was er im Haushalt leistet? Er erkennt doch auch nicht an, was ich mache! Außerdem mache ich sowieso mehr als er!«, protestierte sie.

Aber Michelle hatte bereits erzählt, dass ihr Moritz oft spontan den Nacken massierte, sie zum Essen einlud und den Ölwechsel bei ihrem Auto übernahm, wenn es nötig war. Er war großzügig und tolerant, keine Frage, aber das sah Michelle nicht, weil sie sich mit der Hausarbeit überlastet fühlte. Weil er ihr nicht bei den Arbeiten half, bei denen *sie* sich seine Hilfe gewünscht hätte, machte er aus ihrer Sicht keinen Finger krumm. Deshalb empfand sie die Aufforderung, ihm dankbar zu sein, als blanken Hohn.

Moritz wirkte in sich gekehrt – kein Wunder –, da seine

Aufmerksamkeiten nie die gebührende Anerkennung fanden. Vielleicht hatte er sogar Angst, eine patzige Antwort zu bekommen, wenn er sich bei Michelle bedankt hätte, zum Beispiel »Wenigstens erkennst du an, dass ich hier den ganzen Laden schmeiße!«

Zugegeben, es ist schwer, dankbar zu sein, wenn man das Gefühl hat, dass der Löwenanteil der Arbeit an einem selbst hängen bleibt, aber Michelles Bild von der Realität war verzerrt. Sie hatte keinen Blick mehr für Moritz' Beitrag und für seine Vorzüge, sondern sah nur noch seine Fehler.

Der Sinn der Dankbarkeitsübung war, sich bewusst zu machen, dass wir oft nicht die Umstände, wohl aber unsere innere Einstellung zu ihnen ändern können. Michelle sollte erkennen, dass es allein an ihr war, zufrieden mit ihrem Leben und mit ihrer Beziehung zu sein, indem sie bewusst entschied, das Glas Wasser als halb voll und nicht als halb leer zu betrachten. Dankbarkeit wirkt wie ein Sesam-öffne-dich, denn die Welt kommt uns mit einem Mal viel heller und freundlicher vor.

Trotz aller Vorbehalte versprach Michelle, sich auf das Experiment einzulassen und eine Woche lang ihre Dankbarkeit großzügig zu zeigen. Nach der Hälfte der Woche bekam sie bereits eine andere positive Nebenwirkung ihres Verhaltens zu spüren, als Moritz überraschend sagte: »Du hast mir gezeigt, dass die Anerkennung in unserer Beziehung zu kurz gekommen ist. Ich möchte mich für dein köstliches Abendessen bedanken.«

»Genau das hatte ich immer von ihm hören wollen«, sagte Michelle. »Dass er meine Arbeit anerkennt. Aber noch wichtiger ist: Seit ich mir jeden Tag klar mache, wofür ich dankbar sein kann, weiß ich *ihn* mehr zu schätzen. Er tut wirklich viel für mich, Dinge, die früher selbstverständlich für mich waren.«

Michelle konzentrierte sich bei dieser Übung darauf, ihre eigene Sichtweise zu verbessern, ohne ihrem Freund Dank und Anerkennung abzuverlangen. Das Bemühen, ihr bestes Selbst zu verwirklichen, wirkte sich aber auch auf die Beziehungskultur aus. Sie drängte ihn nicht zu einem Lob über das Abendessen, sondern ging mit gutem Beispiel voran, dem er prompt folgte.

Und genau darum geht es beim Bekenntnis zur Weiblichkeit und der Fähigkeit, einen Menschen so zu akzeptieren, wie er ist.

Das Leben ist ein Spiegel

> *Alles, was uns bei anderen stört, kann dazu führen, dass wir uns selbst verstehen.*
> C. G. JUNG

Wenn Sie Ihr bestes Selbst verwirklichen, werden die positiven Auswirkungen auf Ihren Partner nicht ausbleiben.

Genauso, wie ein Kind eher jemandem das Spielzeug wegnimmt, wenn sich ein Spielkamerad seines angeeignet hat, sind Erwachsene hochgradig anfällig dafür, sich am Verhalten anderer zu orientieren. Wenn wir Freundinnen haben, die gerne jemanden durch den Kakao ziehen, tratschen wir mit. Wir lassen uns verführen, Eis und Fastfood zu essen, und verfallen ebenfalls dem Kaufrausch, wenn wir mit ihnen shoppen gehen. Es gehört zur menschlichen Natur, dass wir uns gegenseitig beeinflussen, im Guten wie im Schlechten.

Das heißt nicht, dass Sie automatisch eine positive Veränderung bei Ihrem Partner erzielen, wenn Sie bei sich selbst etwas verändern. Sollten Sie beispielsweise meinen, er könne
ruhig ein paar Kilo abspecken, werden Sie ihn nicht zwangsläufig dazu bringen, sich mehr zu bewegen, nur weil Sie nun
regelmäßig ins Fitness-Studio gehen. Und falls seine Tischmanieren Sie stören, werden Sie ihn auch dann nicht um-
krempeln, wenn Sie in seiner Gegenwart demonstrativ mit
geschlossenem Mund kauen. Sie müssen grundsätzlich bereit
sein, ihn so zu akzeptieren, wie er ist, denn nur dann werden
Sie einen positiven Widerhall finden.

Wenn Sie sich um Ihre eigenen Angelegenheiten kümmern, meckern Sie nicht ständig an ihm herum, was nur zu
Missstimmung und wachsender Distanz führt. Wenn Sie seine Tischmanieren abstoßend finden, können Sie entweder eine kritische Bemerkung vom Stapel lassen (weil es einfach
keine andere Möglichkeit gibt, ihm Schliff beizubringen, ohne darauf hinzuweisen, dass er ihm fehlt) oder sich sagen, dass
auch Sie Ihre Unzulänglichkeiten haben, und seine »Macke«
akzeptieren.

Wenn Sie sich für die offene Kritik entscheiden, haben Sie
keine Garantie, dass er sich bessert, aber Sie werden mit Sicherheit die Harmonie zerstören, die zwischen Ihnen besteht.
Vielleicht pariert er den Angriff, indem er Ihre Fahrweise aufs
Korn nimmt. Das ist weder richtig noch fair, aber menschlich.

Oder er zieht sich innerlich zurück, und Sie wundern sich,
warum er in letzter Zeit wortkarg und in sich gekehrt ist. Sie
sind natürlich nicht für sein Verhalten verantwortlich, aber
Sie sind Teil einer Beziehungskultur, in der Sie sich gegenseitig klein machen und einander entfremden.

Sie sind auch nicht für das Verhalten aller anderen Menschen in Ihrer Umgebung verantwortlich, aber Sie können Ihr Scherflein dazu beitragen, ein Umfeld zu schaffen, das positive Veränderung fördert, indem Sie sich selbst verändern.

Menschen brauchen am meisten Liebe, wenn sie am wenigsten liebenswert sind

Mit zwanzig war ich Sängerin in einer Rockband, die kurz vor ihrem Durchbruch stand: Wir bekamen die Chance, als Vorgruppe der *Wild Colonials* aufzutreten, die gerade einen Hit gelandet hatten. Ich war nervös und unvorbereitet, als ich im Club anrief, um die Einzelheiten unseres Auftritts zu besprechen. Sam, der Stagemanager, hatte keine Geduld mit mir. Nach dem Telefonat war ich in Tränen aufgelöst über seine harschen Worte, wie unprofessionell ich sei und dass unsere Truppe gleich einpacken könne. Bei der nächsten Probe warnte ich die übrigen Bandmitglieder vor Sam, der an niemandem ein gutes Haar ließ. Unser Bassist schlug vor, ihn »um den Finger zu wickeln«.

»Was?«, protestierte ich ungläubig. »Ich denke nicht daran, nett zu ihm zu sein, nach allem, was er mir an den Kopf geworfen hat!«

Der Bassist meinte, dass vermutlich niemand nett zu Sam war und er bloß mehr Anerkennung brauche. Weil ich wollte, dass unser großer Auftritt reibungslos über die Bühne ging, versprach ich, mein Möglichstes zu tun, um Frieden mit Sam zu schließen. Ich dachte darüber nach, wofür ich ihm aufrichtig dankbar sein konnte: Er hatte uns an einen Meister seines

Fachs verwiesen, der unsere Show auf Video aufzeichnen wollte. Ich rang mich sogar dazu durch, Brownies für Sam zu backen. Er bekam von mir ein Dankeschön und das Gebäck, und der brummige Stagemanager sah aus, als sei er zu Tränen gerührt.

Danach machte sich Sam an die Arbeit: Er zauberte spektakuläre Lichteffekte für unseren Auftritt und gab mir unbezahlbare Tipps. Als es endlich soweit war und wir auf der Bühne standen, hatte ich erkannt, dass unter Sams rauer Schale ein weicher Kern steckte.

Ihr Freund oder Partner ist vermutlich kein Ekelpaket wie Sam, aber vielleicht finden Sie ihn hin und wieder ziemlich unausstehlich. Dann kann es nicht schaden, sich daran zu erinnern, dass er jetzt Ihre Akzeptanz und Liebe noch dringender braucht als sonst. Sie müssen keine Angst haben, dass Sie ihn in seinem negativen Verhalten nur bestätigen und damit einen Teufelskreis in Gang setzen, wenn Sie trotzdem nett zu ihm sind.

Ganz im Gegenteil: Je reifer Ihr eigenes Verhalten ist, desto peinlicher wird es ihm sein, dass er sich kindisch aufgeführt hat. Dafür gibt es zwei Gründe: Erstens verzichten Sie demonstrativ darauf, Öl ins Feuer zu gießen, und zweitens unterstreichen Sie den Kontrast zwischen Ihrem Verhalten und seinem – ein Vergleich, bei dem er schlecht abschneidet.

Sicher ist es verlockend, sich zu beklagen oder ihn zur Schnecke zu machen, aber eines habe ich in meiner Beziehung festgestellt: Wenn ich die Stärke besitze, mich von meiner Schokoladenseite zu zeigen, während mein Mann das Ekel rauskehrt, kriegt er sich ganz schnell wieder ein.

Ihr Verhalten färbt ab

*Nichts wiegt so schwer wie Gelassen-
heit.*   OSCAR WILDE

Wenn Sie Ihrem Freund oder Partner ständig den Spiegel vor-
halten und ihn mit der Nase auf seine negativen Eigenschaften stoßen – »Du bist verantwortungslos« oder »Ständig
hinterlässt du ein Chaos« –, kommt nicht Ihre helle, sondern
Ihre dunkle Seite zum Vorschein. Wenn ich zu meinem Mann
gesagt habe: »Du schmatzt schon wieder beim Essen« oder
»Immer verlierst du deine Schlüssel«, kam ich mir wie eine
Xanthippe vor und nicht wie die hilfsbereite, liebenswerte
Person, die ich gerne sein wollte.

Solche negativen Bemerkungen entmündigen den Mann,
den Sie lieben. Da er weiß, dass Sie ihn besser kennen als alle anderen Menschen, misst er Ihren Worten großes Gewicht
bei. Im Laufe der Zeit werden Ihre unablässigen negativen
Botschaften seine Gedanken bis in den hintersten Winkel
durchdrungen haben, zur eigenen Überzeugung geworden
sein und sein Verhalten beeinflussen – aber nicht zum Besse-
ren.

Während ein regelmäßiger persönlicher Austausch unter
Freundinnen gang und gäbe ist, neigen Männer dazu, ihre Geheimnisse nur einem Menschen anzuvertrauen, nämlich der
Partnerin. Während Sie selbst Feedback und Meinungen von
mehreren Personen einholen, ist Ihr Urteil unter Umständen
das einzige, das er zu hören bekommt, wenn es um ganz persönliche Dinge in seinem Leben geht. Deshalb wird die
Selbstsicht der Männer von dem Bild geprägt, das sich die
Frau von ihnen macht, die sie am allerbesten kennt.

Wenn Sie aufrichtig sagen können: »Du kennst dich hervorragend mit Computern aus« oder »Du bist ein Schatz«, ist das eine positive Bestärkung, mit der Sie seine positive Selbstsicht fördern.

Manche Frauen fürchten, es sei gefährlich, die Talente oder Eigenschaften eines Mannes über den grünen Klee zu loben. Es kann natürlich vorkommen, dass er abweisend und für Ihr Lob nicht empfänglich scheint. Aber jeder braucht Anerkennung, vor allem von der Person, die wir am meisten lieben. Einem Mann Anerkennung zu zollen hat normalerweise nicht zur Folge, dass er überheblich oder egoistisch wird, sondern verleiht ihm ein Gefühl größerer Sicherheit, was die Beziehung und seinen Platz in der Welt angeht, und das ist ein wunderbares Geschenk. Möglich, dass Sie selbst sich verletzlich dabei fühlen, aber wenn Ihre Worte aufrichtig gemeint sind, gibt es nichts, was Ihnen peinlich sein oder Angst machen müsste. Denken Sie nicht daran, wie er reagieren könnte. Selbst wenn er sich bei ihrem Lob unbehaglich fühlt, können Sie es selbstbewusst aussprechen, denn es ist Teil des Bemühens, Ihr bestes Selbst zu verwirklichen.

Wenn das nach Manipulation klingt, denken Sie daran, dass ein großer Unterschied zwischen einem Lob und einem Köder besteht, mit dem Sie ihm bloß Ihre Umerziehung schmackhaft machen wollen. Dankbarkeit und Anerkennung zu äußern verleiht Ihnen ein lebensbejahendes, inneres Strahlen und ein Gefühl der Wärme. Schon allein deshalb lohnt es sich, über den eigenen Schatten zu springen. Und diese positive Veränderung färbt auch auf die Menschen in Ihrer Umgebung ab.

Diese Methode ist wesentlich effektiver als der – zum

Scheitern verurteilte – Versuch, meinen Mann zu ändern. Sie trägt außerdem dazu bei, eine romantische Beziehung lebendig zu halten, in der sich die Partner gegenseitig unterstützen und das Beste im anderen zum Vorschein bringen.

Was tun bei einem Stimmungstief?

Angenommen, Ihr Partner ist unwirsch, flucht laut oder wirkt angespannt. Was können Sie tun, um ihn aus seinem Stimmungstief herauszureißen? Nichts. John Gray, Autor von *Jeden Tag mehr Liebe: Männer sind vom Mars, Frauen von der Venus*, beschreibt in seinem Buch, dass Männer die Angewohnheit haben, von Zeit zu Zeit in ihrer Höhle zu verschwinden, und Frauen gut beraten wären, sie in Ruhe zu lassen, bis sie eine Lösung ausgebrütet haben.

Natürlich ist es verlockend, zu fragen »Was ist los mit dir?« oder ihm vorzuhalten, dass er schlechte Laune hat, aber ein Gespräch auf diese Weise zu beginnen programmiert das Scheitern vor, da er sich nicht in bester Plauderstimmung befindet. Was er jetzt braucht, ist Akzeptanz, und zwar jede Menge. Und was Sie brauchen, ist Ablenkung, das heißt Aktivitäten, die Ihnen Spaß machen. Jetzt ist eine gute Gelegenheit, etwas für sich selbst zu tun, während Sie ihm gleichzeitig zeigen, dass Sie ihm zutrauen, seine Probleme alleine in den Griff zu bekommen, auch wenn dieser Prozess chaotisch erscheint.

Sein Verhalten mag Ihnen wie ein versteckter Hilferuf vorkommen, aber Sie sind weder Mutter Teresa noch das Rote Kreuz oder seine Therapeutin. Es ist nicht Ihre Aufgabe, ihn aufzumuntern oder das Problem, das er hat, für ihn zu lösen. Wenn er Hilfe braucht, wird er Sie mit Sicherheit darum bitten. Andernfalls wäre das eine Einmischung, die von dem Bedürfnis motiviert ist, ihn zu manipulieren, damit *Sie* sich in seiner Gegenwart nicht länger unwohl fühlen, und weniger mit dem Wunsch zu tun hat, ihm die Bürde zu erleichtern.

Sein Stimmungstief wird vorübergehen, umso schneller, je mehr Sie sich heraushalten und ihm die Möglichkeit geben, sich am eigenen Schopf herauszuziehen.

26
Zu dir oder zu mir?

Ketten halten eine Ehe nicht zusammen. Es sind die fein gesponnenen Fäden, hunderte im Lauf der Jahre, die Menschen zusammenschweißen. Das ist es, was eine Ehe dauerhaft macht – mehr als Leidenschaft oder Sex!

SIMONE SIGNORET

Behalten Sie Ihre Wohnung so lange, bis Sie sicher sind, dass Sie eine gemeinsame Zukunft mit ihm aufbauen können und wollen.

Dieses innere Engagement ist einer der Bausteine für eine dauerhafte Beziehung; wenn Sie also möchten, dass Ihre Romanze ein Leben lang hält, sollten Sie so lange getrennt leben, bis Sie bereit sind zu sagen: »Bis dass der Tod uns scheidet.«

Wenn Sie ohne Trauschein zusammenleben, kann die Beziehung jederzeit neu ausgehandelt werden, was sie schwerer fassbar und flüchtiger macht als eine Ehe.

Statt sofort Tisch und Bett zu teilen, um zu sehen, »wie es läuft«, sollten Sie Ihrer Beziehung die Chance geben zu wachsen, indem Sie uneingeschränktes Vertrauen in Ihre Zukunft als Paar setzen. Dass Sie füreinander geschaffen sind, hat nichts damit zu tun, dass Sie von Zeit zu Zeit die Klingen kreuzen, sondern mit der Bereitschaft, an Ihrer Liebe fest zu halten und Probleme gemeinsam zu lösen.

»Passen wir zusammen?«
ist die falsche Frage

John und ich zogen zusammen, weil ich fand, dass es bequemer war, eine gemeinsame Wohnung zu haben, sich die Hausarbeit zu teilen und auf zahlende Zimmergenossen zu verzichten. Meine Begründung war rational, aber in Wirklichkeit machte ich Druck, weil ich unbedingt wissen wollte, ob Johns Liebe stark genug war, um mit mir unter einem Dach zu leben. Ich testete ihn.

Obwohl ich meinen Willen bekam und wir zusammen ein kleines Haus bezogen, wusste ich, dass ich ihn bis zu einem gewissen Grad genötigt hatte. Ich würde nie erfahren, ob er auch aus freien Stücken mit mir zusammenleben wollte. Rückblickend erkenne ich, dass das Zusammenziehen wie ein Pflaster war, das ich über meine Unsicherheit klebte, ob John mich wirklich liebte. Ich wollte die Situation steuern, weil ich Angst hatte.

Vielleicht halten Sie das Zusammenleben ohne Trauschein für die beste Möglichkeit zu sehen, ob Sie die Herausforderungen des Alltags zu zweit meistern.

Vielleicht glauben Sie, dass Sie mehr Zeit haben zu entscheiden, ob die Beziehung für Sie stimmt, wenn Sie erst mal mit ihm zusammenziehen. Oder Sie wollen sich vergewissern, dass es außer Ihnen keine andere mehr in seinem Leben gibt.

Wie auch immer – eine Beziehung bietet auch ohne gemeinsame Wohnung genug Gelegenheit, Konfliktlösungen zu proben und zu entscheiden, ob er der Richtige ist. Wenn es Ihnen gelingt, Meinungsverschiedenheiten zu klären und unbeschadet durchzustehen, haben Sie einen absolut positiven Beweis, dass auch eine Ehe gute Erfolgschancen hat.

Dahinter steht die Überlegung, dass ein Zusammenleben ohne Trauschein einem Paar die Möglichkeit bietet, zu sehen, ob es zusammenpasst. Aber da jedes Paar Konflikte hat, ist die Frage »Passen wir zusammen?« von vornherein falsch. Sie werden sich mit Sicherheit hin und wieder in die Haare kriegen. Das beeinträchtigt die Intimität, Loyalität und Dauerhaftigkeit in der Beziehung nicht.

Herauszufinden, ob Sie zueinander passen, bedeutet auch nicht zu testen, ob er seine Socken auf dem Fußboden liegen lässt oder sauer wird, wenn Sie tagelang das Geschirr im Abwaschbecken stapeln. Jeder Mann, mit dem Sie eine Romanze haben, hat vermutlich Eigenschaften, die Sie stören. Das sind die kleinen Probleme, die jedes Paar durch Beziehungsarbeit auf die Reihe bringen muss. Die eigentliche Frage lautet also: Sind Sie bereit, bei der Stange zu bleiben und Konflikte gemeinsam zu lösen, um Ihre Liebe und Leidenschaft zu erhalten?

Zu sagen »Ich will« und dieses Versprechen mit einem Trauschein zu besiegeln erhöht die Wahrscheinlichkeit, dass Sie sich daran halten.

Kontrolle ist Kontrolle, egal wie man sie nennt

> *Wenn das Vertrauen gestärkt ist, werden wir feststellen, dass wir die Kontrolle nicht mehr brauchen, dass wir die Dinge fließen lassen und uns dem Fluss anpassen können, zu unserer großen Freude und zu unserem Vorteil.*
>
> EMMANUEL

Paula erkannte erst nach der Trennung von Toni, dass auch sie ihn gedrängt hatte, mit ihr zusammenzuziehen, und ihr wahres Motiv der Wunsch war, ihn unter Kontrolle zu haben. »Es machte mir keinen Spaß, nicht zu wissen, wo er steckte, und ich hatte Angst, dass er sich mit jemand anderem treffen könnte«, gestand sie. Sie vertraute nicht darauf, dass er gerne mit ihr zusammen war, deshalb schlug sie ihm vor, bei ihr einzuziehen, damit sie ihn ganz für sich allein hatte.

Das eigentliche Problem bestand darin, dass Paula das Gefühl hatte, seiner nur dann ganz sicher sein zu können, wenn sie zusammenlebten. Sie drängte auf mehr räumliche Nähe, um ihre eigenen Ängste zu beschwichtigen. Aber ihr Kontrollbedürfnis war offensichtlich und zermürbte Toni, der ständig gefragt wurde, wohin er ging, wann er zurückkäme und mit wem er sich traf. Er hatte es satt, wie ein kleiner Junge behandelt zu werden. »Vertrau mir einfach«, sagte er oft. Paulas zwanghaftes Bedürfnis, ihn auf Schritt und Tritt zu überwachen, vertrieb ihn schließlich.

Kurz nachdem sich Christiane und Mirco kennen gelernt hatten, musste er aus seinem Apartment ausziehen. Christiane bot ihm an, zu ihr in ihre Stadtwohnung zu ziehen. Sie dachte, er würde sein Leben leichter auf die Reihe bekommen, wenn er in einer anheimelnden Umgebung lebte und der finanzielle Druck geringer war. Mirco hatte gesagt, er wolle sich einen besser bezahlten Job suchen und seine Schulden zurückzahlen, deshalb beschloss sie, ihm diese Chance zu geben. Sie hoffte insgeheim, dass sein finanzieller Engpass auf diese Weise schneller vorüber sein würde, damit sie heiraten konnten, ohne dass sie seine Schulden mit übernahm. Aber Mirco machte keine großen Anstalten, einen neuen Arbeitsplatz zu finden, und Christiane bekam Bedenken, ob er jemals so werden würde, wie sie sich den Mann fürs Leben vorstellte. Monate später hatte sich seine Finanzlage keinen Deut verbessert.

»Ich dachte, wenn wir zusammenleben, würde er sich ein paar Unarten abgewöhnen«, sagte sie. In Wirklichkeit hoffte sie, ihn ändern zu können, indem sie ihn antrieb. Als sie ihn schließlich vor die Tür setzte, hatte Christiane das Gefühl, ausgenutzt worden zu sein.

Als wir Tisch und Bett teilten, erwähnte ich gegenüber John, dass wir Kosten sparen und eine gemeinsame Krankenversicherung haben könnten, wenn wir verheiratet wären, und John fand, das sei eine gute Idee. Dieser völlig unromantische Grund wurde der Anlass für unsere Verlobung. Damit hatte ich mich um die Chance gebracht, einen romantischen Heiratsantrag mit allem Drum und Dran zu bekommen. Das wurde mir erst bewusst, als meine Schwester wissen wollte, wie John um meine Hand angehalten hatte.

Schließlich ließ sich John doch noch auf ein Knie nieder und fragte mich, ob ich seine Frau werden wolle, was ich herrlich fand. Aber es war vermutlich nur halb so aufregend, wie es hätte sein können, wenn ich von Anfang an ihm die Initiative überlassen hätte. Und schlimmer noch: Mein zwanghaftes Kontrollbedürfnis und mein mangelndes Vertrauen folgten uns in die Ehe, bis sie nahe daran war, in die Brüche zu gehen.

Hätten wir unsere getrennten Wohnungen behalten, hätte ich John die Möglichkeit gegeben, mir seine Liebe auf seine Art zu beweisen, und die Weichen für die Beziehung von vornherein anders gestellt.

Wir waren schon einige Jahre verheiratet, bevor ich merkte, wie meine Kontrollgewohnheiten unsere Beziehung belasteten. Als ich schließlich loslassen konnte und lernte, die Situation so zu akzeptieren, wie sie war – es war ein letzter, verzweifelter Versuch, meine Ehe zu retten –, entdeckte ich, dass Spontaneität, Vertrauen und Intimität viel wichtiger waren, als den Lauf des Geschehens zu steuern.

Paula, Christiane und ich hätten gesagt, dass wir aus Liebe mit unseren Freunden zusammenzogen. In Wirklichkeit war jedoch Angst das Motiv. Ich hatte Angst, dass John von sich aus nie auf die Idee kommen würde, mir einen Heiratsantrag zu machen. Paula hatte Angst, Toni könne eine andere finden, und Christiane hatte Angst, dass Mirco sein Leben nicht aus eigener Kraft in den Griff bekommen würde.

Wenn Sie mit Ihrem Freund zusammenziehen wollen, sollten Sie zuerst Ihre Gefühle erforschen, um sich darüber klar zu werden, ob Sie wirklich den Wunsch oder nur Angst haben. Um das wahre Motiv zu ergründen, fragen Sie sich, ob Sie ihn jetzt, auf der Stelle, heiraten würden. Es gibt drei mögliche Antworten: »Ja«, »Nein« und »Noch nicht«. Wenn Sie

Ja gesagt haben, sollten Sie Ihr Scherflein dazu beitragen, dass sich Ihr Wunsch erfüllt. Wenn die Antwort »Nein, bloß nicht!« lautet, sollten Sie die Beziehung lieber gleich beenden.

Höchstwahrscheinlich war die Antwort »Noch nicht!«, und sie signalisiert, dass es noch zu früh ist, einen gemeinsamen Hausstand zu gründen. Es ist besonders riskant, wenn Sie sich nicht sicher sind, ob Sie ihn überhaupt heiraten würden. Sie würden es sich damit nur unnötig schwer machen, Ihre Zelte wieder abzubrechen, nachdem Sie sich einen gemeinsamen Kleiderschrank und zwei Katzen angeschafft haben – oder wenn Ihre dreijährige Tochter bereits Papa zu ihm sagt.

Zusammenleben ist riskanter als heiraten

> *Ein Vorteil der Ehe besteht in meinen Augen darin, dass man zusammengeschweißt ist, wenn sich einer von beiden ent-liebt, so lange, bis man sich vielleicht von Neuem ineinander ver-liebt.*
>
> JUDITH VIORST

Eine Trauung – in großem Rahmen oder kleinstem Kreis – ist ein geheiligtes Versprechen vor Gott und der Welt. Zusammenziehen bedeutet, man mogelt sich am Radarschirm vorbei, in dem beidseitigen Einvernehmen, dass man den Status der Beziehung jederzeit ändern oder einfach auflösen kann.

Beide »Übereinkünfte« bieten das Potenzial für Freud und Leid, aber wenn Sie so gestrickt sind wie ich, erscheint Ihnen das Zusammenleben ohne Trauschein wahrscheinlich weniger riskant. Was fehlt, ist der soziale Druck – oder die moralische Unterstützung –, am Erfolg dieser Wohngemeinschaft zu arbeiten. Sie bringen weder sich selbst noch Ihre Familie in eine peinliche Lage, wenn einer wieder auszieht. Sie müssen die Trennung nicht mit dem Begriff betiteln, der auch heute noch ein Synonym für menschliches Scheitern ist: Scheidung. Deshalb wollen viele Paare auf Nummer sicher gehen und verschicken lieber Karten mit der geänderten Adresse als Einladungen zur Hochzeit.

Sie brauchen zwar keinen Scheidungsanwalt, wenn sich Ihre Wege trennen, aber das emotionale Trauma, das mit dem Verlust der Beziehung und des lieb gewonnenen Zuhauses einhergeht, kann genauso schlimm sein.

Lösen Sie keine Rückfahrkarte

In dem Film *Gattaca* wetteifern zwei Brüder miteinander, wer am weitesten ins Meer hinausschwimmen kann. Der Jüngere, Stärkere ist wie vom Donner gerührt, als der Ältere ihn besiegt, und möchte wissen, wie ihm das gelungen ist. »Ich habe alles auf eine Karte gesetzt und mir meine Kraft nicht für den Rückweg aufgespart«, erwidert der schwächere, aber zu allem entschlossene Bruder.

Liebesbeziehungen verdienen den gleichen Mut und den gleichen Einsatz. Wenn Sie überzeugt sind, den Richtigen gefunden zu haben, können Sie von Ihrem Schutzgatter herunterklettern und mit ihm vor den Traualtar treten. Wenn Sie ohne das Ehegelöbnis mit ihm zusammenziehen, halten

Sie einen Teil von sich selbst zurück, der für das Gelingen einer Beziehung von entscheidender Bedeutung ist. Statt zu sagen »Ich gehöre zu dir«, lautet Ihre Botschaft »Lass uns mal sehen, wie es mit uns beiden klappt«. Sie lassen sich ein Hintertürchen offen. Was fehlt, ist der unerschütterliche Glaube, das Vertrauen und die innere Überzeugung und somit das Fundament für den Erfolg einer Beziehung.

Natürlich kann der Vorschlag, zusammenzuziehen, auch von Ihrem Partner kommen; in diesem Fall können Sie ihm klipp und klar sagen, dass Sie sich mit diesem Arrangement nicht wohl fühlen.

Da die Ehe eine längerfristige Verpflichtung als das Zusammenleben ohne Trauschein ist, brauchen Sie beide unter Umständen länger, um sich zu diesem Schritt zu entschließen. Deshalb erfordert es viel Geduld, auf das Engagement von seiner Seite zu warten, aber Sie werden es nicht bereuen.

Es hat noch einen weiteren Vorteil, mit Trauschein zusammenzuziehen: Wenn Probleme auftauchen, müssen Sie versuchen, sie gemeinsam zu überwinden, denn Sie haben sich kein Hintertürchen offen gelassen. Dieses Wissen verändert die Situation dramatisch. Trotz der hohen Scheidungsraten hat die Beziehung größere Erfolgschancen, wenn Sie fest entschlossen sind, ein Leben lang beisammen zu bleiben, als wenn Sie von vornherein nicht für die Ewigkeit planen. Das gilt besonders, wenn Sie schon mal verheiratet waren. Sie sind vielleicht bereit, schon vor Ihrer Scheidung mit dem neuen Partner zusammenzuziehen, aber ein Mann, der die Ehe ernst nimmt, wird *Sie* nicht ernst nehmen, solange die Scheidung nicht vollzogen ist.

Als das Verhältnis zwischen John und mir in der Zeit rund um unseren vierten Hochzeitstag extrem angespannt war, hätte ich am liebsten meine Koffer gepackt. Aber das, was uns verband, zusammengeschmiedet durch Vertrauen und Überzeugung, war stärker als der spontane Impuls, die Beziehung aufzugeben. Statt die Flucht zu ergreifen, versuchte ich herauszufinden, wie ich die Hoffnung und das Hochgefühl wiederbeleben konnte, die wir am Anfang unserer Romanze empfunden hatten. Die Hochzeitsfotos erinnerten mich an mein Eheversprechen und an die Familienangehörigen und Freunde, denen ich ins Gesicht schauen müsste, wenn es mir nicht gelang, mich daran zu halten. Wie sich herausstellte, war die Macht dieses Gelöbnisses groß genug, um meiner Ehe eine zweite Chance zu geben.

Zum Glück hatte ich den Mut gehabt, dieses Gelöbnis überhaupt abzulegen. Sonst wäre ich bei der ersten Krise auf und davon gewesen und hätte mich von dem Mann meines Lebens getrennt.

Ungeachtet dessen, wie lange Sie schon ohne Trauschein zusammenleben oder eine feste Beziehung haben, die Ehe ist anders – und besser.

Lassen Sie sich von dem Wunsch anstecken, mit dem Mann Ihrer Träume den Bund fürs Leben zu schließen, statt in »wilder Ehe« zu leben. Ich kann aus eigener Erfahrung sagen, dass eine Ehe mit allem, was dazugehört, spannender ist. Ich erinnere mich an das euphorische Gefühl während unserer Hochzeitsreise, das ich bei unserem vorherigen gemeinsamen Urlaub auf Hawaii nicht empfunden hatte. Wir konnten nicht aufhören, unsere Ringe anzuschauen und dauernd von

»meinem Mann« und »meiner Frau« zu sprechen. Dieses Gefühl macht sich jedes Jahr aufs Neue an unserem Hochzeitstag bemerkbar, und zu anderen Zeiten, wenn wir in Erinnerungen schwelgen oder uns nach ein paar Tagen, die wir getrennt voneinander verbringen mussten, wiedersehen.

Das Hochgefühl in den Flitterwochen machte einem tiefen Glücksgefühl und innerer Zufriedenheit Platz; sie entsprangen dem Wissen, dass es jemanden gibt, der mich liebt und alt mit mir werden will. Das stärkt mein Selbstvertrauen auf eine Weise, wie es das bloße Zusammenleben ohne Trauschein nie vermocht hätte.

Sogar der Sex war plötzlich inniger und leidenschaftlicher. Wenn man ein Leben lang Zeit hat, den Körper des anderen zu erkunden, ist das Liebemachen ein Luxus, in dem man ohne Zeitdruck schwelgen kann. Der Sex wird erst dann vollkommen, wenn man sich gut kennt und sich absolut vertraut. Bis zur Hochzeit habe ich dieses Gefühl nicht gekannt.

Heben Sie sich nichts für die Rückfahrt auf, sondern setzen Sie alles auf eine Karte für die Liebe, die ein Leben lang dauert.

27

Stellen Sie ihm kein Ultimatum

> *Die Ehe ist weder ein Ritual noch ein Ziel. Sie ist ein langer, schwieriger, intimer, gemeinsamer Tanz, und nichts zählt dabei mehr als der eigene Gleichgewichtssinn und die Wahl des Partners.*
>
> AMY BLOOM

Sie verzögern vielleicht einen Heiratsantrag, weil Sie widersprüchliche Signale übermitteln, die Ihren Partner in Zweifel stürzen, ob Sie seinen Antrag überhaupt annehmen würden. Gehen Sie Ihren unbewussten Ängsten auf den Grund, um zu sehen, wer von beiden derjenige ist, der blockiert.

Wenn Sie sicher sind, dass Ihre Botschaft unmissverständlich ist und er nach einem halben Jahr immer noch nicht von Heirat gesprochen hat, sollten Sie ihm sagen, dass Sie ihn zwar lieben und mit ihm zusammenbleiben wollen, dass Sie aber nicht bereit sind, eine Beziehung zu führen, ohne irgendwann die Hochzeitsglocken läuten zu hören.

Das ist nicht dasselbe, als würden Sie ihm ein Ultimatum stellen: »Entweder du heiratest mich, oder ich gehe!« Bei einem Ultimatum machen Sie ihm Vorschriften, statt sich auf Ihren eigenen Ehewunsch zu beziehen.

Eine Frau, die ihre Weiblichkeit lebt, weiß, dass sie nicht steuern kann, wohin die Beziehung führt, und versucht es auch erst gar nicht. Sie hofft das Beste und lernt, mit der Unsicherheit zu leben.

Übermitteln Sie eine klare Botschaft

Wenn Sie einen Heiratsantrag bekommen möchten und seit längerem einen Partner haben, der diesbezüglich keinerlei Anstalten macht, sind *Sie* sich vielleicht nicht absolut sicher, ob Sie mit ihm zusammenbleiben möchten, bis dass der Tod Sie scheidet. Wenn Sie sich mindestens ein halbes Jahr kennen, haben Sie alle Informationen, die Sie brauchen, um eine Entscheidung zu treffen. Die meisten Menschen geben auf Anhieb einiges von sich preis, auch zwischen den Zeilen, sodass Sie inzwischen wissen müssten, ob er der Richtige ist.

Wenn Sie trotzdem immer noch nicht in der Lage sind, diese Frage eindeutig zu beantworten, oder meinen, Sie könnten doch etwas Besseres finden, übermitteln Sie ihm unbewusst widersprüchliche Signale. Er befürchtet möglicherweise, dass Sie ihm einen Korb geben, wenn er Ihnen einen Antrag macht. Sie stecken beide in einem Beziehungslabyrinth, in dem sich keiner von beiden zum anderen bekennt oder sagen kann, wie die Geschichte enden soll. Um aus diesem Labyrinth herauszukommen, sollten Sie sich darüber klar werden, was Sie wirklich wollen, und ihm eine unmissverständliche Botschaft übermitteln.

Ironischerweise hält oft die Frau selbst den Schlüssel für die Entwicklung der Beziehung in der Hand. Wenn sie heiraten möchte und ihrem Partner dies auch übermittelt, ebnet sie ihm den Weg, vor ihr auf die Knie zu fallen und sie um ihre Hand zu bitten.

Sie besitzen den Schlüssel
für die Zukunft

*Eine Reise ist wie eine Ehe. Man geht
mit Sicherheit in die Irre, wenn man
meint, man hätte alles in Griff.*

JOHN STEINBECK

Jasmin ist ein anschauliches Beispiel dafür, wie Ängste eine Beziehung sabotieren können. Geschieden und mit einer Tochter aus erster Ehe, lebte sie schon seit einigen Jahren mit ihrem Freund Richard zusammen. In einem meiner Workshops erzählte sie der Gruppe, sie fände es so frustrierend, dass sie immer noch nicht verheiratet waren, obwohl Richard ihr schon vor langer Zeit einen Heiratsantrag gemacht hatte. Die Hochzeit wurde jedoch immer wieder aufgeschoben, weil sie nicht das Geld hatten, sie so groß zu feiern, wie sie es sich beide wünschten.

Als ich vorschlug, die beiden sollten doch einfach »durchbrennen« und irgendwo in aller Stille heiraten, um die Feier später in großem Stil nachzuholen, sobald sie es sich leisten konnten, rückte Jasmin mit der Wahrheit heraus. »Ich bin mir nicht sicher, ob ich wirklich heiraten will«, sagte sie. »Es ist mir peinlich, das einzugestehen, wo ich doch dauernd vom Heiraten rede. Ich dachte, *er* sei sich nicht schlüssig.«

Aber Richard war nicht der Zögerliche. Als Jasmin ihr Gewissen erforschte, merkte sie, dass sie ihn zwar liebte und heiraten wollte, aber Angst vor einer zweiten Scheidung hatte und sich selbst und ihrer Tochter unbewusst das Trauma ersparen wollte. Je offener sie über ihre Ängste sprach, desto deutlicher erkannte sie, dass sie auf die schlechten Erfahrun-

321

gen der Vergangenheit reagierte statt auf den liebevollen, engagierten Mann, der jetzt in ihrem Leben eine Rolle spielte. »Ich weiß, dass Richard der Richtige ist und wir beide eine wunderbare Zukunft miteinander haben könnten«, sagte sie.

Die anderen Frauen in der Gruppe bestärkten Jasmin in Ihrer Überzeugung, dass Richard der Richtige war, und sprachen ihr Mut zu. Mit dieser Unterstützung und dem Wissen, dass wir nicht lockerlassen würden, traf Jasmin die Entscheidung, sich ihren Ängsten zu stellen und Richard zu sagen, dass sie die Beziehung festschreiben wolle. Statt sich über das vergangene Katastrophen-Szenario den Kopf zu zerbrechen, schaute sie auf das glückliche Hier und Jetzt und nahm ihren ganzen Mut zusammen, um den Mann zu heiraten, der sie über alles liebte.

Als Jasmin ihre Ängste in der Gruppe aufspürte und ansprach, gab sie uns die Möglichkeit, ihre Perspektive zurechtzurücken.

Die Trauung fand nur wenige Monate später im Beisein sämtlicher Freunde statt, gefolgt von einem eleganten Hochzeitsbankett – genau das, was sie sich gewünscht hatten. Eine Freundin bot ihr das prachtvolle Haus, in dem sie lebte, für den Hochzeitsempfang an, und eine andere Freundin sorgte als Geschenk für die Verköstigung der Gäste. Als Jasmin Klarheit über ihren weiteren Weg gewonnen hatte, stellte sie fest, dass es gar nicht so schwer war, die vermeintlichen Hürden zu überwinden.

Bestehen Sie auf dem Trauschein, aber fordern Sie ihn nicht

Sie können niemanden zur Heirat zwingen. Und selbst wenn, würden Sie nie erfahren, ob er Sie von sich aus vor den Traualtar führen will. Sie verdienen einen Mann, der eigenständig denkt und handelt, einen Mann, der Ihnen einen Antrag macht, weil er den Gedanken nicht ertragen kann, ohne Sie zu leben – und nicht, weil Sie ihn angefleht oder unter Druck gesetzt haben.

Eine Frau, die den Mut hat, sich zu ihrer Weiblichkeit zu bekennen, verzichtet darauf, die Ehe bei ihrem Partner einzufordern, weil das unter ihrer Würde wäre.

Andererseits soll Ihr Partner wissen, dass Sie mit Freuden Ja sagen würden, wenn er sich entschließen könnte, Sie um Ihre Hand zu bitten. Schließlich geht niemand gerne das Risiko ein, abgewiesen zu werden. Da Sie ihn nicht zu seinem Glück zwingen wollen, indem Sie sagen: »Ich würde dich sofort heiraten, wenn du mich fragst«, gilt es, Ihre Bereitschaft in Ihrem tagtäglichen Verhalten zum Ausdruck bringen. Wenn er merkt, dass Sie sich freuen, ihn zu sehen, ihn bewundern, ihn attraktiv finden und seine Nähe genießen, muss er sich nicht den Kopf zerbrechen, wie Sie reagieren könnten, wenn er Ihnen Herz und Hand anbietet.

Statt auf die alles entscheidende Frage fixiert zu sein, akzeptieren Sie die Situation so, wie sie ist. Konzentrieren Sie Ihre Energie auf sich selbst und ergründen Sie Ihre eigenen Wünsche und Gefühle. Wenn Sie seit mindestens drei Monaten eine feste Beziehung haben, in der es gut läuft, macht es Sinn, ihm zu sagen, dass Sie irgendwann heiraten möchten.

Sie müssen nicht betonen, dass Sie *ihn* als Ehemann ins Auge gefasst haben, denn damit würden Sie die Frage forcieren, ob er das Gleiche für Sie empfindet. Es reicht, ihn wissen zu lassen, dass die Ehe Ihnen wichtig ist, denn damit spielen Sie ihm den Ball zu. Wenn er Ihre Gesellschaft für den Rest des Lebens genießen möchte, weiß er spätestens jetzt, dass er Ihnen einen Antrag machen muss.

Nachdem Sie ihm gesagt haben, dass die Ehe in Ihren Zukunftsplänen eine Rolle spielt, sollten Sie das Thema auf sich beruhen lassen. Sie müssen nicht immer wieder nachhaken, um sich zu vergewissern, dass er den Wink mit dem Zaunpfahl verstanden hat. Manchmal verleiht die Einmaligkeit der Aussage zusätzlich Gewicht und Bedeutung.

Ein halbes Jahr ist Zeit genug

> *Das Herz hat seine eigenen Gründe,*
> *von denen die Vernunft nichts weiß.*
> BLAISE PASCAL

Wenn eine Verlobung nach einem halben Jahr immer noch in den Sternen steht, sind Sie notgedrungen wieder am Zug. Sie können ihm weder Daumenschrauben anlegen noch ihm ständig in den Ohren liegen, aber Sie können ihm klar und deutlich zu verstehen geben, dass Sie ihn lieben und mit ihm zusammenbleiben wollen, aber *nur* mit Trauschein. Wenn das nicht seinen Vorstellungen entspricht, sagen Sie ihm klipp und klar, dass Sie sich trennen müssen. Dann ist es an ihm zu entscheiden, ob er Sie gehen lassen oder mit Ihnen den Bund fürs Leben schließen will.

Wenn er meint, er sei noch nicht bereit für die Ehe, können Sie entweder bleiben und sich den Gedanken an eine Heirat aus dem Kopf schlagen, oder in Ihrem Leben Platz für einen Mann schaffen, dem es eine Ehre wäre, Sie zu heiraten.

Wenn Sie bei Ihrem Heiratsmuffel bleiben, bringen Sie sich selber um die Chance, so geliebt und umworben zu werden, wie Sie es verdienen. Die Frustration und die unterschwellige Angst, die Sie empfinden, weil Ihr Ehewunsch unerfüllt bleibt, stehen dem Trennungsschmerz in nichts nach.

Vielleicht sind Sie der Typ, der wartet und wartet und sich einredet, dass der Mann einfach mehr Zeit braucht. Aber ein halbes Jahr ist Zeit genug, um sich darüber klar zu werden, ob man sein Leben mit jemandem verbringen möchte. Das heißt nicht, dass er Sie vom Fleck weg heiraten soll, sondern dass er bereit ist, konkrete Pläne für die Zukunft zu machen, Hochzeit inbegriffen. Diese gemeinsame Zukunft kann nach dem Staatsexamen in Medizin oder Ende des nächsten Jahres beginnen. Der Zeitrahmen an sich ist nicht wichtig, solange es einen Zeitrahmen *gibt*.

Manchmal sagen Männer gleich am Anfang einer Beziehung, dass sie nichts von der Ehe halten oder nie im Leben heiraten würden. Natürlich können Sie ihn beim Wort nehmen. Aber Männer sind in dieser Hinsicht wankelmütig: Sie geben solche Grundsatzerklärungen im Brustton der Überzeugung ab, nur um ihre Meinung komplett zu ändern, sobald sie sich verliebt haben. Viele sind nicht bindungswillig, bevor sie der Frau fürs Leben begegnen.

Wie können Sie sich vor Ablauf der sechsmonatigen »Sperrfrist« Klarheit darüber verschaffen, ob ein Mann bindungswillig ist? Gar nicht, leider. Gut Ding will bekanntlich

Weile haben, und so lange dauert es, eine Beziehung aufzubauen, die in ihm den Wunsch weckt, Sie nicht wieder loszulassen. Und wichtiger noch: So lange sollten Sie sich Zeit
nehmen, um zu entscheiden, ob Sie den Richtigen gefunden
haben, mit dem *Sie* noch viele Jahre glücklich sein könnten.

Hören Sie auf Ihre Gefühle, der Rest kommt von alleine

> *Wir heiraten nicht jemandem, mit dem
> wir leben können – wir heiraten die Per-
> son, ohne die wir nicht leben können.*
> ANONYM

Einem bindungsunwilligen Mann zu sagen, dass Sie sich trennen müssen, hat nichts mit Manipulation, sondern mit der
Notwendigkeit zu tun, auf Ihre eigenen grundlegenden Bedürfnisse Rücksicht zu nehmen. Ersteres ist eine kaschierte
Drohung, Letzteres ein klares Wort darüber, was Sie im Leben
brauchen, um glücklich zu sein. Die Aussage »Ich respektiere, dass du andere Bedürfnisse hast als ich, und deshalb ist es
besser, wenn ich mich von dir trenne« konzentriert sich auf
das Einzige, was Sie verändern können – sich selbst und *Ihre*
Situation. Wenn Sie dagegen sagen »Wenn du mich nicht
heiratest, trennen sich unsere Wege!« Stellen Sie eine Forderung an ihn. Das ist kein guter Ausgangspunkt für ein ge-
meinsames Leben.

Manchmal reicht schon die Erkenntnis, dass er Sie verlieren könnte, um seine Entscheidung für das ewige Junggesell-
endasein noch einmal zu überdenken, wie in Connis Fall.

Till machte ihr einen Antrag, und sie verlobten sich – und dabei blieb es dann erst mal. Conni fragte nach einem Hochzeitstermin, aber Till war beruflich voll eingespannt, und sein Geschäftspartner legte ihm dringend nahe, mit dem Heiraten zu warten, bis die frisch gegründete Firma Fuß gefasst hatte. Das Paar lebte bereits zusammen, und Conni bettelte, flehte, forderte und drohte, um Till zu bewegen, mit ihr vor den Traualtar zu treten. Er setzte sich vehement gegen ihren Ansturm zur Wehr. Das leidige Thema brachte so viel Unfrieden in die Beziehung, dass sie daran zu zerbrechen drohte. Zu guter Letzt versuchte es Conni mit einer anderen Strategie.

»Ich verstehe, dass deine Firma sehr wichtig für dich ist, und das respektiere ich«, sagte sie entschlossen, aber ohne zu weinen. »Ich weiß aber auch, dass ich verheiratet sein muss, um wirklich glücklich zu werden. Ich brauche diese Gewissheit. Ich liebe dich und möchte deine Frau sein; wenn das für dich aber nicht der richtige Weg ist, kann ich es akzeptieren – und werde mich von dir trennen.«

Als Till nicht sofort antwortete, war Conni einer Panik nahe. Dann drehte er sich um und meinte: »Ich möchte dich nicht verlieren, also müssen wir das Problem irgendwie lösen. Bis März sind wir verheiratet, das verspreche ich dir.«

Conni war bereit, ihre Ankündigung wahr zu machen, auch wenn es ihr das Herz gebrochen hätte, Till zu verlassen. Ihre Worte enthielten weder eine leere Drohung noch wurden sie im Eifer des Gefechts geäußert. Sie konzentrierte sich nur auf sich selbst und die Grenzen, die sie für sich selbst setzte – anders als bei einem Ultimatum, das *ihn* zum Handeln nötigt. Hätte sie gesagt: »Entweder heiraten wir in den nächsten drei Monaten, oder ich gehe«, hätte Till vermutlich anders reagiert. Ein Ultimatum übt Druck aus, der Gegendruck erzeugt, und daraus entsteht Wut und nicht Liebe.

Obwohl Conni ihre Verletzlichkeit offenbarte, ließ sie Selbstachtung und Würde erkennen. Ihr Verhalten verriet große innere Stärke, was Till nicht entging. Diese persönliche Integrität zieht jeden Menschen magisch an.

Maria und Kevin hatten seit mehr als einem Jahr eine feste Beziehung. Irgendwann erkannte Maria, dass sie bis zum Sankt-Nimmerleins-Tag auf den erhofften Heiratsantrag warten konnte. Obwohl sie Kevin liebte, gelangte sie zu dem Schluss, dass es besser sei, die Beziehung zu beenden und den Weg für jemanden frei zu machen, der bindungswillig war, wenn Kevin keine Lust auf die Ehe habe. Maria war fest entschlossen, bei nächster Gelegenheit mit ihm zu reden und notfalls die Konsequenzen zu ziehen.

Nach einem netten gemeinsamen Abend sagte sie auf dem Heimweg: »Kevin, ich liebe dich sehr, aber ich möchte unsere Beziehung nicht bis in alle Ewigkeit so fortsetzen, wie sie jetzt ist. Ich würde gerne heiraten. Wenn du dich mit dem Gedanken nicht anfreunden kannst oder eine Ehe für dich grundsätzlich nicht in Frage kommt, verstehe ich das, aber dann trennen sich unsere Wege, denn ich weiß, was ich möchte und brauche, um glücklich zu sein.«

Kevin, der das Thema Ehe nie ernsthaft in Erwägung gezogen hatte, war überrascht. Er fuhr an den Straßenrand und dachte einen Moment nach. Dann sagte er: »Ich möchte heiraten. Dich. Am liebsten gleich!« Er machte ihr auf der Stelle einen Antrag.

Diese Geschichten – und viele andere – hatten ein Happy End, weil die Frauen diplomatisch waren und ihre Botschaft klar, aber ohne Druck übermittelten. Es gibt keine Garantie, dass Ihr Freund oder Partner genauso reagiert, aber Sie können einiges tun, um Ihre Glückschancen zu verbessern.

Ihre Wünsche sind keine Erpressung

Was macht den Unterschied zwischen Connis und Marias Aussagen und einem Ultimatum aus? Es gibt fünf Punkte, die Sie beachten sollten, um effektiv zu kommunizieren und Ihre Bedürfnisse in Sachen Ehe klar zu äußern:

- ❧ *Stellen Sie keine Forderungen.* Connis und Marias Aussagen bezogen sich auf die eigene Person, ohne den Partner zu einer bestimmten Reaktion oder den angedrohten Konsequenzen zu nötigen.
- ❧ *Bewahren Sie Haltung.* Beide Frauen führten ein ernstes Gespräch, übermittelten ihre Botschaft aber ohne Wut oder Tränen.
- ❧ *Bekennen Sie sich zu Ihrer Liebe.* Auch wenn Sie sich verwundbar fühlen, ist es wichtig, ihm zu sagen, dass er der Richtige ist. Vielleicht hat er nur mit seinem Heiratsantrag gewartet, weil er Angst hatte, Sie könnten ablehnen. Wenn er Ihnen seine Liebe noch nicht gestanden hat, sagen Sie einfach »Ich möchte mit dir zusammenbleiben«, damit Sie nicht mehr riskieren als nötig.
- ❧ *Warten Sie auf eine günstige Gelegenheit.* In den beiden beschriebenen Beziehungen lief es gut, als das Thema Heirat zur Sprache kam. Es wurde nicht unmittelbar nach einem Streit oder in einer Zeit aufs Tapet gebracht, als schon wochenlang dicke Luft herrschte.

∾*Ziehen Sie die Konsequenzen.* Conni und Maria waren notfalls bereit, die Beziehung zu beenden, um sich selbst die Möglichkeit zu geben, ihre Wünsche und innersten Bedürfnisse zu verwirklichen. Ohne diese Entschlossenheit wären die angedrohten Konsequenzen bloße Erpressung gewesen.

Bevor Sie mit Ihrem Partner Klartext reden, sollten Sie den richtigen Moment abpassen, jede Aussage sorgfältig überdenken und Ruhe bewahren.

Am wichtigsten ist jedoch Ihre Entschlossenheit, die Beziehung wirklich zu beenden, wenn er nicht bereit ist, sich zu binden. Fehlt sie, wird er es spüren und Ihre Worte als leere Drohung abtun.

Sie brauchen vielleicht Zeit, um sich mental für das Gespräch mit Ihrem Partner zu rüsten. Sie würden sich allerdings verraten, wenn Sie monatelang so tun, als stünde alles zum Besten, ohne das für Sie wichtige Thema Ehe zur Sprache zu bringen. Auch wenn Sie sich blendend mit ihm verstehen: Wenn er Ihr Bedürfnis nach einer gemeinsamen Zukunft nicht erfüllen kann, wird die Harmonie bald ein Ende finden und Spannung und Streit Platz machen. Nehmen Sie Ihren ganzen Mut zusammen, um die Situation offen und souverän anzusprechen; Sie sind es sich selbst schuldig, Ihr Leben ohne faule Kompromisse zu leben.

Wenn Sie Ihren Ehewunsch und Ihre Entschlossenheit, sich zu trennen, falls er sich nicht entschließen kann, um Ihre Hand anzuhalten, geäußert haben, wäre es ein Verrat an sich selbst, die Beziehung trotzdem fortzusetzen. Ihre Selbstachtung und die Achtung, die er Ihnen entgegenbringt, würden gleichermaßen sinken. Hoffen Sie auf das Beste, wenn Sie das Gespräch beginnen, aber seien Sie auf das Schlimmste gefasst.

Geben Sie sich einen Monat

Wenn das Thema Ehe bereits angeschnitten wurde und sich als Streitpunkt entpuppt hat, fragen Sie sich vielleicht, wie Sie es jetzt abermals zur Sprache bringen. Manchmal lässt diese Belastung die Beziehung merklich abkühlen, was wiederum Ihre Angst schürt, dass man vielleicht doch nicht so gut zusammenpasst, wie man dachte. Wenn Sie Ihrem Partner immer wieder dramatische Vorträge halten, sarkastische Bemerkungen machen oder ihm sein mangelndes Engagement vorwerfen und deshalb dicke Luft herrscht, sollten Sie versuchen, Ihr Verhalten einen Monat lang zu ändern, bevor Sie das Thema erneut anschneiden.

Versuchen Sie dreißig Tage lang, die Situation so zu akzeptieren, wie sie ist. Auch wenn Sie sich frustriert fühlen, wütend sind oder befürchten, dass er Sie nie heiraten wird, sollten Sie sich zu der Überzeugung durchringen, dass am Ende alles gut wird. Geben Sie der Beziehung eine Chance, und erinnern Sie sich selbst und ihn daran, was Sie miteinander verbindet.

In diesem Monat sollte das Bemühen, ihn zu respektieren und sich zu entschuldigen, wenn es Grund dazu gibt, allerhöchste Priorität haben. Hören Sie auf zu nörgeln, ihn ständig zu kritisieren oder zu manipulieren. Sie müssen ihm ja nicht gleich jeden Abend sein Lieblingsgericht kochen oder ihn mit Geschenken überhäufen, aber suchen Sie nach einem spürbaren Beitrag, den Sie zu einer harmonischen Beziehung leisten können. Wenn Sie ihm unter diesen Voraussetzungen sagen, wie Sie sich Ihre Zukunft vorstellen, rückt die Erfüllung Ihrer Wünsche schon wieder ein Stück näher.

Ein Monat ist nicht lang, aber lang genug, um sich über den gemeinsamen Weg klar zu werden. Lang genug, um zu vergessen, dass Sie vorher im Dauerclinch gelegen haben. Und lang genug, um das Fundament für einen glücklichen Ausgang des Gesprächs zu legen.

Machen Sie sich nicht zum Affen

Es gibt Frauen, die ihre Beziehung zu einem Mann, der sie partout nicht heiraten will, noch neun Jahre und länger fortsetzen. Wenn man davon ausgeht, dass sie das Verhältnis ja legalisieren wollte, ist man versucht, ihm allein die Schuld anzulasten. Doch in Wirklichkeit haben diese Frauen ihre eigenen Bedürfnisse verraten und ein Lippenbekenntnis abgelegt. Wenn ein Paar also neun Jahre zusammenlebt, ohne Fortschritte auf dem Weg in den Hafen der Ehe zu machen, klammert sich die Frau bloß an eine Beziehung, weil sie denkt, das sei besser als gar nichts.

Das erinnert mich an eine wirksame Methode, Affen in freier Wildbahn in die Falle zu locken: mit einer Kiste und einer Orange. Der Affe entdeckt die Frucht in der Kiste und greift durch eine schmale Öffnung hinein, um sie sich zu nehmen. Da das Loch zu klein ist, kann er seine Hand nicht herausziehen, solange er die Orange festhält. Aber er will sie nicht loslassen – und ist gefangen.

Wenn Sie sich an den Falschen klammern, weil Sie meinen, der Spatz in der Hand sei besser als die Taube auf dem Dach, machen Sie sich zum Affen. Sie sitzen in der Falle. Wir haben die Freuden der Ehe vor Augen, aber genießen können wir sie nicht, weil wir nicht loslassen wollen. Eine Trennung tut weh, aber das vergeht. Sie wirkt vor allem befreiend, denn nun können Sie Ihre ganze Energie darauf konzentrieren, etwas für sich selbst zu tun und den Mann zu finden, der mit Ihnen vor den Traualtar treten will.

Und keine Angst, dass es Ewigkeiten dauern könnte, bis Sie ihm begegnen, da Sie schon lange genug gebraucht haben, beim Falschen zu landen. Wenn Sie die Tipps in diesem Buch beherzigen, wird der Mann fürs Leben Ihren Weg kreuzen. Sie müssen sich nur entschließen, Platz für ihn in Ihrer Wohnung und in Ihrem Herzen zu machen.

Vielleicht halten Sie lieber an einer vorhersehbaren, aber unbefriedigenden Beziehung fest, als sich auf unbekanntes Terrain zu wagen und jemand Neues kennen zu lernen. Aber Sie zahlen einen hohen Preis für Ihre Vorsicht. Bringen Sie den Mut auf, sich von einem Partner zu trennen, der Sie nie glücklich machen wird. Das ist das Einzige, was Sie an Ihrer Situation ändern können.

Wenn Sie nach dem Ring angeln, fischen Sie im Trüben

Renate kannte Ulrich seit fast fünf Jahren und war frustriert, weil er ihr immer noch keinen Antrag gemacht hatte. »Ich sage ihm dauernd, dass es allerhöchste Zeit sei, mir einen

Ring anzustecken«, klagte sie. Verständlicherweise machte Ulrich keine Anstalten, ihrer Forderung nachzukommen, weil sich niemand gerne die Pistole auf die Brust setzen lässt.

Ulrich *wollte* mit ihr gemeinsame Zukunftspläne schmieden – einschließlich eines Testaments, damit sie abgesichert war, falls ihm etwas passierte, und der Adoption ihrer Tochter –, aber weil Renate ständig darauf herumritt, war das Thema Ehe für ihn ein rotes Tuch geworden. Er hätte es von sich aus angeschnitten, aber zu einem Zeitpunkt, der für ihn richtig war, und auf *seine* Weise. Renate gab ihm dazu keine Gelegenheit.

Als sie erkannte, dass er mauerte, weil er sich sonst wie ein »Waschlappen« vorgekommen wäre, beschloss Renate, sich zurückzuhalten. Sie verzichtete auf ihre früheren Manipulierungsversuche, konzentrierte sich stattdessen auf die positiven Eigenschaften ihres Partners und mied Themen wie Heiratsantrag, Ring und alles, was damit in Zusammenhang stand. Sie merkte, dass sich ihre Gewohnheit, ständig zu bohren und über das leidige Thema zu streiten, als Bumerang erwiesen hatte, und gelangte zu der weisen Entscheidung, ein paar Monate zu warten und die Sache auszusitzen, um zu sehen, was dann passieren würde. Und siehe da: Binnen eines Monats brachte Ulrich das Thema Heirat beim Frühstück zur Sprache, auf ungeahnt positive Weise. »Ich denke, wir brauchen keine lange Verlobungszeit mehr, oder?«, fragte er. Renate lächelte überrascht. Ermutigt von Ulrichs Reaktion, gelang es ihr, bei ihrem Vorsatz zu bleiben und sich zwei weitere Monate jede Bemerkung über das Heiraten zu verkneifen.

Ihre Geduld zahlte sich aus: In dieser Zeit bat er sie, seine Frau zu werden.

Wenn Sie das Gefühl haben, dass Ihr Freund oder Partner grundsätzlich heiraten möchte, Sie aber mit Bohren, Tränen und sonstigen Manipulationen keinen Antrag aus ihm rausgekriegt haben, sollten Sie das Thema mindestens drei Monate ruhen lassen. Da sich das Ergebnis ohnehin Ihrem Einfluss entzieht, sollten Sie die Situation so nehmen, wie sie ist, und warten, bis er von sich aus eine Entscheidung getroffen hat.

Wann es in Ordnung ist, länger zu warten

Alice war verzweifelt, was ihre Zukunft mit Daniel betraf. Sie wusste aus früheren Gesprächen, dass er sie liebte, aber er wollte zuerst sein Jurastudium abschließen, bevor er an eine Verlobung dachte. Dann traf sie die Entscheidung, die nächsten zwei Jahre auf ihn zu warten, ein Vabanquespiel mit hohem Einsatz, aber er war es ihr wert. Ihr Vertrauen zahlte sich aus: Kaum hatte er sein Examen in der Tasche, machte er ihr einen Heiratsantrag und bedankte sich liebevoll für ihre Geduld.

Alices Vertrauensvorschuss war für sie beide ein Geschenk. Daniel konnte sich auf sein Studium konzentrieren, ohne Angst, dass er Alice verlieren könnte, und sie genoss die Zeit mit ihrem Freund, war entspannt und lag ihm nicht ständig mit der Verlobung in den Ohren. Nach der zweijährigen Wartezeit liebte er sie mehr als je zuvor.

Vielleicht fragen Sie sich, ob Ihre Situation mit Alices zu vergleichen ist und eine längere Wartezeit rechtfertigt. Hören Sie in sich hinein und fragen Sie Ihre innere Stimme. Wenn sie Ihnen sagt, die Beziehung könnte zum Traualtar führen, müssen Sie für sich selbst ergründen, wie lange Sie auf ihn warten wollen. Denken Sie darüber nach, ob sie diese Frist ohne Frust durchstehen, wenn sich in der Beziehung nichts bewegt. Und achten Sie darauf, dass es Ihnen während dieser Zeit gut geht (Alice zahlte weder für seine Ausbildung, noch lebte sie während der zwei Jahre mit ihm zusammen.)

Jede Frau, die einem Mann, der sie schlussendlich doch nicht heiratet, eine längere Wartezeit zugebilligt hat, ist verständlicherweise bitter enttäuscht. Aber wenn Sie von Anfang an befürchten, dass Sie ihm heimlich grollen würden, sollten Sie ein solches Risiko nicht eingehen. Sie müssen sich absolut im Klaren darüber sein, was für Sie, in Ihrer Situation, richtig ist.

Manchmal möchte ein Mann zuerst beruflich vorwärts kommen, bevor er heiratet. Wenn er seine Ausbildung abschließen oder den Job wechseln will, bereitet er sich unter Umständen schon auf seine neue Rolle als Ernährer vor. Das war bei Jens der Fall. Sofie, seine Zukünftige, fiel aus allen Wolken, als er am Tag vor der Hochzeit in seiner Firma kündigte. Jens wirkte zuversichtlich und entschlossen, als er erklärte, er wolle sich von seinem Arbeitgeber nicht länger ausnutzen lassen. Der Mangel an Herausforderungen und beruflichen Entwicklungschancen habe ihm das Gefühl gegeben, ein Schwächling zu sein, der Angst hat, den Sprung ins Unbekannte zu wagen. »Ich hätte nicht der Mann sein können, den du verdienst, wenn ich in der Firma geblieben wäre«, sagte er. »Ich muss mehr Stärke und Ehrgeiz entwickeln, damit ich dir ein besserer Ehemann sein kann.«

Wenn Ihr Partner seine Karriere vorantreiben möchte, bevor er sich bindet, könnte es sein, dass er sich nur optimal auf die Ehe vorbereiten will und nicht vor ihr davonläuft. Das können Sie aber nur herausfinden, wenn Sie aufmerksam zuhören und zwischen den Zeilen lesen.

Eine kluge Frau weiß, dass sie den Zeitpunkt für den Heiratsantrag nicht bestimmen kann, und deshalb versucht sie es erst gar nicht. Sie setzt Grenzen, die für sie selbst annehmbar sind, und achtet darauf, dass es ihr emotional gut geht. Sie findet den Mut, in Einklang mit ihren Überzeugungen zu handeln, weil sie weiß, dass nur dieser Weg zu einer erfüllenden Beziehung führt.

Epilog:
Weiblichkeit wirkt Wunder

Liebe heilt die Menschen, sowohl die-
jenigen, die Liebe schenken, als auch
diejenigen, die sie empfangen.
DR. KARL A. MENNINGER

Ich hatte das Privileg, hautnah mitzuerleben, wie wunder-
volle Liebesgeschichten für Frauen begannen, die den Mut
fanden, ihre Weiblichkeit zu leben. Zu den Glücklichen gehörte

◌ eine Frau, die bereits jede Hoffnung aufgegeben hatte und
aus lauter Verzweiflung Zuflucht bei einer Online-Partnervermittlung suchte. Bald hatte sie Kontakt zu etlichen
Männern, und mit einigen traf sie sich. Durch ihr bewuss-
tes Bekenntnis zu ihren weiblichen Eigenschaften trat ein
innerer und äußerer Wandel ein. Sie fühlte sich selbstbewusster und attraktiver. Und plötzlich wurden auch die
Männer – nicht nur im Internet, sondern auch in ihrer di-
rekten Umgebung – auf sie aufmerksam. Zum ersten Mal
seit Jahren wurde sie umschwärmt und genoss es in vollen
Zügen.

◌ Eine Frau erzählte unserer Single-Gruppe, dass ein Mann,
den sie über gemeinsame Freunde kennen gelernt hatte,
von vornherein als möglicher Partner ausschied, weil er ihr
nicht groß genug sei. Als wir sie ermutigten, sich doch alle
Optionen offen zu halten, ging sie mit ihm aus und stellte
fest, dass sie sich in seiner Gesellschaft sehr wohl fühlte.
Bald trafen sie sich regelmäßig. Sie unterdrückte den

Wunsch, ihn anzurufen, um ihn zu fragen, wann sie sich wiedersehen würden, auch wenn es ihr schwer fiel. »Das ist neu für mich«, berichtete sie. »Ich war nie der Typ, der die Hände in den Schoß legt und wartet, aber inzwischen fühle ich mich geerdet und selbstsicherer als je zuvor. Natürlich habe ich manchmal Angst und möchte am Schicksalsrad drehen, aber ich lasse es. Jetzt erlebe ich eine Romanze wie im Märchen.«

Eine Frau, die zwei Mal geschieden war und Pech in der Liebe gehabt hatte, konnte sich nicht vorstellen, sich jemals wieder voll auf eine Beziehung einzulassen. Trotzdem erklärte sie sich bereit, zu signalisieren, dass sie noch zu haben war, und es auf einen Versuch ankommen zu lassen. Neun Monate später lernte sie bei einem Blind Date die große Liebe ihres Lebens kennen. Sie war versucht, beim ersten Rendezvous die Gesprächsführung zu übernehmen, aber sie hielt sich bewusst zurück und hörte zu. »Zum ersten Mal seit langer Zeit fühle ich mich in der Gesellschaft eines Mannes wieder rundum wohl«, gestand sie. »Fünf Minuten mit einem anständigen Mann genügen, um einem zu zeigen, dass man vorher nur Schrott hatte.« Ihr Freund machte ihr ein großes Kompliment: »Du hast mir bewiesen, dass es Frauen gibt, die nicht manipulieren, sondern kommunizieren wollen.«

Eine Frau in unserer Gruppe lernte den Richtigen kennen, als sie begann, jeden Mann, der ihr begegnete, anzulächeln. »Obwohl ich schon fünfundfünfzig bin und mehr als ein Mal verheiratet war, kommt es mir vor, als hätte ich vorher nie eine richtige Beziehung gehabt«, sagte sie. »Ich habe gelernt, das Leben spielerisch und mit Humor zu nehmen, statt immer die Zügel zu führen. Das ist ein wunderbares Gefühl.«

∾ Eine Frau, die nach der Hochzeit den Mut fand, sich zu den Prinzipien der Weiblichkeit zu bekennen, schilderte, wie harmonisch ihre junge Ehe seitdem sei. »Erinnerst du dich, wie unsicher du letztes Jahr warst, ob er überhaupt der Richtige ist?«, neckte ich sie. Sie sah mich überrascht an. »Das habe *ich* gesagt? Unfassbar! Der Gedanke ist mir nie wieder gekommen. Er ist goldrichtig!«

Viele Frauen berichteten auch, dass sich ihre Beziehung nach ihrem Bekenntnis zu den Prinzipien der Weiblichkeit nur langsam weiterentwickelte. Das liegt daran, dass sie nicht mehr von einem Meilenstein zum nächsten hetzten, nur um ihre eigenen Ängste zu beschwichtigen.

All diese Frauen fanden nicht nur einen wunderbaren Mann, sondern auch eine Beziehung, die Verletzungen heilte, von deren Existenz sie zum Teil keine Ahnung gehabt hatten. Der Richtige brachte genau die Eigenschaften mit, die sie in ihrem Leben am meisten brauchten.

Bei einer Frau hatten beispielsweise frühere Enttäuschungen zu der – vielleicht unbewussten – Überzeugung geführt, dass sie für einen Mann nur interessant sei, wenn sie mit ihm ins Bett ging. Sex wurde für sie ein Mittel, um einen Mann zu binden. Als ihr neuer Freund mehrere Monate lang bewusst jeden sexuellen Kontakt mied, weil er ernste Absichten hatte und sie erst besser kennen lernen wollte, geriet sie ins Grübeln: War er homosexuell oder nur an einer platonischen Beziehung interessiert? Keins von beiden. Er fühlte sich zu ihr als

Frau hingezogen und machte ihr nach allen Regeln der Kunst den Hof, aber er wollte die Sache langsam angehen.

»Einerseits brenne ich darauf, mit ihm zu schlafen«, gestand sie. »Doch andererseits weiß ich, dass es besser ist, noch zu warten.«

»Jemanden richtig kennen zu lernen, bevor man mit ihm schläft, ist für mich eine völlig neue Erfahrung. Ich hätte nie geglaubt, dass ich so oft mit einem Mann zusammen sein kann, ohne Sex zu haben. Er zeigt mir, dass ich auch ohne liebenswert bin. Ich hätte mir nie erträumt, dass ausgerechnet mir so etwas passiert, aber es ist genau das, was ich brauche. Ich stelle fest, dass ich im Grunde ziemlich altmodisch bin, das war mir vorher nie bewusst.«

Einer anderen Frau war es unangenehmen, dass ihr Freund sie ständig einlud, wenn sie miteinander ausgingen, weil er nicht viel Geld hatte. »Ich kriege Beklemmungen, wenn er die Kreditkarte zückt, um das Essen zu bezahlen, weil es seine Mittel mit Sicherheit übersteigt. Ich habe ihm wiederholt angeboten, das eine oder andere Mal zu bezahlen, aber er lächelte nur und meinte: ›Zerbrich dir nicht den Kopf, ich schaffe das schon. Du bist es mir wert.‹ Ich finde das erstaunlich, weil ich in dem Glauben aufgewachsen bin, dass sich jeder selbst der Nächste ist. Da muss ich einundvierzig Jahre alt werden, um zum ersten Mal das Gefühl zu haben, liebevoll umsorgt zu werden!«

Eine andere Frau, die daran gewöhnt war, auf eigenen Füßen zu stehen, unterhielt sich mit ihrem Freund im Scherz darüber, wie viel Zeit sie miteinander verbrachten, und schlug spontan vor: »Warum ziehen wir nicht gleich zusammen?«

»Nichts lieber als das«, erwiderte er. »Aber ich fürchte, du würdest dich dabei nicht wohl fühlen, und dein Glück geht mir über alles.«

Sie war sprachlos über so viel Rücksichtnahme. Sie hatte erwähnt, dass sie ohne Trauschein nicht mit einem Mann zusammenleben würde, aber sie war überrascht, dass er sich daran erinnerte. »Statt einfach Ja zu sagen, wie es seinem Wunsch entsprach, war er auf *mein* Wohl bedacht. Diese Erfahrung fand ich entwaffnend. Ich dachte immer, ich muss mich ständig selber schützen – und da beschützt mich plötzlich ein Mann, als wäre ich das Kostbarste auf der Welt.«

Diese Frauen hatten das große Glück, dem Richtigen zu begegnen. Ihnen wurde genau die Behandlung zuteil, die sie brauchten, um ihre schlechten Erfahrungen und Ängste zu überwinden. Diese Therapie wirkte Wunder.

Für einige Frauen vollzog sich mit dem Bekenntnis zur Weiblichkeit ein innerer Wandel, der ihnen Mut machte, eine unbefriedigende Beziehung zu beenden. Eine Frau fühlte sich beispielsweise von ihrem Freund ausgenutzt und begann, ihren Blick wieder auf ihre eigenen Wünsche und Bedürfnisse zu richten. Zwei Wochen später sagte er ihr, dass er sie nicht mehr liebe. Als sie über die Beziehung nachdachte, erkannte sie, dass *sie* stets die Initiative ergriffen und ihr ganzes Leben auf ihn ausgerichtet hatte, während bei ihm Fußball an erster Stelle kam. »Ich denke, ich war bequem für ihn, bis ich anfing, Wünsche zu äußern; da wurde ich lästig. Das ist nicht das, was ich bei einem Mann suche«, gestand sie. Obwohl die Trennung kein Zuckerschlecken war, hatte ihr die Besinnung auf ihr Wesen als Frau geholfen, einen Mann aus ihrem Leben zu verbannen, der sie nicht behandelte, wie sie es verdiente.

Wenn Sie vom ersten Tag an den Mut aufbringen, Ihre Weiblichkeit zu leben, erhöhen sich die Chancen, den Richtigen zu finden, statt an den Falschen zu geraten. Auch wenn es Ihnen anfangs nicht perfekt gelingt, werden Sie die Vorteile spüren. Das entdeckte auch eine Freundin, als sie einen Mann traf, der ihre Schutzmauer durchbrach. »Ich signalisierte, dass ich noch zu haben war, aber so ganz gelang mir das nicht. Es spielte aber keine Rolle, denn er war fest entschlossen, mich zu erobern. Es schmeichelte mir ungemein, zu hören, dass er sein Leben lang auf eine Frau wie mich gewartet habe, wie sehr er mich liebe und wie schön ich sei. Zuerst fiel es mir schwer, seine Komplimente anzunehmen, und ich zuckte manchmal innerlich zusammen«, gestand sie. Sie nahm sein größtes Kompliment an, als er sie bat, ihn zu heiraten.

Das Beste an der Partnersuche, bei der die Prinzipien der Weiblichkeit zum Tragen kommen, ist, dass Sie sich dabei Gewohnheiten zu Eigen machen, die zugleich die Grundvoraussetzung für eine dauerhafte, harmonische Ehe sind. Damit haben Sie ein wunderbares Mittel, das nicht nur vor Scheidung schützt, sondern auch Leidenschaft und Nähe bewahrt. Das erreichen Sie nur, wenn Sie das Bedürfnis nach Kontrolle über Dinge und Menschen loslassen, die sich Ihrem Einfluss entziehen; mit anderen Worten: indem Sie lernen, nur sich selbst zu kontrollieren.

Das sind große, aber keine leeren Worte. Ich habe die Erfahrung gemacht, dass jedes Paar in der Lage ist, Probleme gemeinsam anzupacken, um seine Ehe zu retten und Erfüllung in der Zweisamkeit zu finden, wenn er der Richtige ist und sie nicht versucht, ihn nach ihren Vorstellungen zu verändern. Solchen Paaren gelingt es, an Herausforderungen zu wachsen – ganz gleich, ob es sich um Arbeitslosigkeit, beengte Wohnverhältnisse oder ein hektisches Berufsleben handelt – und Konflikte zu lösen, auch wenn sie unüberwindlich erscheinen, zum Beispiel finanzielle Engpässe, Krankheit oder der tragische Verlust eines Kindes. In jedem dieser Fälle waren Zusammengehörigkeitsgefühl, Stabilität, Zärtlichkeit und Nähe das tragfähige Fundament der Beziehung.

Auch Sie werden eine solche Beziehung mit einem Mann aufbauen, der für Sie der Richtige ist; ebnen Sie ihm den Weg, indem Sie den Mut haben, sich zu Ihrer Weiblichkeit zu bekennen.

Register